관계교환질서의 자율책임성 원리와 한국사회의 자유법치

이성섭 저

SSU Press

역경의 세월 속에서

자애로움을 잃치않고

굳건함을 일깨워주신

어머니

권부영 여사를

기리며...

이 책이 어떤 의미라도 가진다면

그것은

당신이 계셨기 때문에

가능했던 일입니다.

CONTENTS

4. OECD가입과 개혁정책과제

5. S/W 산업 저작권 보호의 경제적 효과

6. 한국경제의 새로운 발전 메카니즘 모색을 위한 제도개혁

7. IMF경제위기 責任究明 – 무엇을 할 것인가?

8. 개혁정책의 과제와 시민운동단체의 역할

9. 수출자율규제와 쿼타 배분제도 개선방향

머리말[*)]

이 책은 필자가 발표하였던 정책제안들 중에서 기록의 의미를 가지는 논문을 선택하여 편집한 정책제안 모음집이다.[1)] 필자가 살아온 시대는 한국사회의 격변기였다. 관치금융–정책금융으로 대변되던 시기에서 금리자유화가 실현된 자율금융의 시대로의 변화가 있던 시기였다. 또한 고성장–산업화의 개발연대로부터 저성장–산업화 후기로의 전환이 이루어졌던 시대였다. 필자는 이 시기에 금리자유화, 자율금융, 관치체제 청산, 투기형 불로소득의 원천봉쇄를 주장한 참여지식인이었다. 따라서 이런 주장과 관련된 여러 논문과 엣세이를 쓰고 발언했었다. 그중에서 엣세이는 이 논문집에 포함시키지 않았다.

주된 이유는 이 책이 수필집으로 나오지 않도록 하려는 의도가 있다. 즉 비록 정책제안이지만 경제학자의 분석방법(analytics)을 통하여 제안의 정당성을 확보하려고 시도한 경우의 논문들이다. 때로는 현대경제학의 분석기법이 사용되고 때로는 그러한 분석기법의 사용이 곤란한 경우 논리적 추론

---

*) 일관된 체계로 출판이 가능하도록 원고를 정리해준 숭실대 글로벌통상학과 최나윤, 박지선 조교 그리고 어려운 타이핑과 편집을 맡아준 김수빈, 방민수, 신주원, 이형석 군에게 감사를 표한다. 행정업무에 수고를 아끼지 않은 김수현, 김다혜 조교에 감사를 표한다. 주문이 까다로운 표지디자인을 솜씨있게 소화해준 202그리드 김종일 실장 삼복더위에 거듭된 수정사항을 인쇄공정에 반영해준 파피레드 김경수 실장께 감사를 표한다. 빠른 시간 안에 출판이 가능하도록 서둘러준 숭실대 출판국 임경란 과장께 감사를 표한다.

1) 정책제안이 논문적 모습을 갖춘 경우에 국한해서 이들을 모아서 엮었다. 물론 논문적 모습을 갖춘 다른 정책제안의 논문도 있지만 시대적 의미가 크지 않은 것들은 포함하지 않았다.

에 그쳤지만 이 책에 포함된 글은 모두 논문의 성격으로 발표된 정책제안으로 이루어졌다.

이 제안들은 하나하나 단순한 학술논문 발표의 의미가 아니라 당시의 시대상황에서 혼신의 몸짓으로 소리쳤던 것들이다. 1장은 관계교환경제학(RXE: relation exchange economics)의 시각에서 공공정책의 운영이 성공적이기 위한 조건을 고찰하고 있다. 2장과 3장은 아직도 주장이 유효한 현안 정책 잇슈이다. 4장 이후 제안들은 이미 지나간 역사의 증언이 돼버렸다. 이 논문들은 모아서 책으로 묶을 생각을 한 것은 이 제안들 자체가 우리가 살아온 사회경제 발전과정에 대한 역사적 기록의 의미를 가진다고 보았기 때문이다.

우리는 현안 정책잇슈에는 민감하고 자료도 풍부하지만, 얼마간 시간이 지나면, 중요한 의미를 가지는 사료는 남아있는 것이 별반 없다. 이것은 우리사회가 정체성을 만들어가고 학문과 사고의 깊이를 더해가기 위해서도 바람직하지 않다. 그 결과 우리는 역사에서 배우는 것이 별반 없다. 문제가 발생하면 온 세상이 떠들썩하지만 시간이 지나면 아무 일 없었던 듯이 잊어버린다. 같은 문제와 실수가 반복된다.

가장 먼저 발표된 정책제안(9장 1984년)과 현재 사이에는 29년이라는 상당한 시간적 간격이 있다. 그러나 모든 정책제안을 관통하는 공통점을 찾는다면 자유정신이 아닌가 한다. 이것은 매우 흥미있는 관찰인 것으로 보인다. 필자는 경제적 효율을 높이고 보다 큰 복지를 구현하는 제도변화와 정책대안을 구상하였다. 어째서 혁신적(innovative) 의미를 가지는 정책제안들이 공통적으로 자유주의 질서, 즉 관치체제로부터 자유적 법치질서로 이행하는 내용을 공통적 요소로 가지게 되는가 하는 것은 탐구적 아카데미즘의 도전을 요구하는 사회과학의 명제라고 할 수 있다.

1장의 비결정적 시스템과 정책결정의 사업심을 제외하면, 이 책의 제안들은 필자가 관계교환경제학(RXE: relation exchange economics)을 소개하기 전에 만들어진 것들이다. 따라서 논리 전개의 개념상에서 관계교환의 차원이 전제되지 않고 있다. 일부의 분석은 애로-드브루 경제학(ADE: Arrow-Debreu economics)의 체계에 따르고 있다. 그럼에도 필자의 저작은 대체로 제도의 중요성에 대한 이해가 비중을 갖는 편이라고 볼 수 있다.

1장은 총론에 해당하는 내용이다. 자유민주주의 정체를 가진 국가에서 정부정책의 입안과 정책구현 과정을 어떻게 바람직한 방향으로 그리고 효과적으로 운영할 수 있는가 하는 문제를 관계교환경제학(RXE)의 접근방법으로 설명하고 있다. 주지하는 바와 같이(필자 2012b, 2013)), 관계교환경제학은 행정과 정치 분야에서 경제학 분석을 가능하게 하는 분석적 차원을 제공하고 있다. 공감-동의 차원(SCD: sympathy-consent dimension)을 도입하면 열린 경제학(OS: open system of economics)의 경제분석의 영역이 열리게 되고, 정책의 입안과 정책의 구현에서 관료의 사업심(entrepreneurship)에 대한 분석영역이 확보된다. 지금까지 시장의 실패에서 정부의 역할을 찾을 수밖에 없었던 닫힌 경제학(CS: closed system of economics) 분석의 틀에서 벗어나게 된다.

이 책의 제호 "관계교환질서의 자율책임성원리와 한국사회의 자유법치"는, 관계교환활동과 관계교환질서를 기본행동양식으로 파악하는 열린 경제학적 사고의 틀에 입각해서 경제활동을 활성화하고 사회발전을 견인할 자유법치 체제 그리고 자율책임성원리를 세우기 위해서 시대적 정책과제가 무엇인지 그리고 어떻게 이들 문제에 접근하고 어떻게 주장할 수 있는지 하는 접근방법과 사고의 구도를 표현하고 있다.

2장은 지방자치 제도의 운영원리를 모색하고 있다. 우리나라의 지방자치 제도는 1995년 6월 지방자치 단체장의 선거, 선거에 의한 기초-광역 의회를 구성함으로써 본격적인 의미의 지방자치제도가 시작되었다. 지방자치 제도의 도입은 국정운영에 획기적인 변화를 주었다. 중앙정부에 의해서 이루어지던 지방행정이 지방자치 단체에 의해서 이루어지는 행정체제로 변화가 이루어지게 되었다. 선거도 중앙의 행정부 수장, 즉 대통령을 선출하는 선거와 중앙정부의 의회, 즉 국회의원을 선출하는 선거뿐만 아니라, 지방자치 단체장과 지방의회 의원을 선출하는 선거의 2원적 선거 시스템이 운영되게 되었다.

그러나 이러한 획기적인 변화에도 불구하고 지방자치단체의 재정이 중앙정부의 예산운용에 의해서 결정되는 의존적 구조를 면하지 못하고 있다. 지방자치 정치의 인기영합주의(populism)는 지방자치 단체가 중앙정부 예산을 확보하기 위한 로비정치, 도덕적 위해(moral harzard) 행위를 하도록 유발하고 있으며, 지방자치 단체의 자원낭비성 행정으로 연결되고 있다.

2장은 『제도와 경제』4권1호(2010)에 게재된 논문으로 지방자치의 근본원리가 연방제에서 출발하여야 함을 논구하고 있다. 정치와 행정 및 사법이 연방제 하에서 지방자치의 자율과 책임성의 원리에 입각하여 운영되도록 함으로써 지방자치단체가 중앙정부 재정에 의존함으로써 발생하는 인기영합주의 도덕적 위해(moral hazard)를 차단할 수 있음을 논구하고 있다. 지방자치단체와 중앙정부 간의 정치와 행정의 지역적 자기책임성 원리를 연방제를 통하여 구현하고자 하는 제도변화 방향의 모색을 시도하고 있다.

현재 우리나라는 수도권이 비대해지고 지방은 공동화(hollowing)해가는 근본적인 국토개발의 불균형의 함정에 빠져있다. 정치권은 이를 노려서 행정수도 이전이라는 인기위주 정책을 내놓아 집권에 성공하기도 했다. 그러나 이것은 근본적 처방이 아니다. 이 논문은 국토의 균형발전이라는 거대한 주제를 연방제라는 근본적 사고를 통해서 해결을 모색하고 있다. 연방제를 통해서 지방지역에 입법, 사법, 행정의 모든 자치적 권한을 부여하는 것이 지역의 자치적 책임행정을 구현 할 수 있을 뿐만 아니라, 지방자치지역 간의 정책경쟁을 통해서 국가적 차원의 경제 및 사회운영에 있어서 자치경쟁원리에 입각한 지역간 정책경쟁의 활력을 불어넣는 첩경이 된다.

3장은 대학의 선진화를 위한 개혁의 방향을 모색하고 있다. 사립대학의 경영지배구조를 어떻게 개편함으로써 대학의 선진화를 촉진하는 경영을 할 수 있을 것인가? 이 논문은 한국개발연구원(KDI)에서 편저한『자율과 책무의 대학개혁: 제2단계의 개혁』에 '단과대학단위의 자율적 대학경영' 의 제호로 게재한 논문으로 원제는 '사립대학 경영지배구조 개혁과 대학교육정책의 전환' 이다. 원제가 의미하는 바와 같이 사립대학 경영지배구조의 제도변화가 사립대학의 선진화 개혁의 성과에 변화를 줄 수 있다는 내용이다. 제도경제학적 접근방법을 따르고 있다고 할 수 있다.

분석의 대상을 사립대학에 국한 시킨 것은 국공립 대학의 경우 국가의 교육정책이 대학의 교육목표에 반영될 수 있기 때문에 선진화 개혁만을 목표로 하는 문제설정이 어려울 수 있다는 점에서 이다.

우리나라 대학은 총장과 이사회에 모든 의사결정 권한이 집중되어 있다. 반면 총장은 정치적 직책으로 교수를 중심으로 하는 대학사회의 정치적 지지를 기반으로 권위가 유지되는 경향이 있다. 따라서 총장은 교수 사회 일반의 대중적 인기에 영합하는 경향이 있다. 반면, 교수들은 개개인이 대학개혁을 바라고 있다고 하더라도 의사결정의 권한이 총장-이사회와 이를 지원하는 교무, 기획, 학생생활을 관장하는 중앙행정부서에 집중되어 있어서 대학 선진화를 위한 개혁을 추진할 행정라인과 연결되어있지 못하다. 총장은 개혁을 추진함으로써 인기 없는 총장이 되느니 현상유지의 행정에 머물고 교수 사회의 인기위주 요구에 영합하는 정책을 펴게 된다.

결국 교수는 개혁적 변화에 대한 주장을 펴지 못하고 총장의 인기주의 행정에 만족하는 데 그칠 수밖에 없다. 대학을 선진화 하는 개혁은 현재의 경영지배구조 체제에서 추구될 수 없는 제도적 구조의 덫에 빠져 있다고 할 수 있다.

본 논문은 대학운영의 의사결정 및 집행의 권한을 총장을 중심으로 하는 중앙행정부서 및 이사회에서 분리하여 개별 단과대학 내지 학과-학부를 의사결정 및 행정집행의 중심으로 하는 교육 및 연구행정단위의 자율적 의사결정 구조를 제도화 시키는 분권화 제도변화(decentralization)를 주장하고 있다. 분권화 교육-연구 및 행정 단위는 의사결정과 이를 시행해서 나타난 결과로부터 이익과 손해를 공유하기 때문에 대학행정의 선진화에 적극적일 수밖에 없다.

4장 'OECD가입과 개혁정책과제'는 필자가 경실련(경제정의실천시민연합)의 국제위원회 위원장으로 활동하던 때(1996년 7월), 정부가 추진하던 홍보용 한건주의 OECD가입정책에 대해서 제동을 거는 신중론을 담은 논문이다(필자 1996). 이 논문은 학술지에 게재된 것은 아니지만 당시 국회, 정당,

언론, 학계에서 초청을 받아 발표한 글이다. 이러한 시민단체의 주장은 OECD가입을 집권정부의 업적으로 홍보하려던 정부의 의도가 위험천만한 인기주의 정책이라는 점을 지적한 것으로 당시 열띤 논쟁의 중심이 된 글로써 언론의 조명을 받고 정치권에 영향을 주었다.

이 논문의 요지는 개방화 보다는 내부적 제도개혁이 선행되어야 한다는 점을 밝히고 있다. 실물경제에서는 개방화가 제도개혁의 촉매역할을 할 수도 있기 때문에 내부적 제도개혁을 촉진하기 위한 방편으로 개방화를 추진할 수도 있다. 그러나 금융시장은 그렇지 못하다는 점이 이 논문의 주장에서 부각되고 있다. 국내 금융시장이 후진적인 상태에서 금융시장을 개방함으로써 경제가 몰락한 예는 남미 및 유럽등 그 예가 부지기수이다.

특히 이 논문에서는 멕시코의 사례를 집중 조명하고 있다. 멕시코는 OECD가입과 이에 선행하여 NAFTA(북미자유무역협정)을 체결하여 자본시장을 국제금융자본에 개방함으로써 경제 몰락을 자초하였다는 점을 밝히고 있다. 멕시코 사례의 실상을 밝히기 위해서 멕시코 대학의 Godinez 교수에게 연구과제를 주고 초청하여 사례를 발표(1996)하도록 함으로써, 정부의 실적주의에 입각하여, 국내금융산업을 관치금융의 틀에 묶어둔 채로 OECD가입을 위하여 그 방편으로 국내금융시장을 해외금융자본에 개방하는 시도가 위험한 정책임을 주장하고 있다.

이러한 신중론과 무관하게 정부는 OECD가입을 관철(1996년 10월 25일 가입협정 서명)하였고, 자본시장은 개방되었다. 이 논문이 발표되고 신중론이 주장된 것이 1996년 여름부터 가을의 기간이었다. 그 이후 만 1년이 지나서 1997년 한국경제는 건국 이래 초유의 대외채무 지급불능사태 및 IMF금융위기를 맞게 되었다.

5장은 소프트웨어 저작권 정책에 전환을 주장한 논문이다. 이 논문은 1998년 12월 2일 프로그램심의조정위원회의 주선에 의한 심포지움에서 발표되었다. 이 연구는 당시 필자가 소장으로 있던 숭실대 부설 아태 중소기업 기술정보협력센터의 용역연구의 결과로써 필자외 서병선(현 고려대), 김광용 교수 3인의 공저 논문이다. 그 당시까지 우리나라의 소프트웨어 저작권 정책은 불법복제를 묵인하는 정책노선이 정책기조이었다. 필자는 당시 우리나라의 소프트웨어 저작권정책이 불법복제 묵인 정책기조에서 불법복제 단속정책기조로 바뀌어야 할 전환기 시점이 되었다는 판단을 하고 있었다. 이 연구는 소프트웨어 저작권 정책을 불법복제 단속정책기조로 전환함으로써 얻게 될 생산, 고용 유발효과의 계산을 통해서 소프트웨어 정책의 전환을 주장해보자는 필자의 연구내용 아이디어로 시작하였다. 저작권보호정책의 생산 및 고용유발 효과의 계산 그리고 연구결과의 대표집필은 서병선교수가 담당하였다.

당시 한국경제는 1997년 말 IMF 금융위기로 불리는 대외지급 채무의 지급불능사태(default) 이래로 극심한 경제위기의 상황이 지속되던 시기이다. 경제는 침체하여 회복전망이 불투명한 상황이었고, 대량의 실업이 발생하여 많은 가정이 붕괴되고 노숙자가 발생하고 있었다.[2)]

2) 당시 아래 한글(hwp)의 이찬진 사장은 부도를 내고 도피중이었다. 필자는 이찬진 사장을 도울 생각으로 연결을 시도하였으나 연락방법이 없었다. 하지만 필자는 당시까지 저작권의 불법복제를 묵인해오던 한국의 저작권 보호 정책을 저작권의 실질적 보호정책으로 전환하는 것이 불법복제를 묵인함으로써 얻는 이득보다 보다 미래지향적인 정책일 것이라는 생각을 하게 되었고, 이 판단아래 소프프웨어 저작권 보호정책으로 정책전환의 기반연구를 시도하기로 결정하였다.

서병선 교수의 계산은 소프트웨어 저작권 보호는 상당한 생산 및 고용유발효과를 만들어 내는 것으로 나타났다(본문 표5 참조). 이 연구는 당시 심각한 고용불안의 사회여건에서 사회적으로 매우 큰 반향을 일으켜서 대중매체(한국경제신문 등 일간지와 방송)의 주목을 받게 된다. 이 연구결과는 정보통신부에 의해서 청와대에 보고되면서 우리나라의 저작권 정책에 전환을 주게 된다.

1999년 초부터 정부는 소프트웨어 불법복제를 단속하겠다는 방침을 공표하고 일제히 소프트웨어 불법복제 단속에 나선다. 특히 정부 및 공공기관의 소프트웨어는 정부가 예산으로 매입하게 되고 대학 등 교육기관, 민간부문의 소프트웨어 불법복제 일제단속에 돌입하게 된다. 이 정책전환은 지금까지 소프트웨어 불법복제 묵인 정책에서 180도 정책전환을 의미한다. 미국 등 선진국의 통상압력(스페셜 301조)의 가장 중요한 요구사항에 대해서 국제기준에 따르는 적극적 대응정책으로 정책전환이 이루어지게 된다.

우연이라면 우연이고, 연관이 있다면 연관이 있다고 할 수 있겠지만, 이러한 정책전환이 이루어진 후 동년(1999) 여름부터 주식시장에 벤처기업의 주가 급등현상이 나타나게 된다. 그리고 그 효과는 엄청난 파장을 일으켜서 우리나라 소프트웨어 산업은 이때를 계기로 산업기반의 뿌리를 내리게 된다. 이 기간은 미국에서도 닷컴버블이 일어나던 시기였다. 따라서 우리의 벤처주가 급등사태가 단지 이 연구만의 성과라고 주장할 수는 없을 것이다. 그러나 우리나라의 불법복제에 대한 정책이 묵인정책에서 단속정책으로 전환된 것은 이 연구가 정책전환의 계기를 주었다고 할 수 있다.

6, 7, 8장은 1997년 발생한 IMF경제위기와 관련한 원인구명, 시대사적

의미의 고찰, 변화의 방향모색을 내용으로 하고 있다.

6장은 개발연대 이후 그리고 1997년 IMF경제위기 이후, 한국경제를 견인할 새로운 경제발전 메커니즘을 모색하는 글이다. 이글은 1998년 2월 한국경제학회 전체회의에서 발표된 글이다. 이 논문은 한국경제학회 학술지 『경제학연구』 46집 1호(1998년 3월호) 특집에 게재되었다. 이글에서 필자는 개발연대의 사회-경제 상황이 전근대적 열악성을 벗어나지 못하고 있음을 지적하고 있다. 관치주의적 경제개발은 목표할당과 인센티브 정책이었으며, 인플레-투기형 자원동원 메커니즘이었다고 지적하고 있다. 결과적으로 만성적 금융자금의 초과수요와 기업의 과다한 차입경영이 일반화 되었다. 그 결과는 금융 및 경제의 부실화로 나타났고 IMF경제위기로 연결된다. 이를 극복하기 위한 새로운 메커니즘은 자유주의적 법치주의 질서이다. 따라서 경쟁적 의사결정과정과 질서자유주의의 체제가 정착되어야 한다.

7장은 1997년 IMF경제위기의 원인이 무엇이었는지를 고찰하는 작업이다. 이 글은 필자가 경실련 정책위원장으로 일하던 1998년 11월 발표한 글이다. 4장에서 관치금융의 취약한 금융산업기반을 그대로 둔채 OECD가입을 위한 방편으로 자본시장을 개방한다는 것은 위험하다고 지적한 바 있다(1996년 9월). 그로부터 2년이 지나서 발표한 이 글에서(7장) IMF경제위기의 원인구명은 관치주의 체제가 근본적 원인임을 지적하고 있다.[3] 즉, IMF 경제위기는 단순한 외환 지불불능 사태가 아니라는 것이다.

3) 이 논문은 학술지에 게재된 글이 아니고 경실련 정책위원장으로 경실련의 포지션을 밝히는 그로 작성하였다.

관치주의란 준칙에 의한 국정운용이 아니라 관주도에 의한 행정재량에 의해서 국정을 운영하는 사회-경제체제를 말한다.[4] 이러한 체제에서 사회구성원은 종속적 입장에 놓이게 되고, 종속적 입장에 놓인 사람의 행태는 기회주의적 행태가 된다. 즉 사익을 도모하지만, 그로인한 책임은 남에게 미루는 행위를 말한다.

그 결과 각 사업단위의 경영은 부실화되었고, 그 부실은 결국 사회적 비용으로 전가되었다. 그 결과 국가적 외환지급불능 상태에 처하게 되자 각 사업단위의 부실화가 각 사업단위의 파산으로 그리고 각 사업단위의 부실화가 연쇄적으로 가중되어 경제 전체가 동반 함몰하는 총체적 위기로 연결되었다. 결국 이 위기상황의 극복은 임시방편적일 수 없으며 궁극적으로 관치주의 체제를 극복할 수 있을 때만 가능한 것이다. 어떻게 관치주의 체제를 극복할 것인가 하는 과제를 남겨두게 된다. 참고로 이러한 관치주의 체제는 한국만의 특징이 아니며 일본의 경우 민주주의에 대치되는 말로 관주주의라고 부르고 있다.

8장은 관치주의에 대한 대안은 자유주의 법치질서임을 밝히고 있다. 2000년 8월 발표한 글로 관치주의 체제를 대체할 우리 사회운용의 새로운 패러다임으로 자유주의 법치질서를 어떻게 정착시킬 수 있는지를 고찰한 글이다.[5] 관치주의 체제와 자유주의 법치질서의 근본적 차이는 전자의 경우 개인이 기회주의적 행동을 하는 반면, 후자의 경우 개인이 자기책임성(accountability)의 원칙에서 행동하게 되는 것이다.

---

4) 관치주의 라는 용어는 자유민주주의와 대비되는 의미로 우리나라 학계에서 최초로 필자가 만들어낸 말이다.
5) 이 논문은 학술지에 게재된 글이 아니며 안민포럼 등 강의요청에 응하여 발표한 글이다.

문제는 관치주의 체제에서 자유주의 법치질서로 이행하는 것이 간단치 않은 일이라는 점이다. 관료들은 자신의 권력을 내놓지 않으려하고, 국민 일반은 정치에 무관심하다. 자유민주주의의 성공여부는 국민 개인들의 높은 자유주의 질서의식과 적극적인 정치참여에 의존한다. 8장은 관치주의 체제에서 자유주의 법치질서로 이행을 위해서 시민들의 계몽혁명이 필요함을 주장하고 있다. 즉 시민들의 자유의식, 기본권 권리의식의 중요성을 느끼는 변화, 즉 계몽혁명이 필요함을 밝히고 있다.

8장의 논문에서 특기할 사항은 우리사회의 유교적 문화전통이 이러한 시민의 자유의식, 기본권 권리의식의 중요성을 깨닫는 계몽과정에 걸림돌이 된다는 내용이 주장되고 있다는 것이다. 이 논문 III-(2) 자유주의 계몽혁명에서 "우리사회의 문화적 기반은 유가의 철학....유교의 윤리는 경쟁질서의 개념과 잘 맞지 않는다...시장억압적 또는 경쟁질서 억압적 모습을 하고 있다"에 이르기까지가 그것이다. 이글이 지금 다시 쓴다면 이 부분에 수정이 가해져야 한다고 본다. 자유주의 질서는 법치에 의해서 뿐만 아니라 자유주의 질서를 지탱하는 도덕규범의 토대를 전제로 한다. 유교윤리가 자유주의 질서를 지탱하는 도덕규범에 제공되기에 전혀 손색없는 도덕율을 제공할 수 있다는 것이 작금의 필자의 생각이다. 2000년 8월 당시 필자의 유교윤리에 대한 지식은 충분치 못했고 위에 인용한 주장은 단견이었음을 고백하지 않을 수 없다.

9장은 시계바늘을 1984년으로 되돌려 당시 수출자율규제(VER: voluntary export restraint) 무역정책에 관한 경제분석이다. 이글은 KDI(한국개발연구원) 『한국개발연구』1984 가을호에 게재된 논문에서 전재

되었다. 당시 국제무역환경은 한국과 같은 신흥공업화 국가의 주요 수출 품목, 예컨대, 섬유, 철강 등이 미국 유럽등 선진국의 관련 국내산업의 존립을 위협하는 상황이었다. 따라서 이들 선진국의 통상압력에 대처하는 방편으로 수출자율규제(VER) 조치가 사용되었다.

그런데 이 수출자율규제가 규제발동 초기 참여기업들의 수출권한 즉 수출쿼타로 인정되어 이 기업들의 기득권으로 고착된 것이다. 시간이 흐르면서 수출쿼타 소유기업들은 수출을 하지 않고 쿼타만 다른 수출기업에 밀려주고 임대료를 받는 식의 운용을 하게 된다. 이 글은 이런 방식의 쿼타운용이 자원의 비효율적 이용을 초래할 가능성이 있음을 지적하고 수출쿼타를 자유경매하는 것이 자원의 효율을 높이게 된다는 것을 최적화 분석을 통해서 입증하고 있다. 다른 글들과 다르게 이 논문은 제도의 변화를 최적화 분석을 통해서 입증하려고 시도하고 있다. 이 논문은 개별적 수출기업의 자율성을 제고시키는 제도개혁을 통해서 당시 우리나라 수출산업활동에 활력을 불어넣을 수 있다는 것을 이론적으로 입증하고자 하는 시도였다.

참고문헌

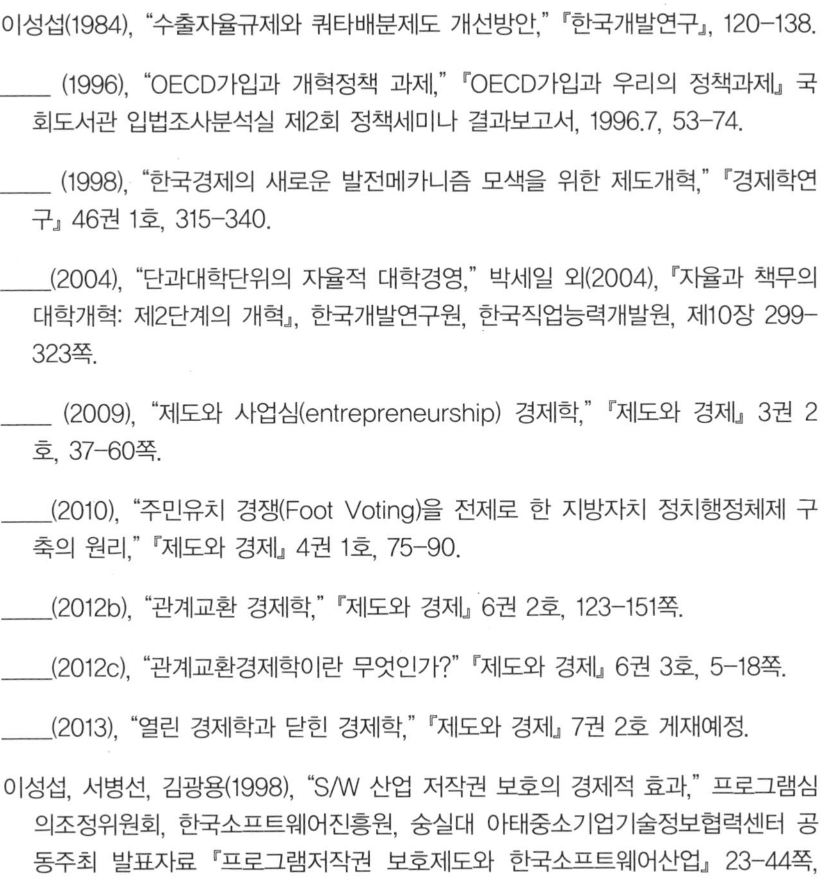

이성섭(1984), "수출자율규제와 쿼타배분제도 개선방안,"『한국개발연구』, 120-138.

____ (1996), "OECD가입과 개혁정책 과제,"『OECD가입과 우리의 정책과제』 국회도서관 입법조사분석실 제2회 정책세미나 결과보고서, 1996.7, 53-74.

____ (1998), "한국경제의 새로운 발전메카니즘 모색을 위한 제도개혁,"『경제학연구』 46권 1호, 315-340.

____(2004), "단과대학단위의 자율적 대학경영," 박세일 외(2004),『자율과 책무의 대학개혁: 제2단계의 개혁』, 한국개발연구원, 한국직업능력개발원, 제10장 299-323쪽.

____ (2009), "제도와 사업심(entrepreneurship) 경제학,"『제도와 경제』 3권 2호, 37-60쪽.

____(2010), "주민유치 경쟁(Foot Voting)을 전제로 한 지방자치 정치행정체제 구축의 원리,"『제도와 경제』 4권 1호, 75-90.

____(2012b), "관계교환 경제학,"『제도와 경제』 6권 2호, 123-151쪽.

____(2012c), "관계교환경제학이란 무엇인가?"『제도와 경제』 6권 3호, 5-18쪽.

____(2013), "열린 경제학과 닫힌 경제학,"『제도와 경제』 7권 2호 게재예정.

이성섭, 서병선, 김광용(1998), "S/W 산업 저작권 보호의 경제적 효과," 프로그램심의조정위원회, 한국소프트웨어진흥원, 숭실대 아태중소기업기술정보협력센터 공동주최 발표자료『프로그램저작권 보호제도와 한국소프트웨어산업』 23-44쪽, 1998.12.2, 르네상스 서울호텔.

1 비결정적 시스템과 정책수행의 사업심

Ⅰ. 정부조직과 정책결정

사업심(EP: entrepreneurship)이라고 하면 기업가(businessmen)와 연관짓게 되고 (정부 또는 공공기관의) 정책수행과 연관시켜 생각되지 않는 경향이 있다. 그래서 이 장의 제호 '비결정적 시스템과 정책수행의 사업심' 은 생소하게 들린다. 이러한 사고는 특히 경제학에서 심하다. 민간의 경제활동은 경제주체의 목적을 추구하는 합리적 의사결정과정이다. 민간 경제활동에서는 행동의 주체와 목적의 주체가 일치한다. 정부-공공기관의 의사결정은 이러한 민간의 분석구도, 즉 경제주체의 목적을 추구하는 합리적 의사결정과정이라고 하는 구도가 통하지 않는 영역이다. 행동의 주체는 공무원 개인이지만, 목적의 주체는 공공기관이기 때문이다.

경제학은 조직의 의사결정 과정을 위계(hierarchy)사회의 수직적 명령체계의 운용으로 보는 경향이 있다(Williamson 1985). Williamson은 수직적 명령체계를 움직이는 질서를 설명하기 위해서 조직-내부적 노동시장(internal labor market) 또는 관계적 계약(relational contracting)의 개념을 도입하고 있다(Williamson, Watcher and Harris 1975). 그러나 이러한 설명은 부분적이어서 민간의 경제활동과 조직의 운용 및 의사결정과 관련된 일관적이고 통일적 설명은 찾아볼 수 없다.

이 점에서 집단행동의 논리를 공공재적 성격의 문제와 개인적 동기 간의 간극에서 찾아 설명하고 있는 Olson(1971)의 설명은 설득력이 있다. 그러나 집단행동 또는 집단적 가치에는 개인적 동기를 제거하면 허구만 남는가? 집단적 가치와 개인적 가치가 공존하는 부분은 어떻게 해결되는가? 예컨대 도덕질서의 확립, 법치의 확립은 공공적 가치이지만 동시에 개인적 가치를 추구하는데 필요한 장치이다.

정책결정을 하는 정부는 조직이다. 공공재라고 한 마디로 표현 하기에는 너무 거대한 공공기관이고 조직이다. 전통적으로 경제학에서 연구의 대상으로 삼고 있는 가치교환의 장소인 시장과는 정반대의 위치에 있는 것이 정부이고 정부의 정책결정이다. 이곳에 영향을 미치는 힘(force)이 있다면 정치뿐이라고 할 수 있다. 과연 민주주의라는 정체가 이 거대한 괴물(Leviathan)을 국민의 복지를 위해서 헌신하도록 통제할 수 있을 것인가? 이 수수께끼 같은 질문은 한마디의 답이 있을 수 없으며, 조직관리, 공공재, 민주정체 그리고 이들과 경제의 교환활동 간의 관계에 대한 분석적 탐구를 통한 접근방법이 있을 뿐이다.

Ⅱ. 민주정체와 정부정책

국정운영의 정책목표를 설정하는 것은 집권정당과 대통령책임제에서 대통령이라고 할 수 있다. 선거에서 집권여당과 대통령은 국정운영의 목표를 부여받는다. 이것은 국민과의 약속이다. 정당과 대통령 후보가 국정운영의 원칙을 제시하여 선거에 임하고 선거의 결과에 의해서 집권하며 집권여당과 대통령은 이 약속을 이행함으로써 다음 선거에 임하는 시스템 이것이 자유민주주의 정치원리이다.

그러나 이것은 정치원리 일뿐 이렇게 부여받은 국정운영의 목표를 어떻게 효과적으로 달성해낼 것인가 하는 것은 별개의 문제이다. 집권여당과 대통령은 국회의 운영과 정부조직의 행정시스템을 이용해서 국정의 정책목표를 설정하고 추구하게 되는데, 이것은 결코 만만한 작업이 아니다. 대통령이 훌륭한 정책비젼을 가지고 이를 실현하고자 해도 이를 집행할 실행계획을 만들어낼 수 있어야 하고 또한 이 실행계획을 집행할 정부조직이 움직여주지 않는다면 소용이 없다. 국회와 정당을 잘 다뤄서 정치력을 발휘한다는 것도 만만한 일이 아니지만, 정부조직을 움직이는 것은 또 다른 별개의 통치영역이다.

국회의 정당정치와 대통령의 통치력에 의해서 이루어지는 정치 메커니즘과 정책의 실행계획을 만들어내고 정책집행을 담당하는 정부 및 공공조직의 하부구조 사이에는 관료조직이 있다. 성공적 국정운영은 상당한 부분 어떻게 이 관료조직이 대통령의 정책비젼을 실현하도록 효율적으로 움직이도록 하느냐에 달려있다.

어떻게 함으로써 관료조직을 효율적으로 움직일 것인가? 모든 공무원은 자신의 직책을 어떻게 수행해야 하는가 하는 직무지침이 주어져있다. 문제는 모든 제도가 다 그렇듯이 직무지침도 담당 공무원이 어떻게 일을 해야 하는가의 개략적 방향을 제시하고 있을 뿐이지 그 공무원이 수행해야할 일에 대해서 완전한 내용을 기술하고 있지 않다는 것이다. 공무원이 직무지침이 규정하고 있는 내용의 최소한 기준을 맞추어 행동한다면 그것은 소위 복지부동형의 업무수행이 된다.

가장 이상적인 공무원의 업무수행은 창의성 있는 업무수행 즉, 사업심(EP: entrepreneurship)에서 출발하는 업무수행이라고 할 수 있다. 사업심(EP)은 민간 경제주체의 이익추구 행위에서는 익숙한 행동이지만, 어떻게 정부와 같은 공공조직에서 이 개념의 행동이 작동할 수 있는가 하는 의문이 있을 수 있다. 여기서 의미하는 사업심이란 제도 즉 업무지침이 불완전한 경우, 어떤 동기에서 비롯되었든 간에, 예컨대 승진이라는 동기에서 비롯되었더라도, 불완전한 제도를 오히려 창의성 있는 업무추진의 지렛대로 삼아 업무를 수행하는 태도를 의미한다.

직무지침의 최소한만을 수행하는 업무수행과 사업심(EP)에서 출발하는 업무수행과 사이에 얼마나 큰 차이가 있을까? 아담 스미스는 그의 저서 국부론(1776)에서 핀생산의 예를 소개하면서 생산공정에 분업을 도입하기 전과 분업을 도입한 후의 생산성을 비교하고 있다. 생산성 격차는 무려 240배 내지 4800배에 달한다고 기술하고 있다. 핀생산과 공직의 업무수행이 직접적 비교대상은 아니지만, 사업심(EP)을 가진 업무수행은, 마치 분업이란 공정혁신을 도입한 핀 생산의 경우에서와 같이, 직무지침의 최소한만을 수행하는 업무수행에서 벗어나 사업심(EP)에서 출발하는 업무수행을 하는 것과 같다. 그 결과 생산성 효과를 창출하는 정도가 어느 수준인지를 느끼게 해주는 숫자이다.

결국 어떻게 관료로 하여금 사업심(EP)을 가진 업무수행을 하도록 유도해낼 수 있느냐 하는 것이 한 정권 국정운영의 성공 여부를 결정하는 열쇠가 된다고 할 수 있다. 어떻게 관료의 사업심을 유발하여 업무수행에 임하게 할 수 있을까 하는 것은 마치 가축을 모는 목동의 일과 같다. 기술 좋은 목동은 가축을 잃어버리는 일 없이 가축을 잘 몰고 다니며 배불리 먹일 수 있지만, 그 요령을 터득하지 못한 목동은 가축을 배불리 먹이지도 못하고 가축을 잃어버린다.[1] 그러면 정부조직에서 효과적 사업심(entrepreneurship)을 기대할 방법은 없는가?

지금까지 이 질문에 대해서 적어도 경제학은 답을 찾아내는데 실패한 것으로 보인다. 왜냐하면 '작은 정부와 큰 시장' 이 경제학의 답이기 때문이다. 이 답은 경제학자들에게는 호소력 있어 보인다. 시장기능으로 대체될 수 있는데도 아직 정부가 끌어안고 있는 사업영역이 존재한다면, 그 정부기능은 당연히 시장기능으로 대체되어야 한다. 그러나 정부기능 중에서 시장기능으로 대체할 수 없는 영역, 예컨대, 입법과 정부기능 그리고 정책집행을 종합적으로 디자인하고 집행하는 기능을 시장으로 대체할 수는 없는 노릇이다. 정부 역할의 본원적 영역을 간과하는 논리를 극단적으로 연장시키면 무정부 또는 정글의 무질서가 자유민주 법치질서 보다 낫다고 하는 주장과 다름없게 된다.

1) 관료(bureaucracy)라고 하면 자신의 보신에 충실하고 자체적으로는 혁신적 정책결정과 집행을 기대하기 힘든 집단이다. 민주주의와 관료집단의 타성(inertia)의 결합이 만들어내는 무능력에 실망하여 초인적 정치가의 전재정치를 동경한다면 이것은 비현실적인 대안이다. 전재정치(autocracy)는 철학적 초인의 정치 또는 구세주의 정치가 아니며 독재자는 국민의 복지와 국가의 발전에 관심이 없고 비정한 폭력에 의해서 자신의 권력유지에만 관심을 가진 자 일 뿐이다(Tullock 1987). 민주주의를 대체할 정체의 변화가 정부조직의 효과적 운용을 보장할 대안이 되지 못한다.

Ⅲ. 관계교환 행동

정부조직에서 관료들의 효과적 사업심을 이끌어내기 위해서 필요한 조건이 무엇인지를 알기 위해서는 조직에서 개인의 행태에 대한 이해가 필요하다. 관계교환 행동은 조직 구성원들의 행동이고, 관계교환 질서는 조직 구성원들의 행동에 의해서 이루어지는 질서이다. 조직의 규정에 의해서 만들어지는 위계체계(hierarchy) 하에서도 자생적 질서의 내용은 관계교환 행동이고 관계교환 질서인 셈이다.

관계교환은 사람들 간에 공감-동의(sympathy-consent)를 거쳐서 이루어지는 교류, 교환 활동을 말한다(필자 2012b). 관계교환은 신뢰, 우정, 애정, 동료감, 연대감 등의 형식으로 이루어진다. 왜 관계교환을 말하는가 하면, 이를 통해서 분업이 이루어지게 되기 때문이다. 아담 스미스가 (가치)교환을 말한 것은 그것이 분업을 만들어 내기 때문이었다. 시장의 가치교환을 거치지 않더라도 우정, 애정(가족경영), 동료감 등은 분업을 만들어낸다. 가정에서 가족 간에, 직장에서 동료 간에, 사회에서 친우와 또는 신뢰관계에 있는 사람들과 신뢰관계 때문에 성사되는 많은 일들이 만들어내는 일, 생산, 복지, 안정감을 생각해본다면, 관계교환이 인간사회의 가장 기본적 토대임을 알 수 있다.

결국 정부 행정조직이 국정운영을 성공적으로 수행할 수 있느냐 하는 것은 정부 권력이 행정조직 안에서 움직이는 관계교환 질서를 어떻게 관리하느냐에 달려있다고 할 수 있다.

관계교환이 인간활동의 가장 기본적 형식이라는 점을 이해하는 것은 중요하다. 왜냐하면, 경제학 분석의 기초가 어떻게 설정되느냐에 따라서 분석의 내용이 달라지게 되기 때문이다. 지금까지 경제학은 가치교환을 인간활동의 기본형식으로 설정함으로써 불완전한 분석에 그칠 수밖에 없었다.

뿐만 아니라 경제학과 다른 사회과학 간의 연결도 단절되어 있는 상태이다. 예컨대 정부행정은 행정학이라는 별개의 학문분야에서, 경제학과의 교류없이 독자적으로 또는 얼마간의 교류가 있다고 하더라도 본질적 다른 분야라는 범주구분을 벗어나지 않는 수준에서, 연구되어 왔다.

관계교환경제학의 강점은 관계교환이 모든 인간사회의 교환, 교류 활동의 기본형식이라는 사실에서 만들어진다. 개인 간의 교환 교류 형식이고, 또한 조직 생활에서도 기초행동 양식은 관계교환이다. 이것은 사적 기업이든, 공기업이든, 정부조직이든 마찬가지이다. 어떻게 정부조직을 구성하고 있는 관료를 움직여서 사업심을 발휘하도록 하여 정책비젼을 실현하기 위한 정책을 세우고, 이를 집행할 수 있는가 하는 것은 행정조직이 관계교환이라는 기본형식에 기반을 두고 있다는 인식을 함으로써 새로운 차원의 접근이 가능해진다.[2)]

2) 아담 스미스가 분업의 사례로 소개한 핀생산 공장도 관계교환행동으로 설명이 가능하다. 공장운영을 공장직원 간의 관계교환 질서로 본다면, 핀생산의 분업은 공장직원 간의 관계교환의 결과로 볼 수 있다. 어떤 관계교환 모델이 가장 생산성을 높일 것인가를 생각하는 것이 공장장이 감당해야 할 미션이다. 작업공정의 분할 정도, 공정의 레이아웃, 각 단계 공정을 맡은 직원의 숙련도 등은 이 관계교환의 다양한 비즈니스 모델 분석에서 지렛대(leverage) 요소로 볼 수 있다. 어떤 비즈니스 모델을 사용할 것인가 하는 것을 기획하고 실천하는 것이 사업심(entrepreneurship)이다. 핀생산 공장이나 정부 조직의 운영이나 다를 것이 없다.

3) 전통적으로 행정은 계서(hierarchy)체제로 이해되었다. 즉 정책목표를 실천하기 위해서 어떻게 행정조직의 계서체제를 동원할 것인가 하는 접근방법에 따르는 것이다. 법, 조직, 명령이 계서체제의 근간이 된다. 이것은 시장기능과 접목한 행정운용을 주장하는 신행정(NPM: new public management, Osborne and Gaebler 1996)에서나 정치와 분리하여 2세대 행정학을 세운 사회과학으로써 행정(Luther H. Gulick)에서나 마찬가지 이다.

Ⅳ. 정부조직에서도 관계교환 질서를 생각할 수 있는가

정치를 통하여 통치자에게 정책비젼을 세우도록 하는 일은 정당과 선거라는 정치메커니즘이 감당해야 할 몫이다. 그러나 통치자가 정부조직을 통해서 정책비젼을 성취할 정책결정을 하고 이를 집행해나가기 위해서는 정부조직을 효과적으로 운용할 수 있어야 한다. 이것이 행정(public administration)이다.[3)]

정책목표와 행정을 연결하는 고리를 어디서 찾아야 하는가?

행정조직은 정부조직을 총칭하는 개념일 뿐이지 그 자체가 주체와 내용을 밝히는 행동을 의미하지 않는다. 행정을 이해하기 위해서는 행정조직을 구성하는 조직구성원(관료 또는 공무원)의 행동을 결정하는 과정에 대한 이해가 필수적이다.

관계교환(relation exchange)은 개인 간에 공감-동의(sympathy-consent)를 통한 교환 교류 행동을 지칭한다. 신뢰, 우정, 애정, 동료감, 동지감 등의 표현형태를 통하여 교류, 교환 활동이 이루어진다. 관계교환이 의미를 가지는 것은 이것이 분업을 창출하기 때문이다. 사람들은 조직내 생활에서 본성적으로 관계교환활동을 추구하게 되는데 그 이유는 그들이 관계교환활동을 함으로써 분업관계를 만들게 되고 생산성의 비약적 도약을 생성해낼 수 있다는 것을 본능적으로 알기 때문이다.[4)]

따라서 관계교환 행동은 조직행동을 설명함에 있어서 유효한 접근방법이다. 조직 내에서 구성원들의 행동은 관계교환에 의존하게 된다. 원활한 조직

---

4) 주2에서 소개한 핀생산 공장에서 공정 분할을 통해서 분업을 도입한 비즈니스 모델은 일차적 분업이다. 이 분업을 감당하는 공장직원 간의 관계교환과 그 결과로 실현되는 직원 간의 관계교환 분업은 보다 심도가 더 해진 분업이다. 이것이 관계교환 질서이다. 핀공장이나 정부조직이나 조직운영의 근저에는 관계교환 질서가 존재하고 있다.

행동이 이루어지기 위해서는 관계교환이 원활히 이루어져야 한다. 관계교환이 원활히 이루어지기 위해서는 구성원들간에 공감-동의 영역이 넓게 확보되어야 한다. 이를 위해서는 예컨대, 두터운 신뢰관계가 확보되어야 한다. 구성원들 간에 두터운 신뢰관계의 확보를 위해서는 도덕율의 확립, 합리적 규정의 운용 등은 필요한 최소한의 조건이다.

정부조직 안의 구성원 사이에 관계교환의 민감한 부분은 정부조직 안에서 관계교환활동이 조직활동의 생산성 문제만으로 끝나지 않는 공공재 성격의 업무가 있다는 점이다.[5] 이것이 개인간 관계교환, 기업 조직 안의 관계교환과도 구분되는 부분이다. 그 만큼 정부행정에서 관계교환 질서를 세우는 작업이 어려우며 때로는 관계교환을 심각하게 감시하고 규율하고 심지어 금지하는 세심한 제도화가 수반되어야 한다. 이것이 소홀히 된다면 그 부작용은 정부 공무원의 부패로 연결되기 때문이다. 정부조직 안에서 공공재 성격의 국정운영의 행정을 수행할 수 있도록 제도기반을 마련하고 다른 한편으로 신뢰에 기반을 둔 관계교환질서 속에서 관료의 사업심을 유발하여 효과적 관료의 행정, 즉 공직자의 사업심을 유도해내는 작업은 성공적 국정운영의 요체라고 할 수 있다.

관계교환의 차원을 인식하는 접근방법과 그렇지 못한 접근방법은 큰 차이가 있다. 후자의 경우 공무원 개인의 정직성, 애국심 등에 의존하는 경향이

---

5) 정부행정이 공공서비스 공급이라고 해서 정부조직의 운영이 근본적으로 핀생산공장의 조직운영과 달라지는 것은 없다. 인간은 근본적으로 관계교환 하는 습성에서 벗어날 수 없다. 공직 운영의 엄격한 준거를 마련하여 관계교환 행동 과정에서 공적 행정운영이 사적 부패로 연결되지 않도록 하는 것이 다를 뿐이다. 어떻게 효과적(effective)인 준칙을 마련할 것인가는 모든 조직 운영의 근저에 관계교환 행동이 존재한다는 것을 이해한다는 전제하에 가능해진다.

있다. 즉, 관계교환의 근원성에 대한 인식이 부족하기 때문에, 규정의 정의에 따른 부패(corruption)나 사적유착관계(crony)가 있는 경우에 이를 처벌하는 벌칙으로 문제가 해결될 수 있을 것으로 생각하는 경향이 있다.[6)]

그러나 관계교환경제학(RXE)의 접근방법은 정부조직 내에서 공무원 간에 또는 공무원과 민간업자 간의 관계교환이 존재할 수 있다는 것을 인간 사회의 가장 기본적 행동양식의 하나로 인식하는 접근방법이다. 동시에 이러한 공직사회의 관계교환이 정부정책의 계획과 실행에서 사회적 신뢰를 손상받지 않을 수 있도록 하기 위해서 무엇을 할 것인가를 체계적으로 사고하게 된다.[7)] 한편으로 원활한 교환활동을 촉진하되, 다른 한편으로 부패나 사적유착관계(crony)로 빠지지 않기 위해서 무엇이 필요한지를 체계적으로 생각하게 된다. 즉 책임성(accountability), 투명성(transparency), 개인별 자유성(individual liberty) 등이 확보되는 관계교환 질서를 확립하기 위한 조건이 체계적으로 모색된다.

Ⅴ. 결정적 시스템과 비결정적 시스템

애로-드브루 경제학(ADE: Arrow-Debreu economics)은 최적화 행태(optimization behavior)를 추구하는 개인과 그 결과 실현되는 균형상태를

6) 공무원의 부패를 개인의 정직성 또는 애국심 결핍으로 치부한다면 효과적으로 부패의 원인을 찾아 이를 차단할 수 없다. 인간의 근원적 행동습성으로 관계교환 행동을 인지한다면, 한편으로 효과적인 정부조직 운영의 비즈니스 모델, 즉 사업심 모델을 찾을 수 있으며, 다른 한편으로 공무원 부패의 원인을 효과적으로 처방하고 차단하는 방법을 모색할 수 있다.

7) 예컨대, 3공화국 시절의 수출진흥확대회의는 시장과 제도가 발달되어 있지 않던 시대에 산업, 무역 등 사업활동을 해야 하는 기업들의 관계교환 상 애로를 대통령이 직접 해결해준다는 점에서 관계교환 경제학적 시각에서 효과적인 정책발상이었다고 할 수 있다. 즉, 당시 정부 정책 운용의 효과적인 사업심 모델이었다.

분석의 도구로 사용하는 접근방법을 사용하고 있다.[8] 이 분석에 따르면 경제현상은 결정적 현상(determinate state)이 된다. 최적화 행태와 균형분석 안에서 결정되지 않은 상태(indeterminate)로 남겨진 경제상태는 존재할 여지가 남지 않게 된다는 말이다(필자 2013).

이 결정적 시스템 속에서 사업가의 사업심(entrepreneurship)이 작동할 여지는 없다. 모든 경제주체가 최적화 행태를 추구하고 그 결과 나타나는 균형상태로 모든 것이 설명되는 경제학 체계 속에서 사업가의 창의적 비즈니스 모델이 자리잡을 여지는 없다.

관계교환경제학(RXE: relation exchange economics)은 공감-동의 차원(SCD:sympathy-consent dimension)을 설정함으로써 경제주체의 의사결정이 최적화 행태가 아니라, 만족화(satisficing) 행태를 취하게 된다. 애로-드브루 경제학(ADE)은 시장에서 이루어지는 가치교환(value exchange) 만을 대상으로 하는데 비하여, 관계교환경제학(RXE)은 공감-동의를 통해서 이루어지는 관계교환(relation exchange) 활동을 모두 포함한다. 가치교환은 공감-동의 초월상태(SCF: sympathy-consent free)에서 이루어지는 교환으로 관계교환의 특수 상태, 즉 관계교환의 부분집합이라고 할 수 있다.[9]

공감-동의 초월상태(SCF)란 모든 교환거래에서 언제나 공감-동의가 자동적으로 이루어지는 상태를 의미한다. 공감-동의 초월상태(SCF)에서는 재산권이 완전히 정의되고 집행될 수 있으며 따라서 최적화(optimizing) 의사

8) 주류경제학(orthodox economics) 또는 애로-드브루 경제학(Arrow-Debreu economics)을 말한다.
9) 이성섭 전게논문(2013).

결정이 가능하고 균형분석이 가능해진다. 그러나 공감-동의 초월상태(SCF)는 현실적으로 존재하지 않는다.

모든 교환거래는 공감-동의 차원(SCD)의 행동, 즉 신뢰를 거쳐야 교환거래가 성사된다. 즉 관계교환 행동을 통해서만 교환거래가 성사된다. 관계교환으로 구성된 경제분석은 만족화(satisficing) 행태를 따르며 따라서 비결정적 시스템(indeterminate system)이다. 이 비결정적 시스템은 관계교환 활동의 경로의존성(path dependence)을 특징으로 한다.[10]

결국 애로-드브루 경제학(ADE)에서는 관계교환 활동, 예컨대, 우정, 동료감, 신뢰 등의 교환활동은 분석의 대상으로 포함하지 못하고 있다.[11] 그러나 이러한 관계교환 활동은 분업(division of labor)을 만들어내는 교환이며 분업은 생산성의 비약적 증가를 만들어내는 활동이다(Adam Smith 1776). 뿐만 아니라 관계교환은 발생하지 않을 수 있는 많은 가치교환을 실현시키는 역할을 한다. 우리는 대부분의 경제활동에서 신뢰를 전제로 하고 경제활동을 한다. 수요와 공급이 존재해도 신뢰가 없으면 가치교환이 일어나지 못하는 수 많은 경우를 생각해보면 알 수 있다.[12] 신뢰(trust), 즉 공감-동의 차원(SCD)의 행동, 즉 관계교환은 교환거래의 필요조건이다.

관계교환 활동으로 이루어지는 질서를 관계교환질서(RXO: relation exchange order)라고 한다면, 관계교환질서는 하이에크가 말하는 자생적

---

10) 이성섭 전게논문(2013).

11) 최적화 의사결정과 균형분석은 결정적 시스템을 만든다. 결정적 시스템에서 경로의존성은 존재하지 않는다. 최적화 의사결정과 경로의존성은 양립되지 않는다. 반면에 만족화 행태는 비결정적 시스템을 만든다. 비결정적 시스템에서는 경로의존성이 존재한다.

12) 이성섭 전게논문(2013).

질서(spontaneous order)가 된다. 이 관계교환질서(RXO)는 인간활동의 가장 기초질서이다. 조직(organization)에서 조직구성원의 행동도 관계교환질서(RXO)를 따르는 행동이 된다.

전통적 경제학, 즉 애로-드브루 경제학(ADE)의 결정적 시스템으로는 조직 내부에서 이루어지는 행태, 즉 조직 구성원의 관계교환 행동을 설명할 방법이 없다. 따라서 경제학은 행정학, 법학, 경영학 등과 분리되어 이들 다른 사회과학과 연결통로를 잃어버린 고립된 학문체계가 되었다. 그러나 관계교환경제학(RXE)은 조직 내부에서 이루어지는 조직 구성원들의 행동을 설명하는 분석 틀을 갖춘 분석시스템이다. 이 분석틀은 공감-동의 차원(SCD)에서 조직 구성원들의 관계교환 행동을 설명한다. 이 관계교환 행동은 경로의존적이고 이 관계교환경제학 시스템은 비결정적 시스템이다. 즉 비즈니스 모델을 도입하여 사업심(entrepreneurship)이 발휘되는 시스템이다.

Ⅵ. 민간부문의 사업심과 공공부문의 정책 사업심

[그림1]과 [그림2]는 민간부문의 사업심과 공공부문의 정책 사업심을 비교하고 있다. 민간부문이나 공공부문이나 개인은 관계교환 행동을 한다. 공공부문에서는 개인이 관료가 된다는 점이 다르다. 개인의 관계교환 행동은 관계교환 질서를 만든다. 이 관계교환 질서가 하이에크의 자생적 질서이다.

[그림1] 관계교환 질서와 민간부문의 사업심(비즈니스 모델)

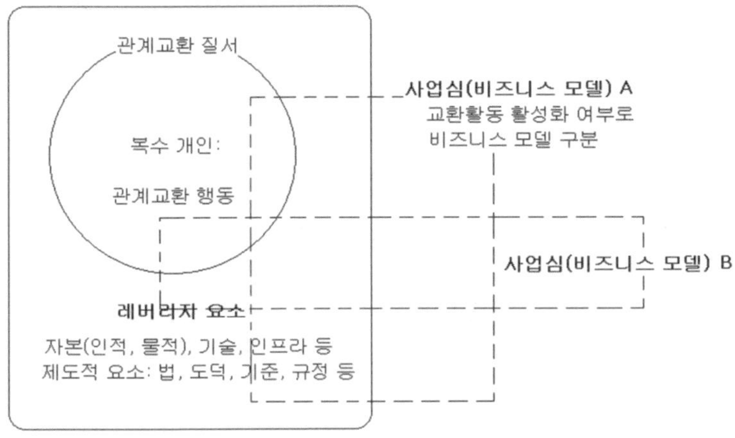

[그림1]에서 관계교환 질서를 만드는 것은 개인들의 관계교환 행동 뿐만 아니라 레버리지 요소들이다. 자본(인적, 물적), 기술, 인프라, 도시화, 교육, 미디어 등이다. 또한 제도적 요소, 예컨대 법, 도덕, 기준(standards), 규정(regulations) 등이 또 다른 차원의 레버리지 요소이다.

이 레버리지 요소들을 지렛대로 사용하여 복수 개인 간의 관계교환 질서를 가지고 사업심 모델(비즈니스 모델)이 만들어진다. 민간부문 개인들은 이 사업심 모델을 통해서 목적하는 바 개인적 복리(individual interests)를 추구하게 된다. 어떤 사업심 모델(A와 B중에서)이 더 우월한가 하는 것은 그 사업심 모델이 새로운 교환활동을 만들어낼 수 있느냐에 달려있다. 성공적 사업심 모델(비즈니스 모델)은 교환활동을 활성화 한다.

개인들이 복리를 추구한다는 점에서는 공공부문의 정책 사업심 모델에서도 다르지 않다. 차이가 있다면 공공부문에서는 개인이 관료이라는 점이다.

[그림2] 관계교환 질서와 공공부문 정책 사업심(공공부문 비즈니스 모델)

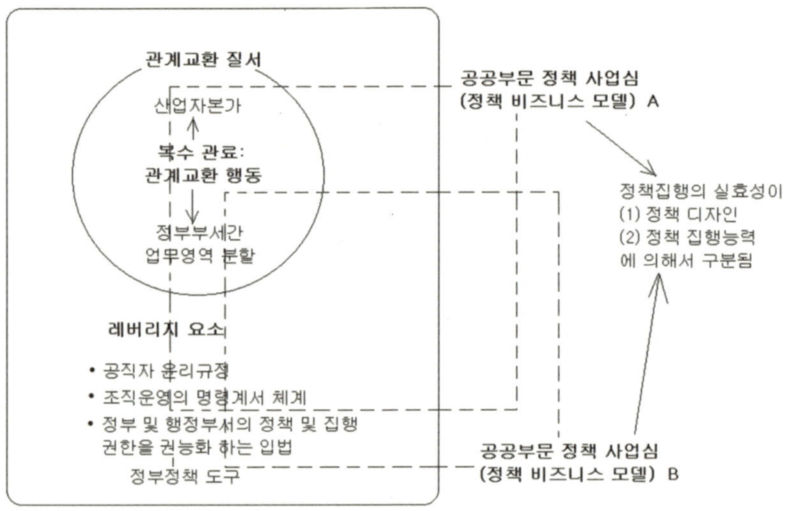

정부부서에서 하는 일은 공공서비스이다. 공공서비스는 포괄적 표현이고, 그 내용에는 법 및 규정을 정하고, 예산을 마련하여 공공서비스를 공급하고, 정책의 방향과 내용을 디자인해서 이것들을 집행하는 것이다.

공공부문의 관계교환 행동은 공공서비스를 공급한다는 입장에서 필연적으로 실제로 서비스를 공급하는 민간 사업가 또는 산업자본가와의 교류가 수반되지 않을 수 없다. 법 규정을 정하는 경우에도 이들 민간사업가들과의 소통을 통한 의견의 반영이 필수적이다.

다만, 민간사업가와의 관계교환 행동이 공공서비스의 공급이 아니라 관료 개인의 사적 복리를 추구하는 부패와 사적 유착관계에 빠지지 않게 하는 엄격한 공직자 윤리규정이 만들어지고 적용되어야 한다는 점이 유념되어야 한다. 이것이 공공부분 관계교환 질서의 차이를 만들어주는 제도적 레버리지 요소이다.

정부는 방대한 조직이며 정부부서 간에는 업무영역이 분할되어 있다. 관료들의 관계교환 행동이 정부부서간의 분할된 조직운영에 교류의 통로를 제공한다는 점을 분석적 구도에서 파악할 수 있다는 것이 관계교환 질서 접근방법의 묘미이다.

자본축적, 기술발전, 금융산업규모의 확대 및 금융제도 발전, 미디어, SOC 인프라, 교육, 정보통신, 전문화 진전, 법-규범-도덕율에 이르기까지 정부정책에 작동하는 레버리지 요인들은 발전해왔다. 자본주의의 발달과 함께 레버리지 요인들도 확대되어 왔다.[13)]

공공부문 관계교환 질서의 제도적 레버리지 요인은 관료의 관계교환 활동이 부패나 사적 유착관계로 흐르지 못하게 하는 공직자 윤리규정 영역이 있고, 정부조직 운영의 명령이 하달되고 집행되는 명령계서 체계가 있다. 이 명령계서 체계가 정부조직을 운영하지만 명령계서 체계는 질서라고는 볼 수 없다. 명령계서 체계는 관계교환 질서의 패턴을 결정하는 제도적 레버리지 요인이다. 정부 및 행정부서의 미션을 정하고 정책을 입안하며 이를 집행하는 권한을 부여하는 법적제도가 공공부분 관계교환 질서의 또 다른 제도적 레버리지 요인이다.

---

13) 정부정책이 가지는 레버리지가 커진다는 것은 시장경제가 발달한 작금에도 정부의 역할이 얼마나 중요한지를 말해준다.

이 레버리지 요인들을 취사 선택하고 관계교환 질서를 이용하여 공공부문 정책 사업심 모델(정책 비즈니스 모델)을 만들 수 있다. [그림2]는 레버리지 요인들과 관계교환 행동을 취사 선택해서 만든 2개의 공공부문 정책 사업심 모델 A와 B를 구분하고 형상화 하여 보여주고 있다. 어느 공공부문 정책 사업심 모델이 우수한가 하는 것은 정책집행의 실효성이 어느 모델이 우수한가로 판단된다. 정책집행의 실효성은 정책 디자인이 우수한가, 정책집행능력이 우수한가에 의해서 결정된다.

Ⅶ. 정책결정과 사업심

다시 원점으로 돌아와서 정부정책에서 사업심은 어떻게 존재하고 작동하는가? 거대한 행정조직의 근본적 문제는 이것이 어느 개인의 의사결정과 같은 단순한 의사결정 그리고 집행 단위가 아니라는 것이다. 입법, 사법을 제외한 행정부만 보더라도 수십 개의 정부부처, 관할 청, 공사, 금융감독기구, 경찰, 검찰, 정보기관 그리고 정부의 영향력이 작동하는 금융기관, 연구기관, 기타 공공기관을 합하면 그 규모는 엄청나다. 이를 구성하고 있는 공무원과 종사자의 수는 수십만 또는 그 이상에 달한다.

이미 공무원 개인 간의 관계교환 질서를 논의한 바 있다.[14] 정부정책의 국민적 신뢰를 지키기 위한 관계교환 질서가 되기 위해서 필요한 자체관리의 엄중함과 어려움을 지적한 바 있다. 그러나 정부 정책결정의 핵심은 그것이 공직자의 부패와 유착관계에 빠지지 않고, 어떻게 하면 효과적으로 의도된 정책목표를 성취할 수 있는가 이다. 정책목표가 개혁적일수록 공공재를 다루는 관련 행정조직 및 조직원들에게 더 엄격한 도덕적 기준의 적용을 요구하는 경우가 허다하다. 또한 많은 정책이 한 정부기구 안에서 자체적으로 소화되기 보다 다른 부처와의 공조에 의해서 입안되고 집행될 수 있다.

관계교환경제학(relation exchange economics)은 이러한 정부정책의 창의적 사업성 영역(EP)을 정의하고 설정할 수 있는 접근방법이다.[15] 거대한 정부조직은 그 거대함과 복잡함 때문에 그리고 공공재를 다루는 주체에 요구되는 도덕적 잣대의 엄정함 때문에 이 조직을 일관성있게 정책목표에 맞추어 움직이도록 하는 것이 간단치 않다. 이 조직 안에 작동하는 것은 관료 개개인의 관계교환의 네트워크와 주어진 행정권한 뿐이다. 어떻게 이 기본 단위들을 엮어서 올바른 정책목표를 설정하고 효과적 정책집행을 만들어 낼 것인가 하는 것은 분석적 의미에서 민간 사업가(entrepreneur)의 비즈니스 모델(business model)의 개념과 본질적으로 다르지 않다.

14) 비록 정부행정이 공공서비스를 생산하는 기관이고 정책운용의 포괄범위가 전 국가적 규모이지만, 정부조직의 운용은 조직내의 관계교환 질서에서 벗어날 수 없다는 점에서 원리적으로 핀생산 공장의 경우와 다를 것이 없다. 주어진 정책 목표와 미션을 추구하고, 공직의 기강을 수립하는 규범을 제도화 함으로써 관계교환 질서를 효과적으로 다루어서 성공적 비즈니스 모델을 만들어내는 공공 서비스의 사업심(public entrepreneurship)은 민간의 사업심 모델과 원리상 다를 것이 없다.

15) 관계교환에 의해서 설정된 열린 시스템에서, 정부정책이 작동하는 분석적 구도나 사업심이 작동하는 분석적 구도는 같다.

참고문헌

이성섭(2007), "개인과 집단간의 연결고리로서의 제도," 『제도와 경제』1권 1호, 5-15쪽.

____(2009), "제도와 사업심(entrepreneurship) 경제학," 『제도와 경제』3권 2호, 37-60쪽.

____(2012b), "관계교환 경제학," 『제도와 경제』6권 2호, 123-151쪽.

____(2012c), "관계교환경제학이란 무엇인가?" 『제도와 경제』6권 3호, 5-18쪽.

____(2013), '열린 경제학과 닫힌 경제학,' 『제도와 경제』7권 2호 게재예정.

Adam Smith(1759), *The Theory of Moral Sentiments*, Liberty Classics edition in 1982.

________(1776), *An Enquiry into the Nature and Causes of the Wealth of Nations*, edited by Edwin Cannan, M.A., LL.D(1937), The Modern Library, New York.

Arrow, K. J. and Debreu, G.(1954), "Existence of an Equilibrium for a Competitive Economy," *Econometrica*, 22: 265/290.

David Osborne and Ted Gaebler(1992), *Reinventing Government: How the Entrepreneurial Spirit is Transforming the Public Sector*, Addison-Wesley Publi. Co.

Mancur Olson(1971), *The Logic of Collective Action: Public Goods and the Theory of Groups*, Harvard University Press.

Gordon Tullock(1987), *Autocracy*, Dordrecht: Kluwer Academic Publishers.

Oliver E. Williamson(1985), *The Economic Institutions of Capitalism: Firms, Markets, Relational Contracting*, The Free Press, New York.

Oliver E. Williamson, M. L. Watcher and J. E. Harris(1975), "Understanding the Employment Relation: The Analysis of Idiosyncratic Exchange," *The Bell Journal of Economics*, Vol. 6, No. 1, 250–278, The Rand Corporation.

2 주민유치 경쟁(Foot Voting)을 전제로 한 지방자치 정치행정체제 구축의 원리[1)]

I. 서언

1991년 우리나라에 지방자치제도가 재도입된 이래, 이 제도의 중요성에 대한 일반적 공감대가 형성되어 있음에도 불구하고, 이 문제에 대한 체계적 논의가 이루어지지 못하여, 우리 제도가 나갈 방향에 대한 좌표설정이 제대로 이루어지지 못하고 있는 것이 현실이다. 그 결과 지방자치제도는 장기적 발전방향의 로드맵이 부재한 상태에서 현실적으로는 정치적 역학관계에 의하여 일진일퇴를 거듭하고 있는 실정이다.

우리는 과도기적 단계에 있다. 중앙집권의 토양 위에서 벗어나지 못하고

1) 『제도와 경제』4권 1호, 75-90쪽에서 전재.

있으며 부분적으로 지방에 일부 국정기능을 떼어주고 있을 뿐이다. 따라서 지방자치는 부분적 기능만 작동하는 비정상적 불균형적 국정기능에 의하여 진행되고 따라서 부작용이 발생하게 된다. 이러한 부작용이 지방에 부분적 기능만 이전하기 때문에 발생하는 현상임에도 그 원인이 마치 지방자치 자체에 있는 양 잘못 해석되어 지방자치 자체에 대한 비판으로 연결되고 있다. 따라서 이러한 오도된 여론이 지방자치 발전에 중요한 장애로 작동하게 된다.

이 글은 지방자치의 정치, 행정, 경제가 어떤 원리에 의하여 구축되어야 하는가를 큰 틀에서 구명하는데 논구의 목적이 있다.

II절은 자생적 질서의 운영에 기반을 둔 지방자치의 기본원리를 중앙집권적 질서체제와 비교하여 설명한다. III절에서는 II절에서 논의한 기본원리에 입각한 지방자치의 실현이, 특히 중앙집권의 역사적 배경을 가지고 있는 우리의 환경에서 왜 그리고 어떻게 진행될 수 있는지가 논의된다. IV절에서는 최적 지방자치구역 규모의 결정이 어떻게 이루어져야 하는지가 논의된다. V절에서는 요약과 결론이 소개된다.

II. 자생적 질서의 실현과 지방자치의 원리

지방자치의 근본원리는 국가경영의 차원에서 출발할 수밖에 없다.[2] 국가경영의 모습은 자생적 질서(spontaneous order)와 이 자생적 질서의 운영 양태를 만드는 국가경영의 제도적 틀에 의해서 만들어 진다(F.A. Hayek

2) 정치체제를 기반으로 하는 자치단위라는 의미에서 설정이 논의되고 있다.

[1973]).[3] 즉, 국가경영의 제도적 틀이 만들어지게 되면, 그에 맞추어 자생적 질서가 생겨나게 된다.

시장의 교환은 이 자생적 질서의 한 부분이다.

시장의 교환활동이 중요한 것은 이것이 공동체 활동에서 가장 분명(transparent)하고 거래비용이 적게 드는 공동체 활동이기 때문이다. 즉, 같은 목적을 이루기 위해서 사회활동을 기획한다고 하더라도 그 목적이 시장의 교환활동을 통하여 이룩될 수 있다면 그것은 최선의 방법이다.[4]

따라서 국가경영의 제도적 틀을 만듦에 있어서 가능하면 시장의 교환활동을 통하여 보다 많은 사회활동이 이루어지도록 제도적 틀을 만드는 것이 필요하다. 이렇게 함으로써 국가의 자원은 낭비를 피하고 가장 효율적으로 사용되게 되며, 국민의 복지는 최선의 상태를 이루게 된다.

한 범주 더 나가서, 민간의 자생적 질서는, 물론 그 안에 시장의 교환활동을 내포하고 있는 보다 넓은 범주의 상위개념이지만, 공공부문의 인위적 명령조직에 의한 운영보다 거래비용이 적게 드는 공동체 활동이다.

즉, 가능하면 시장의 교환활동을 통하여, 그렇지 못하면 민간의 자생적 질서를 통하여 공동체 활동이 이루어질수록, 그 사회는 보다 생산적이고 효율적인 운영을 이룩하게 되는 것이다.

그러면 어떻게 함으로써 시장의 교환활동을 장려하는 그리고 민간의 자생적 질서를 장려하는 국가경영의 제도적 틀이 만들어 지도록 할 수 있는가?

---

3) 국가경영의 제도적 틀이 자생적 질서의 모습을 만들게 된다는 것은 F.A. Hayek (1973)의 내용이라기 보다 저자의 해석이다.

4) 이것이 (F.A. Hayek [1973])의 자생적 질서의 기본 원리이다.

바꾸어 말하자면, 정부의 조직이 또는 관료체제가 민간의 자생적 질서 및 활동이 할 일을 대체해서 하도록 하는 국가경영의 제도적 틀이 만들어지지 않도록 하기 위해서는 어떻게 해야 하는가 하는 것이다.

이 문제에 대한 한 가지 답은 없는 것으로 보인다.

이 글에서는 자유민주주의 정체를 주어진 여건으로 하고 중앙집권적 국가경영의 방법과 지방자치 분권적 국가경영의 방법을 구분하여 왜 그리고 어떤 조건에서 지방자치 분권적 국가경영이 중앙집권적 국가경영 보다 더 민간의 자생적 질서를 구현하는 경향을 가지며 또한 보다 효율적인 국가 공동체 경영을 이룩할 수 있는지를 고찰한다.

특히 주민의 정치적 의사표현을 투표에 의한 의사표현(voting by ballot)과 발로 하는 의사표현(voting by foot)의 두 가지로 보고 왜 그리고 어떤 조건에서 지방자치가 더 우월하게 되는지를 설명한다.

(1) 중앙집권적 국가경영

중앙집권적 국가경영의 경우 중앙정부에 의해서 국가경영의 제도적 틀이 만들어지고 그에 맞추어 자생적 질서가 생겨나게 된다. 국가 통치에 관한 한

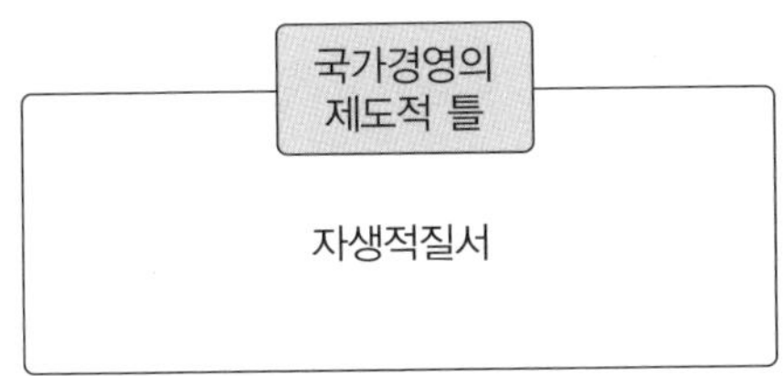

그림1 : 중앙정부에 의한 중앙집권적 국가경영

중앙정부는 독점적 위치에 놓이게 되어서 다른 대안의 정부와 경쟁적 구도를 구성하지는 않는다. [그림 1]은 이 내용을 상징하고 있다.

물론 자유민주주의 정체 하에서 정당에 의한 경쟁이 존재하며 정기적 선거를 통하여 민의가 국가경영의 제도적 틀을 구축하는 과정에 반영될 수 있는 통로가 확보되어 있는 것은 분명하다.

그럼에도 불구하고, 우리나라의 현실을 보면, 국가경영이 과도하게 중앙에 집중되어 있음을 볼 수 있다. 그 결과 인구 및 산업입지의 분포가 과도하게 수도권에 집중되는 결과를 낳고 있다. 양준모(2009)는 과거 2003~2007년간 전국적으로 거의 모든 지역의 인구가 감소하는 반면, 오직 경기도만 다른 지역에서 감소하는 모든 인구를 흡인하여 인구가 급속히 증가하는 모습을 보이고 있음을 보고하고 있다.

2003년 통계로 수도권은 국가경제 전체 산출에서 수도권은 44.9%를 생산하고 있으며, 전국 부가가치 생산의 47.9%를 생산하고 있다. 인구비중은 전국인구의 47.6%가 수도권에 집중되어 있는 것으로 나타나고 있다.

이 글은 이러한 비정상적으로 불균형인 수도권 집중현상이 가져오는 부작용이 무엇인가를 논하기보다 왜 이런 현상이 발생하느냐 그리고 이것을 원천적으로 해결하기 위한 방법이 무엇인가를 점검하는 데 목적이 있다.[5]

물론 이 글은 중앙정부에 의한 중앙집권적 국가 경영이 수도권 집중현상의 주범인 것으로 보는 관점에서 쓰고 있다. 이 글에서는 이 원인·결과에 대한 테스트가 시도되고 있지 않다. 그 보다 중앙집권적 국가경영과 지방분권

---

5) 행정수도의 이전이 지방의 불균형적 피폐화에 대한 대안인 듯이 정치잇슈화 되는 현상은 문제의 본질이 잘못 이해되고 있기 때문이다.

적 지방자치 운영의 국정운영의 두 가지 다른 방법론을 비교하는 데 이 글의 목적이 있다.

중앙집권적 국정운영의 또 다른 폐해는 민간의 자생적 질서에 의해서 이루어질 수 있는 활동이 정부에 의한 공공정책의 대상으로 대체되어가는 현상이 쉽게 일어날 수 있다는 것이다.

이것은 정부가 국정운영에서 독점적 위치에 있기 때문에 발생하는 현상이다. 비록 민주적 선거절차를 통하여 민의가 국정에 반영되는 채널이 확보되어 있다고 해도 그 채널은 정권의 교체와 상관없이 상설적으로 존재하는 거대한 관료조직에 비교할 때 매우 취약하다고 할 수 있다. 그 결과 정권마다 규제완화를 외치고 있지만 실상 그 내용은 실효성이 없는 경우가 대부분이고 정부의 관료조직에 의한 관치행정은 전혀 약해지지 않고 있는 것이 현실이고 민간은 이에 대항하기 보다 기회주의적으로 영합하는 경우가 대부분이라고 할 수 있다.

(2) 지방자치와 발로 하는 투표(voting by foot)

왜 중앙집권적 국가경영에서 민간 자생질서가 정부에 의한 공공정책의 대상으로 대체되는 현상이 더 빈번히 일어난다고 할 수 있을까? 2가지로 그 원인을 찾을 수 있는 것으로 보인다. 하나는 조직의 비대화가 관리대상을 넓혀서 통제능력을 저하시킨다는 점이다. 즉 조직이 커질수록 통제범위(span of control)을 벗어나는 영역이 커진다는 점이다. 이러한 조직관리 능력의 한계로 인하여 관료주의의 폐해가 커지게 된다. 중앙집권적 국가경영이 보다 관료주의적 집중화를 낳게 되는 경향을 보이는 이유이다.

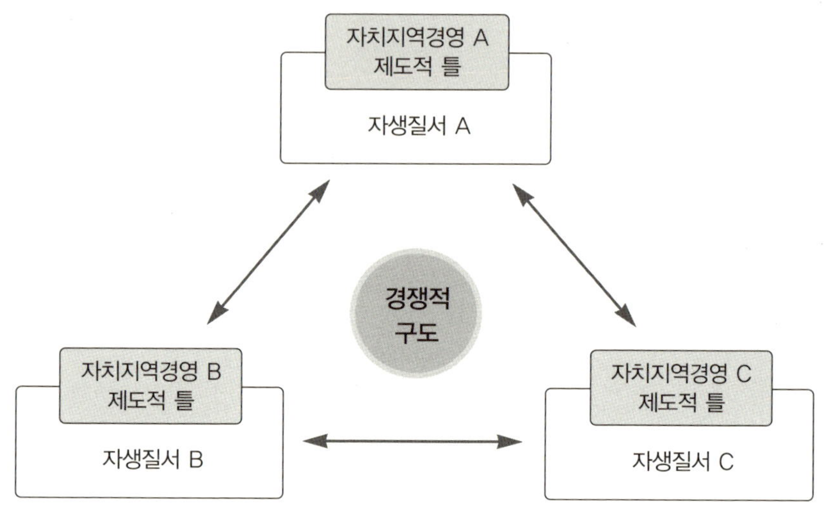

그림2 : 지방자치지역간 통치경쟁

다른 하나는 중앙집권적 국가경영에서는 선거에 의한 평가(voting by ballot) 외에는 이러한 관료주의적 집중화를 억제할 정치적 메커니즘이 존재하지 않게 된다는 점이다.

이와는 대조적으로 지방이 분권화되고 분권화된 지방이 서로 경쟁하는 예컨대 연방제 체제에서는 주민의 지방간 이동, 기업의 지방간 이동이 이루어지지 때문에 정기적 선거라는 방식에 더하여 주민과 기업의 이동으로 나타나는 물리적 투표(voting by foot)가 이루어져 정부조직이 관료화 집중화하여 민간의 자생적 질서를 대체하려는 경향을 억제하는 (정기적 선거 외에) 다른 하나의 분명하고 강력한 물리적 견제장치가 마련된다는 것이다 (Tibout 1956).

사실상 정기적 선거에 의한 민간의사의 정책반영은 선거제도가 가진 자체적 결함 때문에 한계를 가진다. 이 점은 공공선택이론에 의해서 계속 지적되고 있다.

반면에 주민 및 기업의 지방자치구역 간 이동(voting by foot)은 정기적 선거와 같이 불완전한 구조가 아니라 보다 완전한 그리고 직접적이고 분명한 메시지를 정치권에 보내게 된다. 국정운영이 관료화하고 중앙적 독점화를 이루어 폐해가 드러나면 주민이 기업이 다른 지역으로 이주하게 되며 이것은 정치권에 강력한 경고로 받아들여지게 된다.

[그림 2]는 지방자치 지역간 통치경쟁이 나타나는 모습을 도식으로 상징화 하고 있다. 지방자치지역 A, B, C가 하나로 통일되어 중앙집중적 국가경영이 이루어지는 것보다 A, B, C 지역으로 분할되어 충분한 지방자치의 권한이 주어지게 되는 경우, 정치권은 주민과 기업의 당해 지방으로 이주를 장려하기 위하여 관료주의적 행정(민간의 자생적 질서를 억압하는)을 탈피하려는 강한 정치적 압력을 느끼지 않을 수 없게 된다.

III. 중앙집권에서 지방자치로

국가경영의 방식을 중앙집중 형과 지방자치 형의 양 극단으로 구분한다면 대부분의 국가들은 양극단의 어느 하나를 택하고 있다기 보다 중앙집중에 가까운 유형 또는 지방자치에 가까운 유형으로 구분될 것으로 보인다.

그러나 분명 우리나라는 중앙집권 유형의 역사를 가지고 있어왔고, 이제 겨우 지방자치의 국가경영 방식을 도입하고 있는 단계라고 분류될 수 있을 것이다. 반면 미국은 지방자치의 표준모델이라고 할 수 있고 이제 연방제 합중국으로 국가통합을 통하여 중앙정부의 통치방식을 도입하는 단계라고 구분할 수 있다.

한국의 국가경영방식은 중앙집권의 뿌리 위에 부분적으로 행정권한이 지방으로 이양되고 있는 초기의 모습이다. 미국의 국가경영방식은 지방자치의 뿌리 위에 중앙정부통치방식이 점차 도입되는 단계라고 할 수 있다.

제도의 변화는 현실적 필요성의 반영과정이라고 해석한다면 중앙집중형 국가경영이나 지방자치형 국가경영이나 양극단 방식의 국가경영은 그것의 현실적 적합성의 문제가 제기될 수 있고 그만큼 현실적이지 못한 국가경영방식이라고 할 수 있다. 중앙집중형 국가경영은 그것이 가지는 장점이 있고 지방분권형 국가경영은 그것이 가지는 장점이 있다. 바람직한 국가경영은 두 유형 국가경영방식의 장점이 균형 있게 반영되도록 국가경영방식을 변화시켜가는 것이라고 할 수 있다.

이 과정에서 중요한 문제는 국가경영방식을 변화시켜가는 과정을 어떻게 현명하게 관리하느냐 하는 것이다. 이 문제는 결코 간단한 문제가 아니고 본질적인 몇 개의 질문을 제기하게 된다.

(1) 부분적 업무이양방식의 시행착오와 행정적 모럴해저드

우리나라는 중앙집중형 국가경영방식으로부터 점차 지방자치형 국가경영방식이 도입되는 변화과정에 있다는 점은 이미 언급된 바와 같다. 문제는 우리의 지방자치형 국가경영방식이 도입되는 변화과정이 시행착오의 연속이라는 점이다.

주지하다시피 우리의 경우 중앙정부의 행정업무가 부분적으로 그것도 매우 소극적으로 지방정부에 이관되는 모습을 보이고 있다. 이로 인해서 지방자치행정은 여러 가지 시행착오의 문제점을 드러내고 있다.

난개발, 전시행정 그리고 지방행정의 예산낭비 등이 대표적 시행착오의 사례이다. 중앙집중형 국가경영방식에 기득권을 가진 집단(중앙정부관료, 국회, 전국규모 판매망을 가진 언론, 수도권거주자 등)은 이러한 시행착오를 인용하며 이것이 지방자치형 국가경영의 본질적 문제인양 비판하는 경향이 있다.

그러나 이것은 지방자치형 국가경영의 본질적 문제점이 아니며 지방자치형 국가경영의 도입되는 방식이 잘못되어 발생하는 문제이다.

그러면 무엇이 잘못된 것인가?

문제의 본질은 지방자치체의 경우 행정집행체계가 선거에 의해서 책임지는 정치적 책임성 단위와 불일치 한다는 점이다.[6]

(2) 행정집행체제와 정치적 책임성 단위 간의 불일치

지방행정의 지출을 감당할 재정의 공급은 지방세 수입과 중앙정부의 교부금으로 구성된다. 문제는 수도권지역 지방자치구의 경우 풍부한 지방세 수입으로 재정적 여유를 가지는 데 반하여 비수도권 지역의 지방정부는 지방세 수입이 빈약하여 중앙정부의 교부금에 의존하게 된다는 점이다.

중앙정부의 교부금이 지방자치체에 배분되는 과정은 지방자치체가 예산회계의 지출소요를 예산으로 편성하여 제출하고 이를 중앙정부가 예산편성

6) 행정은 중앙정부 단위를 중심으로 중앙집중행정체제로 되어 있으나 선거는 지방자치형으로 되어 있다. 행정을 지방자치단위에서 책임지는 지방자치형 행정체제로 개편해주어야 발로 하는 투표의 의미를 살릴 수 있다.

지침에 따라 심사하여 지방자치체에 배정할 교부금을 결정하는 예산행정운영 그리고 국회를 동원한 또는 정치적 영향력에 의존한 로비활동에 의해서 결정되는 과정이다.

여기에서 지방자치 단체장의 영향력 행사가 가능한 부분은 지방자치체가 우선 예산편성의 지출소요를 늘려잡는 것이고 이것을 관철시키기 위해서 중앙정부 예산편성행정에 개인적 친분관계에 따른 영향력을 행사하고 또한 출신구 국회의원을 동원하여 정치적 영향력을 행사하는 것이다.

요령은 중앙정부 예산편성지침을 숙지하여 그 취지에 따르는 사업을 부풀려서 지출소요가 큰 지방자치체의 예산을 편성하는 것이다. 나머지는 정치적 및 개인적 로비활동이 감당하게 된다.

이것은 공적 모럴해저드의 대표적 사례라고 할 수 있다. 왜냐하면 이런 유형의 행정과정이 그 자체로 국가자원의 낭비를 초래하게 되어 있기 때문이다. 이것은 중앙정부의 예산편성부처가 아무리 뛰어난 예산편성지침을 마련한다 하더라도 피할 수 없는 문제이다.

중앙정부의 예산편성지침은 조직운영의 행정관리 시스템의 일부이며 따라서 행정적 관리 시스템조직경영에서 벗어날 수 없다. 본능적으로 효율성을 추구하는 자생적 질서의 원리와 같을 수 없다. 조직운영의 행정관리 운영시스템과 자생적 질서 간의 본질적 괴리현상은 하이에크에 의하여 지적되고 신랄하게 비판된 문제로써 공공행정 운영에 모럴해저드를 낳을 소지를 안고 있다.

중앙정부의 예산편성지침에 따르는 낭비적 예산편성과 지출이 얼마든지 가능하다. 이용도가 낮은 거대한 체육시설이 지방 곳곳에 막대한 예산으로 설치되는 경우가 허다하다. 이용도가 낮은 지방의 국제공항건설이 그러하다.

지방자치 단체장은 선거에 의한 정치적 책임을 지는 것이 전부이다. 따라서 전시적 행정이라도 중앙정부에 로비하여 중앙정부 예산으로 건설하면 지방자치구역의 선거구민에게 업적으로 인정받고 다음 선거에서 유리한 평가를 받게 되는 것이다.

선거에 의하여 평가되는 지방자치단체장의 정치적 책임과 지방행정 성과를 연결하여 공공행정의 모럴해저드를 줄이고 효율적 지방행정 운영을 가능하게 할 수 있는가 하는 것이 중앙집중형 정부운영방식에 점진적 지방자치 요소를 도입하는 변화과정 운영의 성공 여부를 결정하는 중요한 열쇠가 된다.

(3) 정치적 책임성 평가가 가능한 지방행정 거버넌스 체제 확보

우리나라의 지방자치제도는 행정기능을 자치사무로 배분하는 것이 아니라, 기관위임사무로 배분하고 있는 모습이다. 업무의 성질상 당연히 자치사무에 속하는 것이라도 중앙정부가 법률을 제정하여 국가사무화 한 다음 이를 기관위임사무화 하고 있다.

따라서 지방자치행정은 중앙정부 행정의 피위임 하위행정단위로 기능하는 종속적 관계에서 벗어나지 못하고 있다. 지방자치 단체장들의 활동이, 중앙정부를 상대로 정치적 영향력 또는 개인적 친분관계를 동원한 로비에 매달리고, 임기중의 성과가 과시적 행정업적에 치중하게 되며, 지역경제는 부동산 난개발에 그치는 근본적 원인이 여기에 있다고 할 수 있다.

지방자치의 근본원리는 지방자치의 행정에 기능적 독립성을 확보함으로써 선거구민으로 하여금 지방자치의 행정성과를 정치적으로 평가할 수 있도록 해주는 데 있다. 지방자치의 확립을 위한 1차적 작업은 정부행정의 기능을 자치사무로 지방자치체에 확립해주어 지방자치가 중앙정부에 대한 모럴해저드가 아니라 자체의 책임으로 지방행정이 기획되고 집행되며 평가될 수 있도록 하는 것이다.

이것을 지방자치의 정치행정적 책임성의 원칙이라고 부르기로 한다.

지방자치의 정치행정적 책임성의 원칙이 확립되어야 선거에 의한 평가제도가 난개발과 같은 파행적 발전이 아니라 정상적 지방자치지역의 발전과 연결될 수 있다. 이미 언급된 바와 같이 정치적 평가는 선거투표에 의한 평가(voting by ballot)와 주민과 기업의 이동으로 표시되는 평가(voting by foot)의 두 가지가 있다.

지방자치의 행정기능이 자치사무로 확립되기 위해서는 어떻게 해야 하는가? 예컨대, 교육정책이 교육제도의 디자인에서부터 재정, 정책집행에 이르기까지 지방자치의 구역 안에서 독립적으로 수행될 수 있어야 한다. 이 점은 치안 및 법집행, 경제, 문화 등 모든 영역에서 적용된다.

이러한 독립적 행정책임성이 확립되기 위해서는 지방의회가 입법권을 확보할 수 있어야 한다. 이것은 다시 지방자치구역에서 독자적으로 입법된 법체계의 법집행이 독립적으로 운영될 수 있어야 한다는 것을 의미한다. 이것은 지방자치 지역이 독자적 사법기능을 가져야 함을 의미할 수 있다.

이러한 형태로 지방자치가 실현됨으로써 정부행정은 민간의 자생적 질서가 존중되는 최소한의 그러나 강력한 집행력과 효율성을 갖춘 행정체계를 확보하게 된다. 만약 그렇지 못한 비효율적 또는 관료주의적 행정이 나타난다면, 이것은 투표를 통한 주민의 의사표현에 의해서 또는 발로 표현된 주민의 의사표현에 의해서 견제되기 때문이다.

지방자치의 정치행정적 책임성 원칙을 극단적으로 확대하면, 각 지방자치지역이 독립적 정치, 행정, 사법의 단위를 형성하는 연방제 정부형태에까지 이르게 된다. 이것은 연방제 정부형태가 되어야만, 지방자치의 정치행정적 책임성 원칙이 확보될 수 있다는 것을 말하는 것은 아니며, 그 보다 약한 지방자치도 행정적 책임원칙이 확보될 수 있는 한 지방자치 본래의 목적 수행이 가능하다는 것을 말한다.

Ⅳ. 최적 지방자치구역 규모의 결정

지방자치의 행정시스템에서 정치행정적 책임성이 확보되는 지방자치를 확장하기 위해서 어떻게 해야 하는가 하는 것이 우리의 지방자치제도의 실질적 당면과제이다. 그러나 이 글에서는 이러한 실질적 문제에 천착하기보다 지방자치의 행정시스템에서 정치행정적 책임성이 확보된다는 것을 가정하고 거시적 구도에서 지방자치 실현의 과제를 다루기로 한다.

지방자치의 행정시스템에서 정치행정적 책임성의 원칙이 유지된다고 전제하고 이 전제 하에서 최적 지방자치 구역의 크기는 어떻게 결정되어야 할 것인가? 이 문제에 답하기 위해서 아래 그림 3, 4, 5의 분석을 응용하기로 한다.

[그림 3]은 지방자치 지역이 커짐에 따라 행정규모도 커지게 되는 경우 주민 1인당 감당해야 할 행정비용의 변화를 보여주고 있다. 물론 행정규모의

크기에 따라 규모의 경제가 적용되는 행정영역도 존재한다고 할 수 있다. 그러나 행정관리비용은 행정규모가 커지면 행정관리에 한계에 직면하게 되며 따라서 관료주의적 행정의 폐해가 드러나게 된다. 결국 주민 1인당 부담하게 되는 총행정비용은 체증하는 모습을 보이게 된다.

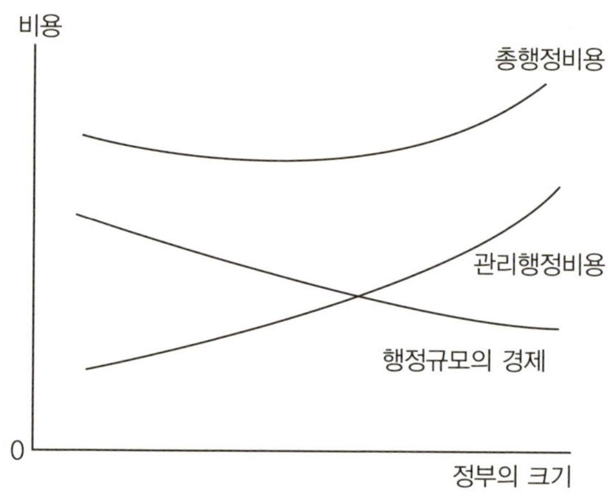

그림3 : 정부의 크기와 행정비용의 증가

[그림 4]는 지방자치 구역이 확대됨에 따라 주민 1인당 얻어지는 행정복지의 크기를 그리고 있다. 이 그림에서는 지방자치의 행정시스템에서 정치행정적 책임성의 원칙이 확보되어 있다는 것을 가정하고 있다. 이 정치행정적 책임성의 원칙은 2가지 형태의 정치적 평가 voting by ballot, voting by foot에 의해서 확보되게 된다.

그림은 지방자치 구역을 시군구의 기초자치구역에서부터 도, 권역(영남, 호남, 서울, 경기, 이북, 등), 전국으로 나누고 있다.

시군구의 기초자치구역에서는 정치 및 행정 규모의 협소함 때문에 독립적 단위의 지방자치가 효과적으로 실현될 수 없다. 물론 그 지역이 어느 곳인지에 따라 그래프의 모습과 위치가 서로 다르겠으나 커브의 모습은 자치구역의 적정한 규모에서 극대치를 보이게 되고 그 이상 자치구역이 확대되면 주민1인당 복지는 감소하게 되고 이 자치구역이 전국으로 확대되면 중앙집권형 또는 중앙독점형 정부경영이 된다.

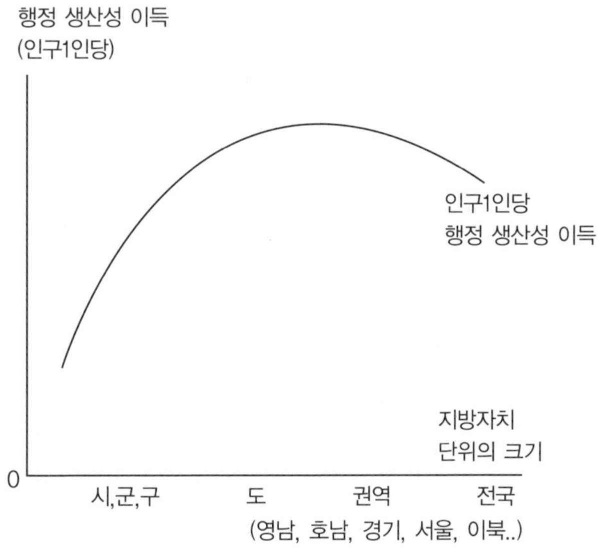

그림4 : 최적 행정 운영 시 인구 1인당 행정 생산성 이득

[그림 5]는 그림 3, 4를 합성하고 있다. 지방자치의 최적 규모는 주민 1인당 행정복지 생산과 주민 1인당 행정비용의 차이, 즉 주민 1인당 순 행정복지 생산의 크기가 극대화 되는 규모에서 결정된다. 이것이 그림에서 보여주는 바와 같은 지방권역으로 설정될지는 추정과 검정을 필요로 하는 작업이다.

이 문제와 관련하여 잊을 수 없는 우리현실의 문제는 통일 이후에 대한 고려이다. 이북의 체제는 분명 독립적 지방자치 단위를 설정할 때 가장 정치사회 경제 및 문화적 마찰의 비용을 줄일 수 있을 것으로 보인다. 이 점에서 적어도 남북간의 지방자치 형태는 연방제 지방자치가 필요한가 하는 문제를 분석하는 것이 피할 수 없는 당면과제라고 할 수 있다.

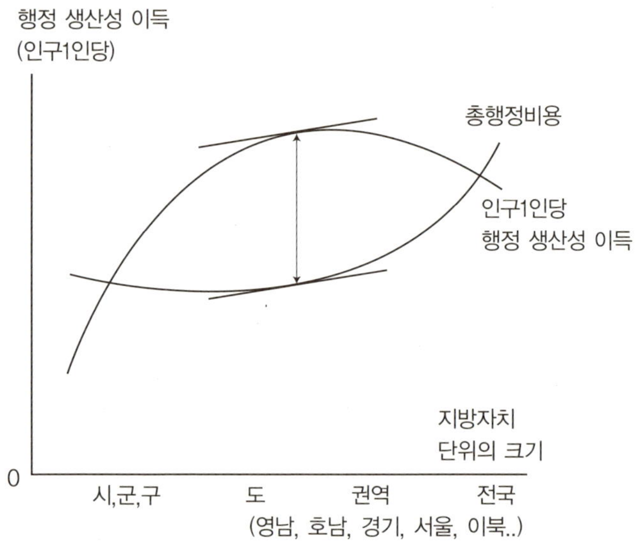

그림5 : 최적 지방자치 단위의 결정

V. 결어

우리나라는 중앙집중형 국가경영방식으로부터 점차 지방자치형 국가경영방식이 도입되는 변화과정에 있다. 주지하다시피 우리의 경우 중앙정부의 행정업무가 부분적으로 그것도 매우 소극적으로 지방정부에 이관되는 모습을 보이고 있다. 이로 인해서 지방자치행정은 여러 가지 시행착오의 문제점을 드러내고 있다.

문제의 본질은 지방자치체의 경우 행정집행체계가 선거에 의해서 책임지는 정치적 책임성 단위와 불일치 한다는 점이다.

우리나라의 지방자치제도는 행정기능을 자치사무로 배분하는 것이 아니라, 기관위임사무로 배분하고 있는 모습이다. 업무의 성질상 당연히 자치사무에 속하는 것이라도 중앙정부가 법률을 제정하여 국가사무화 한 다음 이를 기관위임사무화 하고 있다.

따라서 지방자치행정은 중앙정부 행정의 피위임 하위행정단위로 기능하는 종속적 관계에서 벗어나지 못하고 있다.

지방자치 단체장들의 활동이, 중앙정부를 상대로 정치적 영향력 또는 개인적 친분관계를 동원한 로비에 매달리고, 임기중의 성과가 과시적 행정업적에 치중하게 되며, 지역경제는 부동산 난개발에 그치는 근본적 원인이 여기에 있다고 할 수 있다. 전시적 행정이라도 중앙정부에 로비하여 중앙정부 예산으로 건설하면 지방자치구역의 선거구민에게 업적으로 인정받고 다음 선거에서 유리한 평가를 받게 되는 것이다.

지방자치의 근본원리는 지방자치의 행정에 기능적 독립성을 확보함으로써 선거구민으로 하여금 지방자치의 행정성과를 정치적으로 평가할 수 있도록 해주는 데 있다. 지방자치의 확립을 위한 1차적 작업은 정부행정의 기능을 자치사무로 지방자치체에 확립해주어 지방자치가 중앙정부에 대한 모럴해저드가 아니라 자체의 책임으로 지방행정이 기획되고 집행되며 평가될 수 있도록 하는 것이다.

이것을 지방자치의 정치행정적 책임성의 원칙이다.

선거투표에 의한 평가(voting by ballot)와 주민과 기업의 지역간 이동으로 표시되는 평가(voting by foot)가 지방자치의 정치행정적 책임성의 원칙을 확립하기 위해서는 우선 지방자치의 행정기능이 자치사무로 확립되어야 한다.

한 걸음 나아가, 이러한 독립적 행정책임성이 확립되기 위해서는 지방의회가 입법권을 확보할 수 있어야 한다. 이것은 다시 지방자치구역에서 독자적으로 입법된 법체계의 법집행이 독립적으로 운영될 수 있어야 한다는 것을 의미한다. 이것은 지방자치 지역이 독자적 사법기능을 가져야 함을 의미할 수 있다.

이러한 형태로 지방자치가 실현됨으로써 정부행정은 민간의 자생적 질서가 존중되는 최소한의 그러나 강력한 집행력과 효율성을 갖춘 행정체계를 확보하게 된다. 만약 그렇지 못한 비효율적 또는 관료주의적 행정이 나타난다면, 이것은 투표를 통한 주민의 의사표현에 의해서 또는 발로 표현된 주민의 의사표현(foot voting)에 의해서 견제되기 때문이다.

지방자치의 정치행정적 책임성 원칙을 극단적으로 확대하면, 각 지방자치지역이 독립적 정치, 행정, 사법의 단위를 형성하는 연방제 정부형태에까지 이르게 된다. 이것은 연방제 정부형태가 되어야만, 지방자치의 정치행정적 책임성 원칙이 확보될 수 있다는 것을 말하는 것은 아니며, 그 보다 약한 지방자치도 행정적 책임원칙이 확보될 수 있는 한 지방자치 본래의 목적 수행이 가능하다는 것을 말한다.

참고문헌

최봉기(2006), 『지방자치론』법문사.

김성배(2005), 「지방분권과 국가발전: 어떠한 지방분권이 국가발전을 가져오는가?」 한국제도·경제학회 월례발표회(2005년 11월).

양준모(2009), 「수도권과 각 지역의 경제관계에 따른 지역발전전략의 방향」, 『2009 경제학 공동학술대회 한국제도·경제학회 학술대회 발표논문집』.

Tiebout, C.(1956), "A Pure Theory of Local Expenditures", *The Journal of Political Economy*, 64(5): 416–24.

F.A. Hayek(1973), *Law, Legislation and Liberty*, University of Chicago Press.

3 사립대학 경영지배구조 개혁과 대학교육정책의 전환[1]

I. 사립대학개혁의 중요성[2]

대학교육정책을 논의함에 있어서 중요한 점은 사립대학과 국공립대학을 구분하여 정책을 수립하여야 한다는 것이다.[3] 근본적으로 사립대학은 재정운영의 책임을 스스로 져야한다. 즉 자기책임원칙이 적용된다. 물론 대학은 영리를 추구하는 기관이 아니다. 그러나 재정운영의 자기책임원칙이 지배하기 때문에 학문적 수월성은 대학경영의 결과로 얻어져야지 그 자체가 대학경영의 목적으로 추구될 수 없다는 것이 사립대학경영의 특징이다.

---

1) 박세일 외 (2004), 『자율과 책무의 대학개혁: 제2단계의 개혁』한국개발연구원, 10장 299-323쪽에서 전재.

2) 본 대학개혁연구의 중심대상은 사립대학이다 사립대학과 국공립대학이 어떻게 다른가를 논의하는 것은 본 연구의 주제를 벗어나는 일이다. 다만, 사립대학의 개혁, 사립대학경영의 정상화 없이 대학개혁을 논의하는 것은 무의미하다. 국공립교육으로 대학교육을 감당할 수는 없기 때문이다.

3) 국공립대학의 개혁은 사립대학이 글로벌시대에 걸맞는 경쟁력을 생산할 수 있도록 사립대학 경영지배구조의 구도를 찾아 낸 연후에 그 배경 하에서 그 체제에 보완적 기능을 하는 체제로서 국공립대학 체제를 확립하는 순서로 논의되어야 할 것으로 보인다.

이것은 일견 제약으로 느껴질지 모르나 사실은 축복이라고 볼 수 있다. 재정의 자기책임원칙 때문에 사립대학경영은 고객위주의 경영을 하지 않으면 안된다. 즉 사립대학경영은 태생적으로 사회적 수요에 부응하는 경영을 하지 않으면 안되게 되어있다. 뿐만 아니라 사립대학간의 경쟁에 의해서 수월성은 확보되지 않으면 안되게 되어있다.

우리의 사립대학이 이에 이르지 못하는 것은 이러한 경쟁체제가 정상적으로 작동할 수 있도록 내적 외적 여건을 마련해주지 못했기 때문이다. 대학은 기업과도 달리 정상적인 경영을 위하여 많은 전문성을 필요로 하는 조직이다. 즉 유효한 경쟁체제를 확립하는 작업은 현실감과 아울러 전문성을 제도화 할 수 있어야 한다.[4)]

본 연구는 사립대학의 경쟁체제가 대학교육의 수월성에 이르는 유효한 경쟁체제를 여하히 구축할 수 있는가를 궁구하게 된다.

II. 대학경영지배구조의 문제점

(1) 이사회·총장 지배적 경영지배구조

한 기관 조직의 경영체제를 결정하는 근본요소는 경영지배구조의 형태라고 하겠다. 현재 우리 사립대학의 경영지배구조는 다른 나라에서 그 예를 찾

4) 유효한 경쟁체제를 확립함으로서 대학의 학문적 수월성을 높인다는 것은 대학교육 자체뿐만 아니라 그 자체로 초, 중등교육에 중요한 시사성을 갖는다. 유효한 경쟁체제 속에서 대학이 다양한 목적과 다양한 형태로 학생을 모집하게 되면 고등학교교육은 대학모집단위의 수요패턴에 반응하지 않을 수 없게 되고 이것이 고등학교교육에 변화를 준다. 이러한 교육여건의 변화는 직접, 간접적으로 초등학교, 중학교의 교육에 영향을 미치게 된다. 대학교육의 지향목표가 대학의 간판에 좌우되는 체제에서 유효한 경쟁체제(예컨대, 후술하게 되는 전공경쟁체제)로 변화된다는 것은 초중등 교육이 수능성적에 의하여 줄서는 현재의 획일적 구조에서 벗어나도록 하는데 기여하게 된다.

기 힘든 총장 지배체제의 모습을 하고 있다. 대학의 모든 의사결정이 이사회와 그 대리인으로 임명된 총장 1인에 의해서 이루어지게 되어있다.

대학은 다수의 전문분야가 모여서 만들어진 조직이다. 반면에 각 전문분야는 그 사회에서 그 분야에 있어서 최고의 전문인력을 모아놓고 있으며 또한 학부에서부터 석박사에 이르기까지 최고의 전문인력을 생산하고 가장 첨단의 기술(state of art)를 연구개발하는 역할을 맡고 있다. 즉 각 분야마다 전혀 다른 전문성이 있으며 그와 연결된 사회적 네트워크가 존재하고 있다.

대학이 주어진 전문분야에서 사회적 선도역할을 감당하기 위해서는 각 전문분야의 대학경영이 전문적 식견과 경영능력을 동시에 갖춘 인력에 의해서 수행되어야 하는 것이다. 그래야 대학이 그 분야에서 사회적 네트워크의 중심에 설 수 있고 교육프로그램도 그 분야 사회적 수요에 대응하는 내용을 맞추어 공급하는 신축적 있는 행정을 계획 집행할 수 있다. 전문분야에 대한 대학행정이 비전문가에 의해서 이루어진다면 큰 일에서부터 작은 일에 이르기까지 필요한 행정지원을 받기 위해서 일일이 행정책임자를 설득해야 하기 때문에 대학이 그 분야의 선도적 역할을 감당하기가 어렵게 된다. 이것이 현재 우리가 당면하고 있는 상황이다.

현재 사립학교법은 학교재단 및 대학 운영의 모든 권한을 이사회에 독점시켜 놓고 있다. 사립대학의 경우 총장은 이사회의 대리인으로 대학의 모든 의사결정을 독점해서 행사하고 있다. 교수임용에서 직원임용에 이르기까지 인사행정, 교과과정편성운영에서부터 연구지원업무에 이르기까지 교육연구행정, 교직원급여결정에서부터 기금조성에 이르기까지 재정행정 등 모든 의사결정이 총장 1인에게 집중되어 있는 것이 우리의 대학 경영지배구조의 모습인 것이다.

여기서 총장이 이사회구성에 영향력을 행사하게 되어 이사회를 자신의 영향력 하에 두게되면 총장에 의한 전횡적 경영의 지배구조가 구축되게 된다. 이것이 소위 「오너」있는 대학으로 분류되는 대학들의 경영지배구조의 모습이다.

대학이 재정적으로 이사회에 의존적이지 않고 재정독립을 이룩한 경우라고 하더라도 총장의 선임은 이사회의 권한에 속한다. 이렇게 선임된 총장의 경우에도 이사회·총장체제가 대학운영의 모든 권한을 갖게 된다.

(2) 이사회·총장 지배적 경영지배구조의 문제점

이사회·총장 지배적 경영지배구조는 크게 다음과 같은 3가지의 문제점을 가지고 있다. 첫째, 대학행정의 모든 권한이 총장 1인에게 집중되어 있는 까닭에 행정운용이 비효율적으로 이루어질 수밖에 없다. 총장은 언제나 과로에 시달려야 한다. 반면 단과대학 학장이나 학과장 등 단위조직의 교직원은 별반 할 일이 없다. 이것은 조직운영이 비효율적으로 이루어지고 있음을 말한다.

총장뿐만 아니라 총장을 보좌하고있는 처실장의 경우도 과로에 시달려야 한다. 따라서 이들은 언제나 바쁘지만 대학행정은 매우 비효율적으로 처리되고 있으며 같은 잘못이 시정되지 않고 되풀이된다. 예컨대 교수채용과 같은 중요한 일이 사전에 충분히 계획되지 못하고 짧은 시간에 일률적으로 처리된다. 결과적으로 외국에 있는 잠재적 자원에 충분한 홍보가 이루어지지 못한 채 좁은 국내시장을 대상으로 한 조사에 만족해야 한다.

둘째, 중앙행정에 참여하지 않는 대부분의 교직원이 대학의 발전에 무관심해지게 된다. 모든 행정과 권한이 총장과 그 보좌진 처실장에게 집중된 결과로 나타나는 현상이다. 이것은 매우 우려할 일로 학과, 학부 또는 단과대학과 같은 단위조직에서 새로운 프로그램을 도입하거나 현재의 프로그램을 개선하고자 하는 적극적 노력이 이루어지기 어렵다는 것을 의미한다.

예컨대 얼마전까지만 해도 대학의 학과장은 그 조직에서 경력이 낮은 신참교수의 몫이었으며 학장은 아직도 고참교수가 순번으로 돌아가면서 경력관리하는 자리로 여겨지고 있다. 이것은 그만큼 이 자리에 대한 역할이 없다는 것을 의미한다. 이들이 해야할 역할이 총장과 그 보좌진 처실장에게 집중된 결과이다.

셋째, 대학행정이 비전문가에 의해서 이루어지며 전문가에 의해서 이루어져야 하는 행정은 추진되지 않게 되는 경향이 있다. 대학행정의 모든 권한을 독점하고 있는 총장이나 이사들은 경우 경우에 해당하는 정밀한 개선안이나 새로운 프로그램에 대한 구체적 문제를 파악하기에는 너무 바쁘거나 비전문가이다. 그런데 이들을 설득해야 일이 추진될 수밖에 없으니 결국 아무도 일을 추진하려 하지 않는다.

본질적으로 대학총장은 정치인에 가깝다고 보는 것이 옳다. 경영인이라고 분류한다고 하더라도 전문성이 서로 다른 대학내 각 단위조직의 구체적인 프로그램을 이해한다는 것은 불가능하기 때문에 전문성이 결핍된 경영인인 셈이다. 이들이 대학의 의사결정을 독점하고있다는 것은 그 조직이 유효한 기능을 수행하는 조직이 될 수 없음을 의미한다.

III. 유효경쟁부재와 도덕적 위해

(1) 유효경쟁시스템의 결핍

대학의 위기는 대학간 유효한 경쟁체제의 부재가 원인이다. 아미 언급한 바와 같이 사립대학은 본질적으로 대학간 경쟁에 의해서 생존의 틈새를 찾게 되어있다. 이 과정을 통하여 대학은 사회수요에 부응하는 연구, 교육 및 전문활동 서비스를 공급하고 수월성을 추구하게 된다. 이것이 사립대학의 유효경쟁시스템이다.[5)]

현재 우리의 사립대학사회에는 이 유효경쟁시스템이 작동하지 않고 있다. 그 원인은 대학간 유효경쟁시스템이 작동할 수 있는 메커니즘이 차단되어 있기 때문이다.

수도권정비법에 의해서 대학의 신규설립이 차단되어 있고 대학의 학생정원은 동결되어 있다. 따라서 수도권대학은 학생모집에서 정원미달을 염려하지 않고 지낼 수 있게 되어있다. 즉 수도권에 위치한 대학은 소위 명문대로 분류되는 대학이든 그렇지 못한 대학이든 대학의 질적 수준향상을 위한 노력을 해야하는 인센티브가 지극히 약하다.

이 상황에서는 대학은 변하지 않게 된다. 물론 소위 명문대를 타겟으로 하는 학생들간의 입시경쟁은 존재한다. 그러나 대학을 경쟁적으로 운영하지 않으면 안되게 하는 메커니즘이 모두 차단되어 있는 여건에서 대학자체는

5) 대학은 도덕적 위해행태를 계속하는 데 소위명문대라는 또는 수도권대학이라는 프레미엄의 순위에 따라 입시경쟁만 과열되는 대학입학을 둘러싼 입시생간의 입시경쟁현상과 구분하여 사립대학간의 경쟁이 대학의 질적 수준 향상(연구, 교육 및 전문프로그램에 있어서)을 추구하는 경쟁체제를 지칭하여 유효경쟁시스템이라고 부른다.

경쟁부재의 특권영역에 머무르고 있다고 할 수 있다.[6] 다만 학생들만 소위 명문대 명성 순위에 따른 입시경쟁을 하고 있는 것이다. 즉 지금까지 대학의 명문대 순위는 입학생의 수능성적이나 내신성적이 결정해왔지, 대학자체의 교육, 연구 및 전문분야 활동의 서비스경쟁에 의해서 결정되었다고 볼 수 없다.[7]

정원을 채우지 못하는 지방대학의 경우에도 전반적인 대학사회의 풍토가 이렇게 결정된 여건에서 대학의 질적 향상을 추구하는 노력은 효과를 발휘하기 어렵다. 명문대라는 허명의 위세가 강해서 웬만한 질적 수준향상의 노력은 인지되기 쉽지 않기 때문이다. 예외적으로 한동대, 포항공대 등의 사례가 있으나 일반적 현상으로 볼 수 없다.

(2) 유효경쟁부재 여건의 도덕적 위해(moral hazard)

본질적으로 대학 내에서 발생하는 각종 도덕적 위해 현상은 대학의 프레미엄 지대(rent)에서 발생하는 것이다. 수도권에 위치한 대학이라는 프레미엄, 또는 소위 명문대라고 간주되는 프레미엄 등이 그것이다. 이 프레미엄이 대학구성원들에게 화폐적 소득을 만들어주는 형태로 명시적으로 표현된 프레미엄이 아니고 입학정원으로 확보로 경쟁부재의 특권영역을 보장받은 의미의 묵시적으로 존재하는 프레미엄이다.

---

6) 경쟁부재의 특권지대가 사립대학에 보장되어 있다는 것은 마치 공기업이나 독점기업의 특권을 연상시킨다. 즉 사립대학이 실제로는 국공립대학과 같이 국가에서 설정해준 특권영역에서 공기업이나 독점기업이 누리는 경쟁부재의 특권을 누리고 있는 것이다.

7) 기여입학제는 이와같이 대학이 자신의 노력의 결과에 따라서 평가되는 것이 아니라 대학자체의 노력은 없이 소위 명문대라는 허명을 쫓는 학생들의 입시경쟁의 산물인 대학간 순위를 이용하여 이를 현금화하려는 시도이다. 대학간의 유효경쟁체제의 산물도 아니며 유효경쟁체제로 연결되지도 않을 제도이다.

학생정원은 정부규제 덕분에 확보되어 있고 등록금은 명목상으로는 자율화되어 있지만 정부의 행정지도에 따라서 대학간 큰 차이가 발생하지 않는다. 따라서 명문대이든 그렇지 않은 대학이든 대학재정에서 수입을 확대할 수 있는 경쟁의 요소는 아무것도 존재하지 않는다.

따라서 경쟁력이 있는 대학의 경우에도 대학재정의 수입을 확대하기 위한 활동을 할 수 있는 여지가 모두 봉쇄되어 있는 것이 현실이다. 따라서 능력있는 교수들은 대학 내에서 능력을 발휘할 요구를 받지 않는다. 이것이 이들이 대학외부의 활동에 적극적일 수밖에 없는 이유이다.

대학이 유효한 경쟁을 필요로 하지 않는 여건에 있기 때문에 관리적 성격의 행정 이상의 활동을 하지 않게 되고 따라서 총장 1인이 전문성도 없는 전 대학행정의 모든 권한을 독점하고 있어도 그 문제점이 별반 부각되지 않고 지낼 수 있다. 교수들도 대학에 책임강의 시수를 채우는 최소한의 서비스를 공급하면 별간섭을 받지 않고 나머지의 시간을 개인적으로 사용할 수 있는 것이 현실이다.

이러한 사회의 특징은 능력보다 선임순서가 중시되고 지연, 학연, 동문·비동문을 따지는 크로니즘이 지배하게 된다는 것이다.[8] 조직구성원의 능력을 필요로 하지 않고 다만 간판만을 요구하는 사회에서 개인이 자기방어를 위하여 의지할 곳은 인간관계이며 따라서 이러한 크로니즘이 힘겨루기를 하게되는 것은 당연한 귀결이다.

---

8) 교수사회 뿐만 아니라 직원들도 이러한 프레미엄 사회의 도덕적 위해에 참가하게 된다. 10여개월씩 파업을 해도 이것이 통하는 정도로 대학의 기강을 무너져 있다. 유효경쟁체제에서 비효율적 경영이 바로 대학의 파산으로 연결되는 체제라면 상상하기 힘든 현상들이다.

VI. 대학경영지배구조의 3 유형

유효경쟁체제 구축의 내적 조건은 경쟁시스템이 작동하도록 이를 지탱해 줄 경쟁형 또는 전문화 경쟁형 대학경영지배구조를 확보하는 것이며, 유효경쟁체제 구축의 외적 조건은 대학간 경쟁메커니즘의 기능을 활성화하는 등록금 자율결정 경쟁체제의 도입이다. 이 문제는 다음 절에서 상세히 논의하게 된다. 우선 대학경영지배구조를 유형별로 고찰한다.

(1) 1인집중 경영지배구조형

총장이 교무, 학생, 기획, 총무, 대외협력 등의 기능을 장악하고 모든 행정권한을 독점하는 구조이다. 가장 비효율적이며, 대학경영에 맞지 않는 유형으로 현재 우리나라의 대학경영지배구조이다. 이러한 총장의 권한은 실질적인 경영지배권력의 소유자인 이사회에 의해서 보장되고 있다. 이사회는 실질적으로 경영지배권의 소유자이나 경영권을 직접 행사할 위치에 있지 않기 때문에 총장을 대리인으로 하여 대학경영을 지배해오고 있다.

대학경영 의사결정의 모든 권한이 총장에게 집중되어 있다보니 '누가 총장이 되느냐' 하는 것이 대학구성원 모두의 관심사가 되지 않을 수 없다. 우리나라 사립대학의 거의 모두가 분규의 가능성을 내포하고 있든지 분규진행 중인 이유는 바로 우리의 대학 경영지배구조가 총장·이사회에 모든 권한이 집중된 1인집중 경영지배구조형이기 때문에 발생하는 것으로 보인다.

이미 지적된 바와 같이 이러한 여건에서 총장은 정치인이고 전문적 의사결정을 하기에는 시간적 여유를 갖지 못한 입장이다. 그러나 대학의 의사결정은 대부분 전공전문성의 입장에서 이루어져야 하는 것이다. 결국 정치인의 행태를 보이는 자에게 전문적 식견에 따른 의사결정을 해야하는 대학의 행정을 맡기고 있는 것이 우리의 대학형편인 것이다. 결국 누가 총장직을 수행하든지 대학구성원은 대학행정의 비효율성에 분개하게 되고 불만이 축적되게 된다. 여기에 대학경영권을 둘러싼 분쟁을 촉발하는 계기나 사건이 발생하게 되면 대학은 분규에 휩싸이게 된다.

최근 사립대학의 경영지배구조 개혁을 논의하는 구도를 보면 총장의 선출방식에 문제가 있는 듯이 논의의 초점이 맞추어져 있는 것을 볼 수 있다. 현재 국회에 계류중인 사립학교법 개정안도 총장선출방식과 교수회의의 위상에 관한 내용이 개정안의 중심주제이다.[9)]

그러나 문제의 핵심은 대학이 전공경쟁적 경영패턴으로 이어지지 못하는 원인이 총장선출방식에 있지 않다는 것이다. 문제의 핵심은 대학경영이 1인집중 경영지배구조의 구도 속에서 이루어지고 있다는 것이다.[10)]

어떻게 우리사회에 이러한 비효율적이며 시대착오적 대학경영지배구조가 정착하게 되었는지 하는 것은 참으로 불가사의한 문제라고 할 수 있다. 근본적 원인요인은 관치적 교육행정인 것으로 보인다. 마치 관치경제가 재벌이라는 민간기업의 기업지배구조를 만들어냈듯이 관치교육행정은 대학교

---

9) 그간 우리 대학사회는 총장선출과 관련하여 학원의 정치판화의 부작용을 경험해왔다. 입신양명의 출세관을 보이는 사회문화적 배경에서 많은 교수들이 총장직을 겨냥한 정치적 행태를 보이고 대학분위기가 쉽게 여기에 동요됨으로서 대학이 정치판으로 변하게 되었다. 학원분위기가 정치판화 되기 때문에 작은 문제에 학내구성원간에 민감한 반응이 나타나게 되고 캠퍼스 분위기가 정치적으로 불안정한 경향을 보이게 된다. 교수들에 의해서 직접 선출되는 방식에 대한 반성이 대두되면서 최근에는 이사회에서 총장선출의 과정에 교수들의 의사를 묻지 않고 직접 전권을 행사하는 방식에까지 이르고 있다.

10) 정치인에게 대학경영을 맡기는 것이 나쁠 것 없다는 견해도 있으나, 이 경영지배구조로는 우리의 대학을 전공경쟁체제로 발전시킬 수 없으며, 지금과 같이 간판 위주교육패턴에서나 적절한 지배구조구도이다.

육의 모든 의사결정이 정부행정지도에 의존하게 만들었고, 이러한 교육행정에 가장 효율적으로 대처할 수 있는 대학경영지배구조는 총장·이사회에 의하여 일사분란하게 움직이는 체제였던 것이다.[11]

(2) 부분분권형

이것은 일부 총장의 권한을 독립경영단위에 분권화 하는 경영지배구조의 유형이다. 예컨대, 교무, 학생을 단과대학에 분권화하고 총무, 기획 등은 총장이 계속 장악하는 지배구조 유형이 그것이다. 이론상 이 유형의 지배구조에서는 단과대학의 학장이 대학경영에서 상당한 정도 독립적 자율경영의 역할을 수행할 수 있어야 한다.

공유를 싫어하는 권력의 속성상 그리고 가부장적 의식구조를 가진 우리사회에서 이러한 부분적 접근이 성공적으로 정착될 가능성은 낮아 보인다. 그간 단과대학학장의 경영권한을 확대하는 시도는 간헐적으로 있어왔으나 본질적으로 1인 집중형 지배구조의 구도에서 벗어나지 못하는 유형이었거나 1인 집중형으로 회귀하는 패턴을 보이고 있을 뿐이다.[12]

부분분권형의 또 다른 패턴은 부분적으로 교수대표를 대학경영에 참여시키는 방식이다. 교수평의회의 대학경영참여는 교수의 의사가 반영되는 대학경영 지배구조를 만든다는 점에서 긍정적으로 고려되어야 한다. 그러나 경쟁이 배제된 특권영역에서 이권을 두고 구성원간에 격돌하는 대학경영환경

11) 지금까지 이 문제의 중요성이 심각하게 논의되지 않았다는 것은 의아한 일이다.

12) 대부분의 총장 출마자들은 경선과정에서 대폭적으로 학장의 자율권을 신장하겠다고 공언하지만, 총장 취임 이후에 이들의 공약을 대부분 무위로 돌아간다.

에서 단순한 교수집단의 경영참여가 문제를 해결하는 열쇠라고 볼 수는 없다. 오히려 교수집단의 대학경영참여가 교수집단의 학원정치 참여로 연결될 가능성을 배제할 수 없다. 예컨대 교수대표의 이사회 참여 등의 제도도입은 대학을 전공경쟁적 경영지배구조를 만드는 구도로 연결되기보다는 교수사회의 권익을 대학경영에 반영하도록 압격을 작용하는 프레미엄을 둘러싼 대학구성원간의 나눠먹기 구조의 타협과 갈등 구조로 연결될 가능성이 크다.[13]

(3) 전공별 독립적 자율경영형

독립적 자율경영단위를 설정하여 교무, 학생, 기획, 총무, 대외협력 모든 부문에서 독립적 자율경영체제를 구축해주는 체제이다. 가장 강력한 분권형으로 독립경영단위간 연방형의 경영지배구조를 형성하여 대학을 경영하는 체제이다. 총장의 권한도 제약된 경영단위에서 경영지배를 행사하는 다른 독립경영단위와 수평적 관계에 놓이는 지배구조의 구도이다.

1인 집중형과 정반대의 지배구조 유형으로, 전공경쟁형 지배구조를 만들 수 있는 가능성이 높은 대학경영지배구조 유형이다. 의사결정권이 전공별로 전문화된 조직으로 분권화될 수 있다는 점에서 효율적 대학경영지배구조를 구축할 수 있는 유형으로 보인다.

가장 손쉽게 상정할 수 있는 자율경영단위는 단과대학이다. 이 경영지배구조의 조직유형이 어떤 모습이어야 하는지에 대한 문제는 뒤에 다시 거론하게 된다. 다만, 의사결정의 권한이 정상에 집중되지 않고 다수의 자율경영

---

13) Brown and William(2001)의 연구에 의하면 교수의 대학경영참여는 대학경영의 효율을 떨어뜨리는 것으로 나타나고 있다. Rosovsky(1990)도 교수의 대학경영 참여가 대학경영의 효율을 떨어뜨릴 것으로 경고하고 있다.

단위에 의해서 대학이 운영되는 단위조직 독립적 자율경영체제에서는 1인 집중 경영지배구조체제의 단점이 장점이 된다는 점을 지적할 수 있다.

우선 전문가에 의한 경영이 이루어질 수 있다. 단과대학의 경우 학장은 그 분야에 전문성을 가지고 있기 때문에 프로그램의 개선과 새로운 프로그램의 도입에서 빠른 이해와 신속하고 신축적인 의사결정을 할 수 있다. 따라서 전문분야의 사회적 수요에 걸맞는 역할을 수행할 수 있는 경영지배구조체제를 구축할 수 있다.

둘째, 전공분야별로 독립경영체제가 구축되기 때문에 총장 1인에 모든 의사결정이 이루어지는 체제에 비하여 조직이 효율적으로 운용될 수 있다.

셋째, 조직운용이 단과대학과 같은 단위조직별로 자율경영체제를 구축하기 때문에 단위조직 구성원의 관심 및 참여를 유도하기가 수월하다.

분점을 싫어하는 권력의 속성상 그리고 가부장적 의식구조를 가진 우리사회에서 부분분권형이 실패하기 쉽기 때문에(1인독점형으로 회귀) 전공독립적 자율경영형의 선택이 분권화의 현실적 선택일 수 있다.

V. 등록금의 완전자율화와 연봉제 급여시스템

(1) 등록금의 완전자율화

대학사회의 모든 도덕적위해 현상의 근본원인은 대학간에 유효경쟁시스템이 결핍되어있기 때문이다. 그리고 유효경쟁시스템이 결핍은 대학사회에 경쟁이 깃들 요소가 대부분 봉쇄되어 있기 때문이다. 어떻게 대학사회에 경쟁시스템이 깃들 수 있도록 할 것인가? 어떻게 이러한 경쟁시스템을 대학의 질적수준을 높이는 유효경쟁시스템으로 유도할 수 있을 것인가?

등록금자율화는 대학간에 경쟁시스템을 작동시킬 수 있는 효과적인 정책 수단으로 생각된다. 사립대학간의 경쟁은 결국 재정 수익성의 경쟁일 수밖에 없다. 현재 명목상으로는 등록금결정은 대학의 자율적 결정사항으로 되어있으나 실질적으로는 관계부처의 행정지도에 의하여 자율적 결정이 안되는 상황이다.

따라서 질적 수준이 우수한 대학이든 그렇지 못한 대학이든 같은 수준의 등록금을 징수하고 있다. 대학 자체로도 이러한 재정수익성 평준화의 상황에서는 질적 수준을 향상시킬 유인을 느끼지 못하게 된다.

등록금수준 완전자율화가 실현된다면 질적 수준이 우수한 대학의 경우 등록금 인상이 가능하게 된다. 이러한 우수한 대학은 그들의 우수한 수준을 유지하기 위하여 더욱 경쟁력 향상에 힘쓰게 된다. 경제적 형편이 어려우나 뛰어난 실력을 갖춘 학생의 경우는 대학의 입장에서도 좋은 학생을 유치해야 대학의 경쟁력이 향상된다는 점을 인식해서 장학금으로 유치하는 정책을 병행하지 않을 수 없게 된다.[14] 왜냐하면 대학의 경쟁력을 우수한 교수 뿐만 아니라 우수한 학생에 의해서도 결정되기 때문이다.[15] [16]

---

14) 대학차원에서 그리고 정부차원에서 학생들에게 장학금을 지급함으로서 한편으로 학생들이 좋은 대학 프로그램 지망하도록 유인체제를 구축할 수 있으며, 결과적으로 우수한 대학에 우수한 학생이 모여드는 것을 지원하게 된다. 장학금 바우처제도는 성적이 우수하나 등록금 부담을 느끼는 학생을 지원하기 위한 정책대안이 된다. 고등학교 진학반 학생들에게 대학등록금 장학바우처를 배분해주게 된다. 바우처 중에 기초과학 전공계열 진학 바우처를 구분하여 우수한 학생들의 기초과학 전공지원을 지원할 수 있다.

15) 우리나라의 경우 등록금 상향조정은 미국의 경우보다 훨씬 큰 지렛대 효과를 가질 것으로 보인다. 우리의 경우 사립대학재정의 의 등록금 의존률은 80~90%에 달하고 있다. 반면, 미국의 경우 사립대재정의 등록금 의존률이 36.6%이며, 공립의 경우 등록금 의존률이 12.9 %에 불과하다.

16) 한국의 학부학생의 경우 등록금을 년 500만원정도로 대학교수의 년봉을 6천만원 정도로 계산한다면, 그리고 미국의 경우 명문 사립대학 학부학생의 등록금을 3만불정도로 계산하고, 대학교수 년봉을 어림잡아 10만불 정도로 본다면, 어림해서 두 나라 사이의 등록금 부담을 평면비교하는 것이 가능하다. 한국교수는 미국교수의 약 1/2의 년봉을 받고 있다. 그러나 학생들은 미국대학생들의 1/7.8의 등록금만 부담하고 있다는 계산이 나온다. 이 계산은 이번송교수와의 대화에서 힌트를 얻었음을 밝힌다.

우수하지 못한 대학의 경우 배전의 노력으로 우수한 대학이 되기 위하여 힘쓰지 않으면 재정수익성이 악화되는 상황을 모면할 길이 없다. 우수한 대학은 풍부한 재정으로 우수한 교수와 우수한 연구 및 전문활동에 높은 급여와 재정지원을 할 수 있게 되며 우수하지 못한 대학을 그것이 불가능하게 된다.

우수하지 못한 대학이 그렇다고 이 경쟁의 굴레에서 벗어날 수 있는 길은 존재하지 않는다. 그들은 혼신의 노력으로 우수한 대학모델을 개발하기 위하여 최선을 다할 수 있을 뿐이다. 더 이상 어느 곳에도 크로니즘(연고주의)가 깃들 여지는 존재하지 않는다. 경쟁력을 갖추지 못한 사람에게는 누구도 아량을 베풀 여유를 가질 수가 없다.

이 등록금수준 완전자율화 모델은 지방대학에도 유리한 모델이다. 지방이나 서울이나 등록금 수준이 평준화되어 있어서 모든 학생들이 서울을 지향하고 기회만 있으면 서울로 빠져나가게 되기 때문에 지방대학의 학생 공동화 현상이 발생하고 있다. 그러나 서울의 일류대학의 등록금 수준이 대학등록금 평균의 2배 이상 상승하게 되면 우수하지만 경제적 형편이 여유롭지 못한 학생은 이류급의 수도권대학을 지망하느니 지방의 명문대학을 지원하게 된다. 즉 등록금수준 완전자율화정책은 지방대학 활성화 정책과 조화를 이루는 정책이다.[17)]

(2) 단과대학별 등록금 결정과 편입학제도의 활성화

다시 자세한 설명이 뒤따르겠으나 본 사립대학개혁안의 두 개의 기둥은 1) 등록금 자율결정 경쟁체제의 도입, 2) 총장 1인 집중 경영지배구조를 단과대학별 독립경영지배구조로 대학경영지배구조를 전환하는 것이다. 따라서 단과대학별로 재정적 독립경영체제가 만들어지며 따라서 등록금의 자율적 결정은 단과대학 단위로 이루어지게 된다.

이때 등록금수준 결정의 표준준거는(비용 + α)방식을 생각해볼 수 있다. 따라서 공대, 인문대, 경상대, 법대의 등록금수준이 비용과 상황에 따른 여건변수(α)에 의해서 차이를 가지게 될 수밖에 없다.[18]

등록금을 단과대학별로 자율적으로 결정되게 하는 것과 동시에 편입학이 단과대학을 단위로 활성화될 수 있도록 여건을 조성할 필요가 있다. 학생들이 교육서비스의 질적 수준과 등록금액수를 비교평가하고 자신에게 맞는 대학교, 단과대학, 전공 그리고 등록금수준을 결정하여 교육여건을 바꿀 수 있도록 편입생제도를 활성화하는 것이 필요하다.[19]

---

17) 최근 세간에서 논의되고 있는 기여입학제와 등록금의 자율적 결정정책의 차이를 비교하는 것은 의미가 있다. 기여입학제의 전제조건은 전문성 경쟁체제의 확립이다. 전문성 경쟁체제가 확립되지 못한 기여입학제는 학벌사회의 일류대 이권(rent)를 채취하는 행위에 불과하다고 할 수 있다. 대학의 발전에서 재정자원은 충분조건이지만 필요조건은 아니다. 반면에 경쟁체제의 확립은 대학의 전공경쟁력 향상에 필요조건이다.
기여입학제가 몇 안되는 대학만 재정재원을 집중시킨다. 경쟁체제가 갖추어지지 못한 상태에서 기여입학제의 혜택을 못 받는 대학은 경쟁의 방법이 없으며, 기여입학제 수혜대학은 어려운 경쟁의 필요가 없이 대학간 명성의 격차는 더욱 커지게 된다. 경쟁체제는 작동 안되고 집중된 경제적 재원은 대학의 외향만 화려하게 하여 대학간판의 명성만 높이게 된다. 대학의 지대 차만 높이게 되나 격심한 대학간 경쟁은 오히려 퇴화될 가능성이 있다. 어려운 경쟁의 필요가 없는 환경여건에서 기여입학제 수혜대학에서 재원은 경쟁력 강화에 사용되기 어려우며 헛된 명성의 추구에 낭비되기 쉽다. 일류대 이권, 재원사용을 둘러싼 갈등이 싹틀 수 있으며 교원채용, 학내보직배정 등을 통하여 학원이 정치화하고 이 과정에서 갈등이 증폭되어갈 수 있다. 학원이 전공전문화 되는 것이 아니라 정치판화 될 수 있다. 대학의 경쟁력은 발전되지 못하면서 대학간 일류대 간판명성간의 격차는 커져서 기여입학의 프레미엄은 더욱 커지는 악순환이 나타날 가능성 있음
기여입학제를 굳이 도입하고자 한다면 그에 선행해서 대학에 전공경쟁체제가 정착되어야 하며 그 경쟁체제의 한 부분으로서 대학별 신축적 학생모집이 이루어지고 그 한 부분으로서 기여입학제가 도입되어야 한다. 대학의 전공경쟁력은 돈의 함수가 아니고 경쟁체제의 함수이다.

18) 대학마다 적게는 5 많게는 10개의 단과대학이 있다. 전국에 대학교가 150개교가 존재한다. 따라서 1000개 이상의 단과대학이 등록금수준을 자율적으로 책정하게 된다. 대학들이 서로 담합하여 등록금을 일률적으로 인상하게 되지 않을가 하는 우려는 하지 않아도 될 것으로 보인다. 이렇게 많은 단위의 참여자가 존재하는 경쟁시장에서는 담합이 불가능하기 때문이다.

19) 편입학 활성화의 방안은 보다 신축적인 틀에서 생각해야 한다. 학부수준에서 대학교별 학생정원이 할당되어 있는 여건에서 대학교 학생정원의 범위에서 전공간에 학생정원을 신축적으로 사용할 수 있도록 유도할 필요가 있다. 예컨대 전공별 정원은 그대로 두더라도 정원을 채우지 못하는 전공의 정원을 편입학수요가 정원을 초과하는 전공에서 당해연도에 한하여 사용할 수 있도록 운영하는 것 등이다.

(3) 연봉제급여제도

등록금자율화는 대학간의 경쟁체제를 구축하게 된다. 그러나 대학간의 경쟁체제가 대학의 질적 상승을 위한 노력에 대학구성원 한사람 한사람 모두의 참여를 유도해내기 위해서는 등록금결정 자율화만으로는 부족하다. 대학의 개별적 구성원들이 등록금 수준으로 표시되는 대학간의 경쟁력 경쟁에 직접적으로 관련을 맺고 참여하는 구도가 만들어져야 한다. 연봉제는 대학간 경쟁을 유효경쟁으로 촉발하는 촉매의 역할을 할 수 있다. 이점에서 연봉제는 등록금자율화와 보완적 역할을 하는 제도로 동시에 도입되어야 할 제도이다.

등록금자율화가 대학간에 경쟁적 외적 여건을 마련하는 데는 기여할 것으로 보이지만 이러한 경쟁적 여건이 대학의 질적 수준향상, 경쟁력제고를 위한 노력으로 조직구성원 개개인을 적극 참여시키기 위해서는 현재의 호봉제 시스템이 변화없이 그대로 존속하여서는 안된다.

그러나 호봉제가 가지는 피용자의 급여안정성을 소홀히 할 수 없다는 점을 감안하여(호봉제기본급 + 인센티브)형태의 연봉제를 검토하는 것이 좋을 것으로 보인다. 초기에는 호봉제기본급 80% 그리고 인센티브 20%에서 시작하여 점진적으로 인센티브의 비중을 높여갈 수 있을 것이다.

VI. 학장·단과대학 단위의 자율적 독립경영

(1) 이사회·총장 지배체제에서 학장·단과대학 단위의 자율적 독립 경영으로

학장·단과대학 단위의 자율적 독립경영은 종전의 대학행정체계를 근본에서부터 뒤바꾸는 것으로 대학경영지배구조에 대한 근본적 변화를 의미한다.[20)]

이사회·총장 독점적 경영지배구조는 우리사회에 전형적 모습인 1인의 톱(top)이 리더쉽을 발휘하여 전체의 조직을 통솔해가는 체제이다. 다수 분야의 전문성을 포괄하고 있는 대학조직에서 이러한 경영지배구조유형이 부적합하다는 점은 이미 논의하였다. 학장·단과대학 단위의 자율적 독립 경영은 대학의 경영지배구조를 전문성에 따라 분권화(decentralization) 하는 것이다.

대학경영은 단과대학단위로 이루어지며 이사회·총장은 학장·단과대학 단위의 자율적 독립경영체제의 원활한 운영을 지원하는 역할을 감당한다.[21)]

지금까지는 이사회·총장 독점적 지배체제를 전제로 하고 대학개혁을 논의하였기 때문에 교수평의회 대표의 이사회 참여, 직원의 경영참여 등 대안이 제시되었으나 이러한 대안들은 교수나 직원이 대학경영지배에 참여함으로서 나타나는 또 다른 도덕적위해 가능성을 내포하고 있어서 근본적으로 현 대학경영지배체제의 문제점을 해결하는 대안이 될 수 없다.

---

20) 여기서 '근본적'이란 대학교육정책이 관치교육정책에서 민간자율정책기조로의 전환을 의미한다는 점에서 의미성를 내포한다.

21) 학장·단과대학 단위의 자율적 독립경영체제에서 총장의 역할은 다음과 같은 일이다. 즉, 단과대학간의 경영, 켐퍼스 배치 및 건설, 대학교 차원의 이메지 메이킹, 교양, 인문, 기초 교육등 범대학차원의 교육, 범대학 차원의 기금조성, 단과대학단위 활동의 지원, 범대학 차원 예산의 수립과 지출, 기초단위 간의 협력관계 조정 등이다.

전문성을 가지고 있는 교수들이 직접 성취동기를 가지고 프로그램을 운영하는 학장·단과대학 단위의 자율적 독립경영체제에서 자신의 역할을 수행하는 체제를 확립해주고 교수와 직원 모두 피고용자로서의 자신의 위치로 돌아가도록 하는 것이 합리적 접근이다. 문제는 단과대학, 학부, 교수의 차원에서 결정되고, 기획되고, 운영되어야 할 일들이 총장 1인에게 잘못 짐지워져 있었다는 데 있다.[22)]

(2) 학장·단과대학이 기본단위여야 하는 이유

대학경영이 사회적 수요 그리고 국제사회의 질적 수준에 맞추어 발전하기 위해서 경영지배구조를 전문성에 따라 분권화(decentralization)하는 것이 필요하다는 점은 이미 논의되었다. 문제는 왜 학장·단과대학이 기본단위여야 하는가 이다. 프로그램단위(학부, 연구소, 특수대학원, 특수목적 단기교육과정 등)로 분권화단위가 설정되는 것을 기본원리로 생각한다면, 그것이 왜 학장·단과대학이 기본단위여야 하는가에 설명이 필요하다.

분권화가 어느 정도의 수준에서 이루어지는 것이 적절한가 하는 문제가 된다. 너무 세분화된 단위에까지 분권화가 추진된다면 규모의 비경제가 나타나게 된다.

---

22) 지금까지 학내분규를 경험하였거나, 분규를 겪고 있는 대학의 숫자는 의외로 많다. 분규의 가능성을 보이는 대학, 심각한 문제를 가지고 있는 대학까지 합한다면 거의 대부분의 사립대학이 포함될 것으로 보인다. 이것은 대학경영의 모든 권한이 총장 1인에 집중되어 있기 때문이다. 비전문가이자 준정치인인 총장의 행정에 불만이 쌓이게 마련이고 비난이 총장을 선출하는 권한을 가진 이사회에 맞춰지게 된다. 그러나 대학운영에 절대적 권한을 가진 이사회에 학내구성원(교수, 직원, 학생)이 제도적으로 자신의 의사를 반영할 방법은 없다. 결국 학내분규가 발생하게 된다. 그렇다고 이사회에 교수가 참여한다면 그 교수는 이사회에서 교수의 복지만 주장하게 된다. 이것은 주객의 전도이고 또 다른 도덕적 위해의 가능성을 내포하게 된다.

다음의 이유에서 학장·단과대학이 기본단위여야 하는 당위성을 찾을 수 있다. 우선 단과대학 단위에서 구성 전공간의 전문분야 동질성을 찾을 수 있다. 둘째, 패컬티구성원간의 문화 및 전공동질성을 찾을 수 있다. 따라서 구성원간의 커뮤니케이션이 용이하고, 기존 프로그램 운영에 있어서나 새로운 프로그램의 개발에 있어서나 신축적인 활동이 가능하다. 셋째, 학생모집에서도 동질성이 있다. 분권화의 기본단위는 학생모집 커리큘럼운영을 떠나서 생각할 수 없다.

(3) 학부, 대학원 및 특수프로그램 운영

대학원 프로그램 운영을 행정적으로나 실질적으로나 학부가 주관하여 운영하여야 한다. 일반대학원의 경우 학생모집에서 커리큘럼 운영, 졸업생관리에 이르기까지 단과대학의 지원하에 학부에서 행정운영을 한다. 특수대학원의 경우 석사과정에 학위를 국한하며 역시 학부에서 운영한다. 특수대학원 성격의 프로그램이 범대학적 규모로 운영되는 경우는 전문대학원에 국한되며 전문대학원에만 단과대학 수준의 독립적 경영의 기본단위가 허용된다.

대학원 프로그램이 행정적으로나 커리큘럼 운영에서나 학부단위에서 운영되기 위해서는 대학원의 경우 정원, 등록금, 행정에서 자유로운 운영이 가능해야 한다. 지금과 같이 정부가 대학원 정원을 관리하고 각종행정보고를 요구하는 여건에서는 행정처리의 어려움 때문에도 학부에 의한 대학원 경영이 불가능하게 된다. 정부의 역할은 커리큘럼의 질적유지, 회계감사 정도의 관리에 머물러야 한다.

특수목적의 단기세미나과정도 단과대학의 차원에서 추진된다. 또한 연구소운영도 단과대학 차원에서 기획·운영된다. 기타 전공 관련된 사회활동의 기획, 운영이 단과대학차원에서 추진된다.

(4) 학생모집, 교수·직원채용, 등록금, 급여결정

단과대학의 운영은 재정적 독립경영을 기본원칙으로 한다. 등록금(학부 및 대학원)결정이 자율적으로 이루어진다. 단과대학은 자체적인 독립경영이 가능하도록 설계되어야 한다. 그러나 인문대학 프로그램과 같이 수익성모델이 충분치 못하나 그 학문적 중요성, 지원프로그램으로의 필요성이 존재하는 프로그램은 범단과대학 차원에서 오버해드예산으로 편성되어 단과대학 예산으로 지출되어 관련 단과대학(예컨대 인문대학)에 지원되는 형태로 재정적 연결관계를 설정할 수 있다. 이러한 범대학차원의 업무조정은 이사회·총장의 소관사항이다.

교수와 직원의 채용은 단과대학의 예산의 범위에서 단과대학내의 필요에 따른 수급계획에 의거하여 자율적이고 독립적으로 진행되어야 한다. 뿐만 아니라 교수 직원의 급여결정, 승진 등 인사행정도 당연히 단과대학에서 이루어지게 된다.

(5) 학장의 선출

학장·단과대학 단위의 자율적 독립경영모델에서 학장은 중심적 역할을 수행하게 된다. 기존의 조직을 움직이는 구심점이며, 새로운 프로그램을 만들어가는 창업기업가와 같은 역할을 해야한다. 당연히 학장은 전임직(full-time position)이다. 학장의 임기는 그 능력에 따라 연임될 수 있어야 한다. [23]

학장직에 대한 보수는 예산의 범위안에서 책정될 것이나 능력있는 인사를 유치하기에 충분한 액수가 제시되어야 한다. 경쟁력있는 대학일수록 매력적인 보수와 기타 인센티브(fringe benefits)를 제시할 수 있을 것이다.

이러한 학장의 직책은 전국적으로 1000-2000개가 생겨나게 된다. 자격을 반드시 학자출신이어야 하는 것은 아니나 대학의 경영능력을 갖춘 사람이어야 한다. 채용과정에서 구성원인 교수, 학생의 의견이 반영되어야 하나 채용은 전국적 규모의 공채에 의하여 이루어져야 한다.

보다 상세한 전공경쟁형 대학경영지배구조의 내용에 관해서는 [부록]에 그 내용을 정리하였다.

(6) 직무책임구분체제의 확립

우리의 문화에는 법에 의존하는 것(法治)보다 사람에 의존하는 경향(人治 또는 德治)이 있다. 장단점이 있으나 문제는 이러한 경향이 행정방식에서도 존재한다는 점이다. 지도자의 능력이 출중할 때 조직이 좋은 성과를 거둔다는 점은 사실이나 그렇다고 사람에 의존적인 조직운용이 이루어져서는 안된다. 능력있는 지도자에게 의존적 조직운영이 아니라 모든 직책에 직무책임을 명시해줌으로서 모든 사람이 자신의 의무와 책임이 무엇인지(accountability)를 분명히 인지하게 하는 것이 필요하다.

이러한 직무구분의 의무와 책임의 내용에 입각해서 대학행정의 성취도, 교수에 대하여 정기적인 업적평가를 시행할 수 있으며 정기적인 감사와 평

23) 교직원에 대한 인사, 급여 등이 모두 단과대학 안에서 결정되는 체제에서 학과장, 학부장은 행정심부름꾼이 아니라 실질적으로 중요한 결정을 주도하는 직책이 된다.

가가 이사회에 보고될 수 있다.

이를 위해서는 첫째, 각 직책이나 조직(임시적이든 영속적 조직이든)에 표준직무지침(standard manual)을 마련해서 담당자나 조직이 이를 숙지하도록 교육할 필요가 있다. 뿐만 아니라 이 지침에 따른 직무수행평가표를 작성하여 평가결과에 따라 이를 인사와 급여에 반영해야 한다,

이러한 표준직무지침 정책은 하급단위조직이나 직원에만 적용하는 것이 아니라 이사 및 이사회, 총장, 학장, 대학원, 연구소등의 기관장에까지 모든 직책이나 조직에 적용하여야 한다. 또한 모두가 자신의 업무범위 및 한계를 숙지하도록 하기 위하여 표준직무지침 교육학교를 운영할 필요가 있다. 이 학교의 수료장을 갖춘 경우에만 직책에 보임될 수 있도록 하는 것도 방법이다.

VII. 정부의 역할

지금까지 정부는 대학행정의 정원관리, 학사관리, 교수임용, 총장임용, 졸업자격관리 등 모든 면에서 지시적 행정을 해왔다. 그러나 수천개가 되는 단과대학에 대하여 이러한 지시행정을 한다는 것은 불가능하며 또한 바람직하지도 않다.

정부의 역할은 대학이 단과대학을 중심으로 자율적으로 프로그램을 만들어 가도록 준칙의 틀을 만들어주고 이 준칙에 저촉되지 않으면 간섭하지 않는 형태의 역할에 머물러야 한다. 이것은 관치적 교육행정에서 탈피하여 자유적 법치행정을 지향함으로 의미한다.[24)]

학장·단과대학 단위의 자율적 독립경영체제로의 전환은 종전의 대학행정

체계를 근본에서부터 뒤바꾸는 것으로 본질적으로 정부의 대학교육행정이 관치적 교육행정에서 탈피하여 자유적 법치행정으로 전환하는 것을 전제로 하고 있다.

더 이상 지시적 행정을 통하여 정부가 의도하는 방향의 프로그램 발전을 대학에 강요해서는 안된다. 재정보조 등 인센티브를 수반하는 프로그램을 제시하고 평가를 통하여 수혜대상기관을 결정하고 대학발전의 방향을 유도하여야 한다.[25]

VIII. 요약과 결론

본 사립대학개혁안의 두 개의 기둥은 1) 등록금 자율결정 경쟁체제의 도입, 2) 총장 1인 집중 경영지배구조를 단과대학별 독립경영지배구조로 대학경영지배구조를 전환하는 것이다. 학장·단과대학 단위의 자율적 독립경영이란 대학경영이 단과대학단위로 독립적이고 자율적으로 이루어지며, 이사회·총장은 학장·단과대학 단위의 자율적 독립경영체제가 원활히 운영되도록 지원하는 역할을 감당하는 경영지배구조방식을 말한다.

단과대학의 운영은 재정적 독립경영을 기본원칙으로 한다. 등록금(학부 및 대학원)이 단과대학별로 자율적으로 결정되게 하여야 한다. 또한 학생들

24) 정부는 입시, 회계관리, 교수채용, 학사관리 등에 대한 감사를 통하여 준칙이 준수되고 있는지를 점검할 수 있다.

25) 대학에 대한 정부의 행정이 더 이상 지시적 관치행정이어서는 안되며 대학교육에 관한한 과학기술의 발전을 떠나서 논의될 수 없다는 점을 고려하여 대학 및 대학원 교육 등 고등교육의 관할권을 과학기술처를 과학기술부로 격상하여 과학기술부에 이관하는 것도 고려할 필요가 있다.

이 교육서비스의 질적 수준과 등록금액수를 비교평가하고, 자신에게 맞는 대학교, 단과대학, 전공을 다시 선택할 수 있도록 편입생제도를 활성화하여야 한다.

전문성을 가지고 있는 교수들이 성취동기를 가지고 직접 프로그램을 운영하는 학장·단과대학 단위의 자율적 독립경영체제가 확립되어야 한다. 교수가 이사회에 참여하는 것이 바람직한가 하는 것은 문제의 핵심이 아니다. 문제의 핵심은 단과대학, 학부, 교수의 차원에서 결정되고, 기획되고, 운영되어야 할 일들이 총장 1인에게 잘못 짐 지워져 있었다는 데 있다.

학생의 모집, 등록금결정, 교수·직원의 채용 및 인사권, 급여의 결정, 커리큘럼의 운영, 대학원 및 특수프로그램의 운영, 연구소 및 연구업무의 운영, 새로운 프로그램의 개발 등 모든 중심적 의사결정이 단과대학에서 이루어지게 된다. 학장은 새로운 경영지배구조의 중심적 역할을 수행하며 창업기업가와 같은 역할을 수행하게 된다. 전임직책이며 국가적 범위의 공채를 통하여 공개채용되어야 하며 걸맞은 대우가 제시되어야 하고 계속적 계약갱신이 가능해야 한다.

새로운 시스템에서 정부의 역할은 대학이 단과대학을 중심으로 자율적으로 프로그램을 만들어 가도록 준칙의 틀을 만들어주고 이 준칙에 저촉되지 않으면 간섭하지 않는 형태의 역할에 머물러야 한다. 이것은 관치적 행정에서 탈피하여 자유적 법치행정을 지향함으로 의미한다.

참고문헌

Panel on Educational Excellence(2001), *Elevating Seoul National University to a World-Class Research University: Findings and Recommendations From the Panel on Educational Excellence*, mimeograph.

Park, Se-Il(2000), *Managing Education Reform: Lessons from the Korean Experience: 1995-97*, Korea Development Institute.

Sanford, Dan(2001), *Case Study of University Administration: Whitworth College*, Research Report submitted to BK21 Program of Soongsil University.

Brown Jr., William O.(2001), "Faculty Participation in University Governance and the Effects on University Performance", *Journal of Economic Behavior & Organization*, Vol.44, 129-143.

Rosovsky, Henry(1990), *The University: An Owner's Manual*, W.W. Norton & Company, New York.

Jencks, Christopher & David Riesman(1968), *The Academic Revolution*, Doubleday & Company, New York.

이주호(2001), "대학교육의 개혁방향" KDI 리포트.

4 OECD가입과 개혁정책과제[1)]

I. 序言

OECD가입이 눈앞의 일로 다가왔다. OECD가 이사회의 결의를 거쳐 우리를 회원국으로 초청하게 되면 국회는 OECD가입의 비준동의안을 금년 하반기 중에 처리하게 될 것으로 보인다.

과연 이것은 축하할 일인가? OECD가입의 전제조건은 무엇이며 이와 관련하여 우리는 무엇을 준비해야 하는가?

이 글은 먼저 OECD가입으로 우리가 얻게 되는 利得과 또한 감당하게 되는 負擔을 논의함으로서 OECD가입이 우리에게 의미하는 바가 무엇인지를

1) 국회도서관 입법조사분석실 제2회 정책세미나 결과보고서 『OECD가입과 우리의 정책과제』1996.7 53-74쪽에서 전재.

보다 정확하게 파악하도록 시도한다. 또한 OECD가입으로 우리가 얻게 될 이득을 최대가 되도록 하고 부담을 최소가 되도록 하기 위해서 우리는 어떤 준비를 해야 하는 지를 논의한다. 그리고 마지막으로 OECD가입에 대한 준비와 개혁정책간에는 어떤 관계가 있는지를 고찰한다.

OECD에 가입함으로서 우리는 어떤 이득을 얻게 되며 또한 어떤 부담을 안게 되는 정확히 논한다는 것은 간단치 않은 일이다. 왜냐하면 이득이나 부담이나 그 내용이 명백히 정의되어 있는 것이 없기 때문이다.[2)]

그러나 OECD가입에 따르는 이득과 부담을 정확히 구분한다는 것은 OECD가입에 관련된 정부정책의 타당성을 논하기 위한 우리의 포지션을 정함에 있어서 가장 기본적인 작업이라고 할 수 있다. 이 글은 먼저 OECD가입이 우리에게 주는 이득의 의미를 짚어보고 그 다음 OECD가입이 수반하는 부담을 상세히 논함으로서 定量的이지는 않으나 定性的인 형태로 OECD가입이 우리에게 주는 이해 득실을 논하고자 한다.

II. OECD 가입으로 인한 利得

OECD가입에 따르는 이득의 첫째는 우리가 세계경제 운용에 참여할 수 있게 된다는 점을 손꼽을 수 있다. OECD에서 논의되는 주요 잇슈들은 각 부문

---

2) OECD가입을 본격적으로 논의하기 시작 한지도 작년 3월 가입신청을 한 이래로 1년 이상의 시간이 지나고 있는데 OECD가입에 따르는 이득과 부담에 대한 분석은 체계적인 시도가 이루어진 바 없다. 그간의 OECD가입과 관련된 연구가 가입조건에 대한 구체적인 사안에 대한 논의에 국한되었었고 따라서 이에 관련된 연구의 대부분은 OECD제도에 대한 소개와 그에 대한 일반인의 이해를 돕는 수준에 그치고 있었다. 그나마 대부분의 정보는 관계 부서의 엄격한 통제를 받아 극히 제한된 수준의 가입 협상에 대한 내용만 간접적인 경로로 흘러나오는 수준이었다. 정부의 이와 같은 소극적 태도는, OECD가입에 관한 방침은 이미 정부에서 결정된 상태이기 때문에 OECD가입이 주는 이해 득실을 논의하는 것이 그 자체로 아무런 의미를 주지 못하고 다만 정책추진에 혼선만을 줄뿐이라는 사고에서 기인하고 있는 듯하다.

의 경제기구 또는 WTO등을 통해서 대부분 국제협약에 반영되게 된다. 우리의 경제력이 무역규모로 세계 13위(1994) GDP규모로 세계 11위(1995)의 위치를 점하는 정도로 성장한 상황에서 경제적 위상에 걸 맞는 역할을 국제사회에서 담당하는 것은 필요하다. 국제사회에서 우리의 입장이 정확히 이해되고 또한 국제사회의 의사결정 과정에서 우리의 주장이 반영됨으로서 얻게 되는 이득은 경제의 규모가 커짐에 따라서 비례해서 커진다고 볼 수 있다.

OECD가입에 의해서 얻게 될 두 번째 이득은 첫 번째 이득과도 관련이 있는 것으로 세계경제 운용과정에서 지득하게 되는 방대한 양의 정보를 입수할 수 있게 된다는 것이다. OECD 자신이 각종 위원회의 운용을 통하여 엄청난 분량의 정보를 생산할 뿐만아니라 OECD에 참여함으로서 세계경제의 운용과정에서 자연스럽게 많은 정보에 접하게 된다.

다만 이러한 정보의 획득이 반드시 OECD회원국이 되어야만 가능한 것인지에 대해서는 분명하지가 않다. 또한 방대한 정보가 입수되었다고 해서 그만큼 우리 경제에 도움이 된다고 할 수도 없다. 문제는 우리가 그 정보를 충분히 이용할 수 있는 조건을 갖추고 있는가 하는 것이다. 현재의 우리의 여건은 OECD에서 운용되는 각종 위원회에서 주도적인 참여를 할 수 있을 만큼의 전문인력을 갖추지 못한 상태이다. 따라서 OECD를 통해서 얻을 수 있는 정보를 충분히 이용할 수 있는 상태인지는 더욱 판단이 어려운 지경이다.

OECD가입에 의해서 얻게 될 세 번째 이득은 선진국의 제도와 관행을 배울 수 있다는 것이다. OECD의 26개 위원회는 각 위원회별로 해당 분야의 업무와 관련되는 영역의 제도와 관행을 논의한다. 연중 무휴로 26개 위원회가 위원회 활동을 하게 됨으로 이들 회의를 통하여 접할 수 있는 선진국 제도와 관행에 대한 정보는 방대한 양에 달하게 된다.

그러나 문제는 선진국의 제도나 관행을 알게 되었다고 하더라도 그것을 우리의 것으로 소화해서 우리의 제도로 받아들여야 하는 작업은 쉽지 않다는 것이다. 이 작업은 흔히 개혁작업을 수반하게 마련이며 이 부담은 우리의 몫이라는 점이다. 즉 OECD가입으로 인한 이득의 대부분은 우리가 그것을 어떻게 소화하고 받아들이느냐 하는 데 있는 것이지 OECD가입으로 자동적으로 주어지는 것이 아니라는 점이다.

III. OECD가입으로 발생하는 財政的 費用負擔

OECD가입으로 우리가 부담하게 되는 비용은 크게 재정적 비용부담과 경제적 부담의 2가지로 대별해볼 수 있다. 먼저 재정적 비용을 살펴본다.

(1) OECD 운영경비 분담금

OECD 회원국들은 OECD 운영경비를 공동 부담해야 하는 일반적 의무를 지고 있다. OECD 운영경비는 회원국들이 분담하여 납부한다. OECD 운영경비는 크게 1부 비용과 2부 비용을 구분하는 데, 1부 비용은 전 회원국이 부담하는 일반경비로서 OECD의 가입국의 공통목적을 위해 지출하게 된다. 2부 비용은 특별사업에 소요되는 경비로서 이해 당사국이 부담하거나 특별 수입에 의해서 충당된다.

회원국別 1부 비용 분담금의 산출은 그 회원국의 국민소득(GNP) 규모를 기준으로 하여 결정하는데, OECD의 규정은 어느 한나라의 분담율이 해당년도 예산총액의 25 %를 초과하거나 0.1 % 이하가 될 수 없다고 정하고 있다.

1993년도 기준 우리나라의 분담율 규모는 1부 비용의 경우 약 1.32 %(약 280 만美弗)가 예상되며 2부 비용은 참가사업별로 1.32 %에서 2.79 %(약 97만美弗)로 총분담금 액수가 377만美弗로 추정된다.

(2) 공적개발원조(ODA)

OECD는 회원국들에게 일정수준 이상의 ODA(Official Development Assistance)를 저개발 국가에게 공여할 것을 권고하고 있다. 즉 이것은 권고적 준수사항(recommendations)이지 의무사항이 아니다. ODA원조는 개발원조위원회(DAC: Developement Assistance Committee)를 중심으로 하여 추진되고 있다. DAC에 가입하는 것은 선택사항이다.

OECD는 ODA의 규모를 자국 GNP의 0.7 % 이상의 수준으로 유지할 것을 회원국들에게 권고하고 있다. 그러나 현실적으로 이 수준의 지원이 이루어지지 않고 있으며 DAC에 참여하는 국가들의 평균 ODA공여수준도 GNP의 0.33 %에 불과한 형편이다.

우리나라의 경우 1992년 ODA공여가 GNP대비 0.04 %에 불과한 실정이다. 이것은 우리가 OECD에 가입함으로서 ODA공여에 보다 많은 기여를 해야 함을 의미한다. 정부는 1990년대 말까지 ODA공여의 수준을 DAC의 최저 수준인 GNP의 0.2 %에 도달하도록 증가시킬 계획으로 있다. 작년을 기준으로 할 때 GNP의 0.2 %는 약 8억 4천만 美弗에 해당하는 금액이다.

Ⅳ. 국가경제적 부담을 주는 두가지 요소

이상의 경비부담은 그 내용이 명시적이다. 따라서 부담규모의 다소 문제를 떠나서 그 위험의 내용이 드러나 있다. 이점에서 경비부담이 주는 손실의 측면은 심각한 것이라고 할 수 없다.

반면에 그 위험의 내용이 명시적으로 드러나 있지 않으나 보다 본질적인 결과를 주는 부담이 있다. OECD가입으로 감당하게 될 이러한 부담은 그 내용이 명시적이 아니지만 그 충격이 엄청날 수 있으며 그 부담이 국민경제 전반에 미친다는 점에서 심각한 고려를 요하는 요소라고 할 수 있다.

(1) 자본이동 자유화에 따른 부담

OECD가입에는 여러 가지 조건을 충족시킬 것이 요구되지만 그 중에서도 OECD에서 강조하고 있는 조건이 자본이동 자유화규약(Code of Liberalization of Capital Movement) 및 경상무역외거래 자유화규약(Code of Liberalization of Current Invisible Operations)의 양대 자유화규약에 따른 충족요건이다. 이 양대 자유화규약은 1961년 12월 OECD이사회에서 결정사항으로 채택된 이래로 그 요건의 충족의 중요성이 강조되어 온 규약이다. 경상무역외거래 자유화 규약에 대한 논의는 다음 항목에서 논의하게 되며 이 항에서는 자본이동자유화 규약에 대한 문제점을 개관한다.

OECD가입을 위한 협의과정에서 이미 우리는 지난 7월 CMIT/CIME(자본이동 및 경상 무역외거래 위원회/다국적 기업위원회)의 합동위원회를 통과하여 이제 마지막으로 OECD이사회의 가입초청 결정만을 기다리고 있는 상태이다.

〈표 1〉은 자본이동 자유화 규약의 항목이 어떻게 구성되어 있는가를 밝혀 주고 있다. 동 규약은 표가 밝혀주는 바와 같이 11개의 대항목으로 구성되어 있다. 그 내용은 직접투자(6), 직접투자의 청산(2), 부동산거래(4), 자본시장에서의 거래(8), 단기금융시장에서의 거래(12), 매매가능 금융수단 및 증권화되지 않은 권리등의 거래(10), 공동투자증권의 거래(8), 무역 및 용역제공 관련 신용(3), 금융상의 신용 및 대부(2), 담보·보증 및 Back-up Facility 금융(8), 예금계정거래(4), 외환거래(6), 생명보험(2), 개인적 자본거래(8), 자본의 실물이동(4), 비거주소유 봉쇄자금의 처분(4)이다.[3)]

즉 자본이동 자유화규약에는 총 11개의 대항목과 그 각항목에 속한 91개의 소항목으로 구분한 제도분야에 대해서 자본이동의 자유화와 관련한 사항이 분류 구분되고 있다. OECD에 가입하고자 하는 국가는 이 91개 항목구분에 따른 제도영역에서 자국제도의 자유화 진전여부를 점검하고 아직 자유화가 실현되지 않은 제도에서는 자유화 계획의 내용을 협의해야 한다.

1992년의 자유화실적에 대한 조사내용에 의하면 우리 나라는 15개 소항목에서만 자유화가 이루어진 것으로 알려져 있다. 이것은 자유화된 항목의 비율로 따져서 13.2 %의 자유화진전율에 불과하다. 멕시코가 1994년 OECD가입시 약 50개의 소항목에서 자유화를 약속했던 것으로 알려지고 있다. 즉 자본이동 자유화규약에 관한 OECD가입과 관련해서 우리는 상당한 자유화의 압력을 받을 것으로 보인다.

3) 괄호 안의 숫자는 각각의 대항목에 속한 소항목의 종류이다.

(2) 경상 무역외거래의 자유화 및 여타분야의 자유화로 인한 부담.

양대 자유화규약은 자본이동 자유화규약과 함께 경상무역외거래 자유화규약을 포함하고 있다. 경상 무역외거래 자유화규약은 〈표 2〉에서 볼 수 있는 바와같이 11개의 대항목과 57개의 소항목 그리고 부속서로 구성되어 있다.

11개의 대항목은 업무 및 산업활동(7), 무역(6), 운송(6), 보험(6), 은행 및 금융 서비스(7), 자본소득(4), 여행 및 관광(1), 필름(1), 개인소득 및 지출(7), 공공수입 및 지출(4), 기타 일반(8)으로 구성되어 있다. 부속서는 보험, 은행 및 금융서비스, 항공운송, 여행 및 관광, 그리고 필름의 분야에서 56개 항목으로 구성되어 있다.

1992년의 실적으로 계산한 바에 의하면 경상 무역외거래에 관한한 우리나라는 약 3분의 2에 해당하는 항목에서 자유화가 이루어진 것으로 나타나고 있다. 자유화의 진전 정도가 어떻게 계산되었던 지는 논외로 하더라도 OECD의 가입으로 우리는 서비스 산업에서 대외개방의 문제를 심각하게 고려해야 하는 국면에 처하게 된 셈이다.

자본이동 자유화 규약과 경상 무역외거래 자유화규약은 OECD내의 자본이동 및 무역외거래 위원회(CMIT)에 속하는 사안이다. 그러나 OECD에는 자본이동 및 무역외거래 위원회를 포함해서 26개 위원회가 존재한다. 각 위원회는 경제동향검토에서부터 소비자정책, 재정, 공공관리, 무역, 공업, 철강, 경쟁정책, 환경, 교육, 관광, 해운, 과학정책, 정보·컴퓨터통신, 농업, 보험, 조선, 원자력, 에너지에 이르기까지 사회경제의 전분야에 걸쳐서 광범위한 내용의 정책협의를 다루고 있다.

[표 1] 자본이동자유화 규약 항목

대 항 목		소 항 목		
		List A	List B	계
I.	직접투자	6	-	6
II.	직접투자의 청산	2	-	2
III.	부동산거래	2	2	4
IV.	자본시장에서의 거래	8	-	8
V.	단기금융시장에서의 거래	-	12	12
VI.	매매가능 금융수단 및 증권화 되지않은 권리등의 거래	-	10	10
VII.	공동투자증권의 거래	8	-	8
VIII.	무역및 용역제공관련 신용	2	1	3
IX.	금융상의 신용 및 대부	-	2	2
X.	담보, 보증 및 Back-up Facility 금융	6	2	8
XI.	예금계정거래	2	2	4
XII.	외환거래	-	6	6
XIII.	생명보험	2	-	2
XIV.	개인적 자본거래	7	1	8
XV.	자본의 실물이동	4	-	4
XVI.	비거주소유 봉쇄지금의 처분	4	-	4
계		53	38	91

[표 2] 경상무역외거래 자유화규약 항목

대 항 목	소항 목수	부 속 서 (Annex A)		
		항 목	소항목수	
A. 업무 및 산업활동 (Business & Industry)	7	I. 보험	Part I(D2,D3,D4)	8
			Part II(D5)	4
			Part III(D6)	18
B. 무역 (Foreign Trade)	6		Part IV(D6)	8
C. 운송 (Transport)	6			
D. 보험 (Insurance)	6			
E. 은행 및 금융서비스 (Banking & Financial Services)	7	II. 은행 및 금융서비스 분야에서의 비거주자 투자의 지점 또는 사무소의 설치 및 운영	E7	8
F. 자본소득 (Income from Capital)	4			
G. 여행 및 관광 (Travel and Tourism)	1			
H. 필름 (Films)	1	III. 항공운송	C4	1
J. 개인소득 및 지출 (Private Income & Expenditures)	7	IV. 화폐및 여행자수표의 국제유통 및 여행자 지불유통과 현금카드 및 지불카드의 사용		6
K. 공공수입 및 지출 (Public Income & Expenditures)	4			
L. 기타일반 (General)	8	V. 필름		8
계	57	계		56

V. 자본이동 자유화에 따른 거시경제운용의 불안정

자본이동 자유화규약의 내용이 무엇인지에 대해서는 이미 살펴보았다. 이제 이 규약에 가입함으로서 국가경제가 실질적으로 어떻한 영향을 받게 될 것인가에 대해서 조사하고자 한다.

(1) 해외자본유입에 의한 거시경제운용의 안정기조에 대한 위협

자본자유화가 진행된다는 것은 국내자본이 해외로 이든 해외자본이 국내로이든 자본의 유입 유출이 자유로워진다는 것을 의미한다. 즉 자본의 자유로운 유입·유출을 방해하는 제도적 장벽, 예컨대 일반의 외환보유를 제약하는 제도, 국내자본의 해외투자에 대한 제약 또는 해외자본의 국내투자를 규제하는 제약이 제거된다는 것을 의미한다. 이 문제와 관련해서 OECD는 회원국의 자본이동자유화에 각별한 관심을 가지고 있다는 점을 이미 언급한 바 있다.

자본이동의 자유화는 두 가지의 경로를 통하여 거시경제의 운용에 어려움을 준다. 하나는 해외자본의 유입에 따른 안정기조의 상실가능성이며 다른 하나는 해외자본유입으로 초래될 원화의 평가절상으로 인한 국내산업의 국제경쟁력의 상실가능성이다.

우선 해외자본 유입으로 국내경제의 안정기조가 상실될 위험성에 대해서 살펴보자. 실제로 이 상황은 자본자유화로 가장 염려되는 부분이다. 국내의 금리는 국제금리시세와 비교할 때 높은 수준이며 국내의 투자 수익성은 우리경제의 성장잠재력으로 높게 평가되고 있다. 즉 자본이동의 자유화가 보장된다면 해외자본의 국내유입이 급속히 증가할 것으로 보인다.

일차적으로 해외자본의 국내유입은 국내경제에 인프레압력을 주게 된다. 해외자본 유입에 따른 이러한 부정적 효과를 상쇄하기 위한 不胎化정책(sterilization policy)은 별반 효력이 없다는 것이 이미 80년대 후반 우리가 경험한 바 있는 국제수지흑자 발생이후 발생한 격심한 인프레현상으로 입증된 바 있다.[5)]

이러한 인프레 압력은 모든 면에서 우리 경제에 부정적인 악영향을 끼치게 된다. 물가가 오르니 국민의 일상 경제생활이 불안정해진다. 인프레 상황에서는 개인이든 기업이든 장기적인 전망을 보는 투자계획을 세울 수가 없다. 시장경제가 위협을 받는다는 것을 의미한다.[6)]

인프레압력은 임금상승 압력으로 연결되게 마련이다. 기업활동이 어려워지게 되며 수출경쟁력이 떨어지게 된다. 특히 불안정한 경제상황에서 위험회피의 수단동원에 제약을 가지고 있는 중소기업의 입장에서는 치명적으로 취약해질 수 밖에 없다.

해외자본의 유입량이 증가함에 따라 국내의 투기시장이 달아오르는 것은 피할 수없다. 만약 해외자본의 유입이 직접적으로 부동산시장과 같은 투기시장으로 유입된다면 해외자본은 국민경제에 긍정적인 효과를 줌이 없이 악성의 부정적 효과만을 주게될 뿐이다.[7)]

5) 1995년 7월말 현재 본원통화는 약 24조 3천억원인데 비하여 통안증권 발행잔액은 20조 6천억원에 달하여 그 이자가 통화증발의 주 요인이 되고 있다한다. (김태동 1996). 이것은 해외자본의 유입으로 경제의 안정기조가 위협을 받는 상황에서 不胎化정책이 얼마나 취약한 정책 대안인지를 말해준다.

6) 예컨대, 개인의 경우 보험가입, 기업의 경우 기술개발 투자를 들 수 있다.

7) 해외자본이 주식시장에 유입되는 경우도 국내경제에 투기열기를 조장한다는 점에서는 부동산 시장의 경우와 다를 바 없다. 다만 자본유입의 효과로 그 일부가 산업활동에 대한 투자로 연결될 수 있다.

해외의 자금이 유입되어 국내 경제의 안정기조가 타격을 받게 되는 경우에 대한 위험은 우리가 경상수지흑자를 4년간 연이어 달성한 지난 80년대 후반의 상황을 회상하면 된다. 고작 4년의 경상수지 흑자의 기록으로 부동산투기, 증권투기, 상대적 박탈감에서 출발한 격심한 노사분규, 인프레, 엄청난 임금상승, 수출경쟁력기조의 상실, 산업의 공동화현상, 근로의욕의 상실 및 3D업종에 대한 기피심리의 만연등 온갖 경제 부조리 현상과 사회악이 만연되었었다.

이것은 우리의 경제구조가 안정기조의 유지라는 면에서 극히 취약하고 또한 취약한 금융산업기반에 의해서 지탱되고 있기 때문에 얼마 안되는 경상수지 흑자도 소화하지 못하는 상태라는 것을 말해준다.

해외자본유입이 초래하는 다른 하나의 위험은 그것이 자동적으로 초래하게 되는 원화의 절상압력이다. 이것은 해외자본유입이 초래하는 거시경제의 불안정성과결합하여 산업의 수출경쟁력을 약화시키게 된다. 결국 해외자본은 유입은 국내경제의 안정기조상실 및 원화의 절상이라는 두가지 요인에 의해서 국내산업의 수출경쟁력을 거듭 약화시키게 된다.

(2) 멕시코의 「페소貨위기」

멕시코의 「페소貨위기」는 잘 알려져 있으나 그 내용에 대한 일반의 이해는 분명하지 않은 편이다. 페소貨위기가 본격적으로 진행된 것은 1994년말경이고 멕시코가 OECD에 가입한 것은 1994년이었으니 OECD가입이 페소貨위기의 원인을 제공하였다고 보기에는 시간이 충분하지 않다. 오히려 멕시코의 NAFTA가입이 페소貨위기의 원인이었다고 보여진다.[8] 그러나 자본이동자유화에 관한한 OECD가입조건의 내용은 실상 NAFTA가입조건의 내용과 흡사하다고 할 수 있으므로 OECD의 가입이 페소貨위기에 아무런 책임이 없다고 말할 수는 없다.[9]

페소貨위기의 원인은 Salinas정부의 과도한 자본자유화정책에 기인한다. Salinas정부는 해외자본을 도입함으로서 멕시코 경제 성장을 앞당기려는 의도로 급격한 자본 자유화 조치를 취했다. NAFTA의 가입은 이 정책노선의 기본축이 되었다. 멕시코의 NAFTA가입에 끌리고 자유화정책에 안심한 외국의 투자가들에 의해서 멕시코는 많은 외국인투자를 유치하였다. 그 결과 멕시코경제는 초기에 좋은 성과를 보여 주었다. 이에 고무된 외국인 투자는 더욱 증가하였다.[10]

외국인투자는 주로 증권투자(portfolio investments)의 형태로 유입되었으나 Salinas정부는 이에 별반 개의치 않았다. 그 결과 국내경제는 흥청거리게 되었고, 인프레의 압력, 페소貨의 高評價化, 수출경쟁력의 하락현상이 나타나기 시작했다. 이러한 상황의 발전에 대한 위험을 경고하는 견해가 있었으나 Salinas정부는 귀를 기울이지 않았다.

1994연말 멕시코의 정치상황 발전에 불안을 느낀 외국인 투자가들이 투자된 자본을 급히 회수하기 시작하자 사태는 급전직하 페소貨폭락, 경제공황으로 추락하였다. 멕시코는 1995년 마이나스 6 %의 성장을 기록하여 최악의 경제위기를 맞고 있다.

---

8) 이것은 멕시코 아메리카대학 교수이며 멕시코 금융경제학계의 중견학자인 Victor M. Godinez씨에 의해서 확인된 사실이다. (경실련 주최 OECD국제세미나, 1996년 2월 26일.)

9) 만약 OECD가입이 먼저였고 NAFTA가입이 나중이었다면 페소貨위기의 원인은 OECD가입이 되는 것이다.

10) V.M. Godinez교수의 "The Mexican Crisis – Historical Background and Future Prospects"를 참조할 수 있다.

멕시코사태의 분명한 교훈은 「페소貨위기」의 원인이 무리한 자본자유화 정책이었다는 점이다.

(3) 국제금융시장의 불안 및 기타외국의 사례

국제경제학자들은 국제금융시장의 불안정성(volatility)에 대해서 거듭 경고하고 있으며 이를 제거하기 위한 새로운 국제통화제도에 대한 논의가 계속되고 있다. R. Dornbusch, R. McKinnon, S. Edwards같은 국제경제학계의 지도급학자들이 그들이며 이 경향은 증가하고 있다.

이들의 주장은 국제금융시장이 지나치게 비대해지고 불안정하게 움직이기 때문에 국제통화체제의 안정성마저 위협을 받고 있다는 것이다. 국제외환시장의 움직임은 심각한 상태로 환율이 균형상태를 벗어나고 있으며 그 경향은 심화되고 있다는 것이다. 이를 조장하는 것은 파생금융상품과 같은 투기성이 짙은 금융상품의 등장 그리고 엄청난 규모로 커지고 있는 국제금융시장의 핫 머니(hot money: 단기투기성자금)의 존재이다.[11)]

J. Tobin 교수는 이러한 불안정한 국제금융시장의 움직임에 대처하기 위해서 국가간 이자율격차에서 오는 자본시장의 불안정성요인을 완화하기 위한 목적으로 국제금융거래에 대한 거래세를 부과하는 방안을 도입할 것을 주장하고 있다.

불안정한 국제금융시장의 움직임으로 피해를 보고있는 대표적인 국가가

---

11) 국제금융시장의 투기자금규모는 급격한 속도로 증가하는 것으로 나타나고 있다. 하루평균 세계외환거래액은 1980년대 중반 1,500억달러 내외였으나 1992년이후 1조억달러를 돌파한 것으로 알려지고 있다.(D. Felix (1994)참조)

일본이다. 일본은 1960년대초 이래로 양차 원유파동(Oil Shock)의 기간을 제외하면 계속해서 경상수지의 흑자를 경험해왔다. 그리고 양차 원유파동의 기간을 제외하면 한번도 안정기조를 잃은 적이 없다. 그만큼 일본경제는 안정화의 기반이 굳건하다는 것을 의미한다.

그런 일본도 플라자협정(Plaza Agreements of 1985)이후 엔화의 과도한 평가절상으로 전산업이 산업空洞化(deindustrializing)및 경제불황으로 엄청난 고통을 경험하고 있다. 국제외환시장의 불안으로 엔화의 평가가 일본경제가 지탱할 수 없을 만큼 빠른 속도로 변화하는 불안정성을 보여주고 있는 것이다.

자본자유화를 무리하게 시도하였다가 시련을 겪은 예는 많다. 70년대 말의 남미 알젠틴, 칠레의 예가 그렇고 80년대 중반 스웨덴, 노르웨이등 스칸디나비아 3국의 경제침체 그리고 1979년 이후 영국의 경제불안정등은 자본자유화의 결과로 알려지고 있다.

이상의 고찰에서 나타난 분명한 사실은 자본 및 외환자유화는 결코 무리하게 추진될 수 없다는 것이다. 이미 우리의 경우에는 OECD가입과 관계없이 외환·자본자유화의 3단계 계획이 1999년을 계획완성의 목표년도로 하여 시행의 단계에 있다. 그러나 과연 우리가 외환·자본자유화를 2000년이전에 완성할 수 있도록 준비되었는지 점검해볼 필요가 있다.[12)]

12) 동 계획에 따라 외국인 주식투자가 동일주식의 10%, 12%, 15%의 한도내에서 허용되도록 한도의 폭이 점차로 확대되고 있다. 그결과 외국인 외국인 포트폴리오 투자는 1993년 66억달러, 94년 140억 달러, 95년 146억달러로 증가하고 있다. 결과는 현재 경상수지가 계속해서 적자를 보이고 있는데도 원화의 평가절상이 지속되고 있는 현상으로 나타나고 있다.

Ⅵ. 경상무역외거래의 자유화규약과 금융산업의 개혁과제

경상무역외거래 자유화의 내용은 이미 〈표2〉를 통하여 소개된 바 있다. 즉 일반적인 서비스 산업으로 분류되는 대부분의 산업이 이 구분에 포함되어 있다.

(1) 자유화의 의미

兩大 자유화규약의 주요원칙은 1) 점진적 자유화 2) 내국민대우(national treatment) 3) 무차별대우(non-discrimination) 의 셋 이다. 점진적 자유화의 원칙은 자유화의 단계에 따라 국가경제가 수용할 수 있는 능력의 범위에서 전면적인 자유화가 아니라 점진적인 자유화의 순서를 밟아 가는 것을 의미한다. 즉 자국의 경제상황에 따라 자유화 적용면제(derogation) 또는 자유화 유보(reservation)를 취하는 것이 가능하다.

내국민대우의 원칙은 자유화가 이루어진 사항에 있어서는 외국인 기업이 내국인 기업과 차별적 대우를 받지 않고 동일한 조건에서 국내에서 영업활동을 할 수 있을 것을 보장받는 것을 의미한다.

무차별대우는 자유화가 이루어진 사항에 관해서는 외국의 기업들이 국적에 따라 차별적인 대우를 받지 않고 어느 국가의 기업이나 동일한 조건에서 국내시장에 접근할 수 있음을 보장하는 것이다.

결국 자유화의 세원칙은, 외국기업들이 국내의 서비스 시장에서 사업을 영위하기 위한 목적으로 진출함에 있어서 시장접근(market access)상에서 차별적대우를 받지 않고 진출할 수 있도록 보장하는, 제도적 여건을 조성하는 것을 내용으로 하고 있다.

즉 OECD가입을 위한 협상 과정에서 논의되는 兩大 자유화규약상의 가입 조건은 외국기업의 국내서비스시장 市場接近에 그 협상의 목적이 있지 우리의 제도 선진화에 그 목적이 있는 것이 아니라는 점이다. OECD가입으로 얻을 수 있는 利得을 국내의 제도와 관행의 선진화시키는 것이라고 한다면, 이러한 이득은 우리 스스로의 노력에 의해서만 얻을 수 있는 것이지 OECD가입 그 자체가 우리에게 그 이득을 보장해주는 것은 아니라는 점이다.

좀 냉정하게 표현한다면 우리가 우리의 제도와 관행을 선진화하기 위해서 제도개혁을 단행하든 말든 그것은 OECD의 관심사항이 아니고 그들이 국내시장에 사업을 열기 위해서 진출할 수 있도록 시장개방을 했는지가 그들의 관심사항이라는 말이 된다. 다음에 논의하게 되겠지만 이것은 우리에게 중요한 의미를 가지는 대목이다.

(2) 시장개방과 개혁정책간의 관계

국내산업중에서 국제경쟁력을 가지는 산업은 대체로 수출산업으로 제조업에 주로 분포되어 있는 편이다. 즉 〈표2〉에 분류되어 있는 서비스산업은 우리에게는 대체로 취약한 산업분야이다. 반면에 선진국은 매우 높은 단계의 발전을 이룩한 분야이다.

이것은 우리가 준비 안된 채로 국내시장을 개방했을 때 강력한 외국기업들에 의해서 국내산업이 驅逐되기 쉬운 산업분야라는 것을 의미한다. 외국기업보다 국내기업이 취약하니까 개방을 해서는 안된다는 의미가 아니다. 적어도 국내 산업에게 먼저 공정하고 명료하며 합리적인 경기규칙에 따라

경쟁하는 경쟁적 시장여건을 마련해주어 그 속에서 경쟁력을 쌓은 뒤 그 다음 단계로 경쟁력을 가진 외국기업과 대결하도록 하는 것이 적절한 순서가 아닌가 하는 것이다.

경상무역외거래 자유화대상업종 중에서 대표적인 산업으로 금융산업의 예를 들어보자. 현재 국내금융산업의 자화상은 전혀 정상적이지 못한 일그러진 모습이라는 것을 부인할 사람은 없을 것이다. 도대체 우리의 금융산업은 많은 경우에(은행의 경우에 두드러진 현상이지만) 주인을 가지고 있지 않다. 즉 애당초 시장경제의 틀에 기본부터 맞지 않는다. 경쟁질서의 기본은 사업의 영업 이익을 소유하게 될 主人(residual claimant)이 있어야 된다는 것이다.

주인이 없다보니 은행경영을 합리화해야하는 動機가 분명하지 않다. 현재 은행들은 진정한 의미의 수익성을 추구 한다 기 보다 수익을 남기는 듯한 인상을 주기위한 경영, 상당한 부분은 계수조작에 치중하는 경영을 하고 있다. 경영학에 지적하는 전형적인 代理人문제(agency problem)에 봉착하고 있다. 주인을 만들어주기 위해서 정부의 통제를 받는 금융기관을 민영화하자니 소수의 재벌에 귀속될 것인 자명해서 그것도 안돼는 진퇴양난의 상황이다.

문제는 이 정도가 아니다. 현재 금융기관의 경영은 많은 경우에 비록 합리적인 경영자가 등장해서 시장의 룰에 합치하는 합리적인 경영을 하려해도 그것이 거의 불가능한 상황이다. 우선 금융기관의 임원 인사에서부터 경영을 가장 잘하는 사람이 선택된다는 보장이 없다. 은행 또는 많은 경우 제 2 금융권의 경영이 수익성에 의해서 생존이 결정되는 경영을 하는 것이 아니다 보니 금융기관 내부의 人事도 서로 자기를 밀어주는 사람끼리 뭉치는 줄서기(또는 줄잡기, 줄대기) 위주의 인사이다. 더구나 정치권등 외부의 압력에 의해서 인사정책의 결정 과정이 쉽사리 영향을 받고 있는 것이 실정이다.

현재 금융기관의 경영은 사소한 부분에 이르기까지 재경원과 은행감독원의 지시와 감독을 받고 있다.[13] 새로운 금융상품의 개발도 재경원의 허가 사항이며 금리자유화상황임에도 불구하고 은행별 금리수준의 결정이 재경원을 주축으로 하는 금융기관간의 금리카르텔적 구조 때문에 해당 금융기관이 독자적으로 결정할 수 없는 것이 현실이다. 즉 우리의 금융산업은 근본적으로 시장의 경쟁질서와는 전혀 동떨어진 경영을 하고 있다고 할 수 있다.

이런 상황에서 국내의 금융산업이 비효율적이니 시장을 개방해서 외국계 금융기관의 영업을 허용하자는 것이 무슨 의미를 가지는가. 그것은 바로 외국계 금융기관으로 하여금 국내금융기관의 영업영역을 대체하자는 것과 크게 다르지 않다. 한편으로 국내금융기관에 정상적인 경영통치구조(corporate governance)를 만들어주어 시장경제의 경쟁체제라는 틀 속으로 끌어들이고 다른 한편으로 이들이 자유로운 영업활동을 할 수 있도록 이들의 경영을 규제로부터 해방시켜주지 않는 한 대외개방이 우리의 금융기관 경영에 긍정적인 자극을 줄 수 있는 길은 없다. 즉 정부규제 위주의 금융제도하에서 대외개방을 강행한다는 것은 다만 국내 금융시장에서 국내금융기관의 존재영역을 驅逐하는 것을 의미할 뿐이다.

이 상황에서 우리가 취해야할 정책이 대외개방인가 아니면 금융기관경영

13) 은행장의 해외여행이 재경원의 허가사항에서 벗어난 것이 최근의 일이라는 것이 최근 모일간지에 보도된 바 있다.

을 정상화시키도록 하는 금융산업 관련 행정의 개혁인가. 먼저 금융기관이 시장의 경쟁질서에 맞는 정상적인 경영을 할 수 있도록 해주어야 한다. 재벌의 금융 지배가 금융산업 자유화정책의 걸림돌이라면 재벌의 시장지배를 막을 수 있는 근본적인 재벌정책을 도입해서라도 금융산업에서 시장의 경제질서가 작동하도록 해주어야 한다. 그것이 우리가 국내 금융산업에게 배려해야 할 최소한의 의무이다.

그렇게 국내 금융산업에서 시장의 경쟁질서를 확립한 연후에 대외개방을 하는 것이 순서이다.[14] 물론 이러한 정책방향은 이해관계를 가지는 모든 집단으로 부터 반발을 받을 것이다. 특히 관계행정부처와 새로운 재벌정책의 대상이 되는 재벌집단으로 부터.

그러나 아무리 내부개혁정책이 어렵다고 하더라도 이를 수행해내지 못한다면 선택은 대외개방 밖에 없고 그 결과는 대외개방의 이득의 대부분이 외국으로 유출된다는 점이다. 대외개방은 당사자 모두에게 이득을 준다고 알려져 있지만 실상 개방의 내용에 따라 큰 이득을 보는 당사자가 있는가 하면 별반 이득을 보지 못하는 당사자도 있는 것이다. 지금까지 쌓아 왔던 국내 금융산업이 대외개방으로 인해서 무너진다면 대외개방으로 인한 다른 이득이 무슨 별것이 있단 말인가.

지금까지 금융산업의 예를 가지고 서비스 시장 개방의 문제를 논의하였다. 금융산업이 유독 문제의 산업인 것은 사실이지만 문제의 대소간 차이는 있을 지라도 정부의 규제정책의 결과 대부분의 서비스산업은 시장의 경쟁질

14) 이것을 경제학에서는 정책선택의 順序문제(policy sequencing)라고 부른다.

서의 틀에서 벗어나 운용되는 모습을 하고 있다. 이들을 시장의 경쟁질서로 끌어들이는 일은 엄청난 개혁작업을 전제로 하고있다.

그러나 아무리 개혁작업이 어렵더라도 이를 회피하고 더 나은 결과를 얻을 수 있는 방법은 없다. 정부의 규제를 풀고 산업구조를 재편성해서 먼저 국내시장의 경쟁질서를 확립하고 그 연후에 대외개방을 도모하는 것이 대외개방으로 인한 국가이익을 극대화시킬 수 있는 최선의 방법이다. 기존 이해집단의 반발로 개혁을 할 수 없다면 선택은 대외개방 뿐이다. 그러나 이 경우 이미 언급한 바와 같이 대외개방으로 인한 이득의 대부분이 외국업체에게 돌아갈 수밖에 없다.[15)]

VII. 제도 및 관행의 선진화와 개혁의지

OECD에는 26개의 위원회가 있고 각위원회별로 해당 분야의 업무와 관련된 영역의 제도와 관행이 논의되게 된다. 즉 OECD에 가입함으로서 우리는 각분야에서 OECD의 권고에 의한 제도개선을 요구받게 될 것이다. 문제는 OECD에서 권고하는 제도 개선의 내용이 우리의 제도구조에서 현실성이 없는 경우가 많다는 것이다. 이 경우 제도개선은 표피적인 현상에 그치고 내용은 변화가 없이 그대로 관계부처와 관련업계로 이루어진 기득권층이 사업을 지배하는 상태에서 그리고 아무도 적극적으로 국가적 이익이 되는 개혁

15) 대외개방이 국내산업의 경쟁력을 높이도록 자극을 준다는 주장은 오직 국내산업이 시장의 경쟁질서속에 작동되도록 여건이 조성된 분위기 속에서만 유효하다. 오랜동안 일부 외국계은행이 우리의 금융산업에서 영업하도록 허용되어 왔지만 그들의 존재로 인해서 국내의 금융산업이 경쟁력을 얻도록 자극을 받았다고는 보이지 않는다. 외국계은행이 들어왔어도 국내의 관계부처 및 이해관계집단은 은행업무의 정상화를 추진하고자 하는 별반 심각한 반응을 보이지 않아왔다.

을 추진하고자 하지 않는 상태에서 국가경제는 멍들어가고 국가적 이익이 해외로 유출되는 경우가 흔히 나타날 수 있다.

최근 추진되고 있는 노사개혁위원회는 시의적절하게 우리실정에 맞는 노사관계의 수립을 추구하는 시도라는 점에서 큰 의미를 갖는다고 할 수 있다. 즉 정부가 적극적이 개혁의지를 가지고 있다면 OECD가입은 우리에게 제도개혁을 위한 적절한 기회를 제공하는 계기로 이용될 수 있다. 만약 이러한 적극적인 노사관계개혁의 시도가 없다면 OECD가 권유하는 노사제도의 수동적 수용은 우리의 노사관계에 또 다른 제약으로 작용할 공산이 크다. 스스로의 개혁의지가 없이는 OECD의 가입 그 자체가 우리에게 가져다주는 것은 없다.

즉 그 어느 경우에도 OECD가입을 우리에게 得이 되도록 하기 위해서는 정부의 통제·규제를 제거하고 기득권 집단의 이해관계를 극복하여 명료하고 합리적인 틀 속에서 공정한 경쟁질서를 확립하고자 하는 개혁의지를 수반함으로서만 가능한 일이다.

VIII. 결론

본 논문에서는 OECD가입으로 얻게 되는 利得과 費用을 비교하였다. OECD가입으로 얻게 되는 이득은 우리가 대외개방에 어떤 형식으로 임하느냐에 따라서 그 내용이 판이하게 달라진다는 점이 지적되었다. OECD가입으로 발생하는 비용적 요소에 대해서는 어떻게 대처해야 하는지에 대해서 논의하였다.

문제는 OECD가입을 목전에 둔 지금, 해야할 준비는 안된 상태에서 우리의 산업은 낙후되어 있고 제도가 뒤떨어져 있으니 대외개방만이 나아갈 길이라고 외치는 것은 知慧라고 보기 어렵다. 대외개방이 우리의 시장에 외연을 확장하는 시도라고 한다면 대내적 개혁은 국내시장의 내포적 적용영역을 넓히는 작업이라고 볼 수 있다. 따라서 손쉽게 대외개방이라는 해결책으로 달려가기에 앞서서 어렵더라도 대내개혁을 추진함으로서 국내경제에서 시장경제의 경쟁질서가 적용되는 영역을 넓히려는 노력을 선행시켜야 할 필요가 있다. 그렇게 함으로서만이 대외개방으로 인한 이득이 우리에게 귀속될 수 있다.

이점에서 지금까지 진행되어온 교육개혁, 사법개혁, 노사개혁 및 금융실명제·토지실명제가 성공적으로 정착되고, 계속해서 시중은행경영의 재경원으로부터의 독립, 중앙은행독립, 공정거래질서의 확립, 재벌문제의 해결, 세제개혁, 보건사회행정에서부터 환경행정에 이르기까지의 행정개혁이 이루어질 때 OECD가입을 위한 전제조건이 갖추어지는 것이라고 할 수 있다.

이런 관점에서 OECD가입에 앞서서 다음과 같은 전제조건들이 충족되어야 한다.

1. 부문별 개혁과제가 확인되고 이를 실행하기 위한 집행계획이 수립 집행되어야 한다.(노사개혁, 교육개혁, 금융개혁, 세제개혁, 공정거래질서의 확립, 사법개혁, 경제력집중개혁, 행정개혁, 각부문의 제도개혁에서)
2. 중앙은행의 독립적 지위 확보와 통화공급의 정책적 중립성확보를 통해서 거시경제의 안정기조를 제도적으로 확보해야 한다.
3. 세제개혁 및 거시경제안정을 보장할 제도개혁을 통해 투기환경이 근본적으로 제거되어야 한다.

4. 핫머니(단기 투기성 자금)의 유입에 의한 거시경제교란을 차단할 제도장치가 마련되어야 한다.
5. 금융산업이 민간기업 수준의 경영효율성을 이룩할 수 있도록 경영자율성을 확보해주는 근본적인 제도개혁이 무엇보다 금융산업에 선행되어 실시되어야 한다.

모든 준비를 갖추고 일을 할 수는 없으니 일을 시작하고 개혁과제를 추진해나가자는 주장이 있으나 지금까지 OECD의 가입추진과 관련하여 이와 같은 개혁과제의 수립·집행하고자 한다는 말을 들어본 일이 없다. 본인이 이해하는 범위에서는 현재 정부에서 추진하고 있는 몇 안되는 개혁과제는 그나마 OECD를 추진하는 주체와는 상관도 없는 부서와 사람들에 의해서 외롭게 추진되고 있는 것으로 알고 있다.

OECD가입과 개혁정책의 추진이 같은 문제의 연장선상에서 논의되어야 마땅하다는 인식이 확산될 필요가 있다. 그래서 개혁정책의 완성이 바로 우리의 OECD가입 전체조건을 충족시키는 것이라는 점이 일반적 동의를 얻음으로서 개혁정책의 추진이 가속화되어야 한다.

참고문헌

김태동, 「OECD가입과 자본자유화」, 1996. 2.

김태준, 『OECD가입과 우리 기업의 대응』, 한국경제연구센터(대한상의), 1995.

재정경제원, 「OECD, WTO 자료집」, 1995. 11.

Godinez, Victor M., "The Mexican Financial Crisis – Historical Background and Future Prospects", CCEJ (Citizen's Coalition for Economic Justice) Report 1996. 2.

Felix, D., "The Tobin Tax Proposal: Background, Issues, And Prospects," UNDP, 1994.

Douglass C. North, *Institutions, Institutional Change and Economic Performance: Political Economy of Institutions and Decisions*, Cambridge, 1990.

Hayek, F. A., *Law, Legislation and Liberty*, Routledge & Kegan Paul, 1979.

5 S/W 산업 저작권 보호의 경제적 효과[1)]

본 연구는 국내 S/W 산업의 현황과 문제점을 파악하고 S/W 저작권 보호의 경제적 효과를 S/W 산업 그리고 국민경제의 생산, 고용, 그리고 수입대체의 측면에서 측정하여 S/W 저작권 보호의 필요성을 제기하고자 한다. 이를 분석하기 위한 실증적 방법으로 S/W 기업을 대상으로 실시한 설문조사의 결과 저작권 보호의 필요성을 전반적으로 인식하고 있으며 저작권에 대한 실효성이 전제되지 않으면 어떤 정부의 정책도 장기적으로 성과를 거둘 수 없다고 전체 응답자의 81%가 답하고 있다. 저작권 보호의 경제적 효과를 측정하였을 때 1997년의 불법복제율 70%로 인한 매출액의 감소는 9.3조원에 달하며 복제율을 10% 낮추었을 때 GNP를 0.5% 증가시키고 실업률

1) 프로그램심의조정위원회, 한국소프트웨어진흥원, 숭실대 아태중소기업기술정보협력센터 공동주최 발표자료(이성섭, 김광용, 서병선 공저)(1998)『프로그램저작권 보호제도와 한국소프트웨어산업』23-44쪽에서 전재.

을 0.45% 낮출 수 있다. 따라서 S/W 저작권 보호를 통한 S/W 산업과 국민 경제에 미치는 경제적 효과를 고려할 때 저작권 보호의 실효성 강화를 위한 정책이 요구된다.

I. 서론

미국의 소프트웨어 산업을 살펴보면 1996년 매출액, 고용, 임금, 생산성 면에서 급속한 성장을 하고 있다. 현재까지는 자동차 산업과 전자산업의 뒤를 이어 제 3의 산업으로 기록되지만 21세기에 들어서면 점진하는 S/W 산업에 대한 수요의 증가로 경제성장의 선도적 역할을 수행할 것으로 전망하고 있다. 이에 비하여 한국의 소프트웨어 산업은 선진국과 비교하여 상당히 낙후 상태를 면치 못하고 있다. 세계 소프트웨어 산업의 규모가 1997년 3,376억 달러에 달하는데 비하여 한국의 소프트웨어 산업은 1.9%에 지나지 않는다. 특히, 수주개발과 시스템 통합(System Integration) 등 서비스 부문이 매출액의 70%를 차지하고 있으며 패키지 소프트웨어는 한글 워드프로세서와 통신프로그램을 제외하고 대부분 수입에 의존하여 이 부문의 수입의존도는 30.2%에 이르고 있다.

본 연구에서는 한국의 소프트웨어 산업의 낙후 원인을 추적하고 그의 발전방안을 모색하고자 한다. 본 연구과제와 관련하여 한국 소프트웨어 회사를 대상으로 설문조사를 실시하였으며 약 120여개의 기업이 설문에 응하였다. 설문조사가 보여주는 중요한 특징은 저작권 보호에 대한 필요성을 전반적으로 인식하고 있으며 이에 대한 실효성이 뒷받침되어야만 소프트웨어 산업의 발전이 가능하다고 응답하고 있다. 저작권에 대한 제도적 실효성이 전제되지 않으면 정부의 금융지원이나 세제지원과 같은 정부의 정책은 장기적으로 효과를 거두기 어렵다고 전체 응답자의 81%가 답하고 있으며 따라서 한국 소프트웨어 산업의 발전을 위하여 저작권 강화가 가장 중요하고 효과적인 방법으로 인식하고 있다.

설문조사의 결과를 기초로 저작권 보호의 소프트웨어 산업에 대한 효과를 측정하고 국민경제에 미치는 영향을 생산과 고용 그리고 수입대체의 측면에서 측정함으로써 저작권 보호의 타당성을 거시경제적인 관점에서 제기하고자 한다. 1997년의 불법복제율 70%로 인한 기업의 매출감소는 9.3조원으로 추산되고 복제율을 10% 낮추었을 때 S/W 산업에 대한 생산유발은 1.33조원 그리고 국민경제에 대하여 2.14조원의 생산유발효과를 갖는다. 고용의 측면에서 S/W 산업에 8만 2천명 그리고 국민경제에 10만 8천명의 취업유발효과를 갖는다. 이는 1998년 6월의 실업률 7%를 기준으로 실업률을 0.45% 낮출 수 있다.

경제적 효과와 아울러 저작권 보호가 소프트웨어를 생산하는 기업에 미치는 영향평가를 기업의 재무제표를 이용하여 분석하였다. 실증분석을 통하여 저작권의 강화가 이루어질 경우 연구개발투자의 잠재적 산출탄력성을 측정하고자 한다. 연구개발투자의 산출탄력성은 저작권의 보호 정도에 통계적으로 유의한 관계를 갖고 있으며 저작권 강화에 따라 연구개발투자의 산출효과가 4.4%-5.6%까지 증가할 수 있다.

Ⅱ절에서는 S/W 산업의 현황과 문제점을 추적한다. Ⅲ절에서는 저작권 보호에 대한 타당성을 경제모형을 통하여 분석한다. Ⅳ절에서는 저작권 보

호의 경제적 효과를 생산, 고용, 수입대체의 측면에서 측정한다. Ⅴ절에서는 기업 자료를 사용하여 저작권 보호와 연구개발투자에 대한 실증분석을 다루고 Ⅵ절에서는 설문조사의 결과를 정리하고자 한다.

Ⅱ. S/W 산업의 현황과 문제점

(1) 한국의 S/W 산업현황

한국 S/W 산업의 생산규모는 〈표 1〉과 같이 1997년 세계시장의 1.9%에 이르고 있다. 절대적인 규모는 작지만 1992년의 0.6%에서 꾸준히 성장하고 있으며 매출액 역시 1992년에서 1997년까지 연평균 32.4%의 성장률을 보이고 있다. 매출액의 구성을 살펴보면 패키지 소프트웨어의 비중이 신장세를 유지하고 있지만 1997년 현재 총매출액의 30.5%로 서비스 부문에 비해서 작다. 이와 비교하여 미국의 패키지 S/W 산업은 1996년 세계 패키지 S/W 매출액 1,024억불중 45%를 생산하고 있으며 다국적 기업형태의 세계시장 진출을 감안하여 세계 시장의 77%를 점유하고 있다. 그러나 국내 패키지 S/W는 한글 워드나 통신 프로그램을 제외하고 대부분 수입에 의존하여 그의 수입의존도가 1997년 30.2%에 이르고 있다. 패키지 S/W 시장에서의 미국과 유럽 등 일부 국가의 독주로 실질적 표준(de facto standard)이 보편화될 경우 후발기업에 대한 진입장벽이 국내 S/W 산업의 발전과 해외 진출에 제약요인이 될 것이므로 이에 대한 대책이 시급하다.

[표 1] 한국 소프트웨어 산업(단위: 백만 달러, %)

비 고	1992	1993	1994	1995	1996	1997
국내매출액	1,244.3	1,635.2	2,299.3	3,918.7	5,079.6	6,282.1
패키지	11.0	14.7	14.1	32.0	30.7	30.5
서비스	89.0	85.3	84.9	78.0	69.3	69.5
세계시장	218,663	240,593	251,909	274,993	304,429	337,648
비중	0.6	0.7	0.9	1.4	1.7	1.9

국가별로 소프트웨어 산업을 비교하면 〈표 2〉와 같이 GNP에서 소프트웨어 산업이 차지하는 비중은 1995년 한국 0.9%, 미국 1.9%, 일본 0.9%, 그리고 인도는 0.3%에 달한다. 그리고 정보산업에서 소프트웨어 산업이 차지하는 비중은 한국이 37.1%로 미국이나 일본에 비하여 상당히 뒤지고 있다. 인도의 경우에는 소프트웨어 산업의 비중이 적지만 소프트웨어 생산의 약 90%를 외국에 수출하고 있다. 이에 비교하여 한국의 S/W 수출은 1997년 총생산액 50억 달러에서 1.6%에 불과하고 3억 7,800만 불의 무역수지 적자를 발생시키므로 내수위주의 수급구조 그리고 무역수지 불균형의 문제점을 안고 있다.

[표 2] S/W 산업지표(1995, 단위: 백만 달러)

	한 국	미 국	일 본	인 도
GNP	378,000	6,992,400	4,427,270	296,700
정보 산업	8,718	239,976	82,296	2,090
S/W 산업	3,235	131,924	38,523	790
S/W / GNP(%)	0.9	1.9	0.9	0.3
S/W / 정보(%)	37.1	54.7	46.8	37.8

자료: IDC, 한국소프트웨어산업협회

(2) 한국 S/W 산업의 낙후요인

국내 소프트웨어 산업의 낙후요인에 대한 연구로 정 진섭, 황 희철(1995), 그리고 김 호외 4인(1997)이 있다. 정 진섭, 황 희철(1995)은 소프트웨어 지적재산권에 대한 제도의 미비 및 사회적 인식의 부족으로 많은 불법복제가 이루어져 소프트웨어 업체들이 연구와 개발에 대한 투자유인을 상실하는 것이 가장 큰 문제점으로 지적하고 있다. 그리고 김 호외 4인(1997)은 내수시장의 열악함과 전문인력의 부족 등을 들고 있다. 특히, 황 희철(1996)은 1996년 한국의 소프트웨어 불법복제율이 약 70%에 달하여 국내 소프트웨어 산업의 발전을 저해하고 있으며 이를 해결하기 위하여 하루빨리 소프트웨어 지적소유권에대한 제도정비 및 의식개혁이 국내 소프트웨어 산업의 육성에 매우 중요한 과제임을 강조하고 있다. 정 완(1994)은 우리 나라 역시 지적소유권에 관해서 피해자가 되고 있는 점을 고려할 때 일과성 단속보다는 합리적이고 지속적인 지적소유권 관련 정책이 필요하다고 주장하고 있다.

Ⅵ절에서 소개하는 설문조사의 결과 120여개의 응답 기업중 자금력 부족이 30%, 정부의 정책 부재가 27%, 불법 복제로 개발의욕의 침체가 24%, 그리고 외국에 비해 기술력 낙후가 19%로 중요한 낙후요인으로 지적되었다. 특히, 저작권에 대한 실효성 있는 보호가 전제되어야 한국 S/W 산업이 장기적으로 발전할 것으로 대부분의 기업들이 응답하였으며 어떤 다른 정책보다도 저작권 보호에 대한 정부의 지속적인 노력을 설문조사에서 요구하고 있다.

(3) 저작권 보호와 세계 S/W 산업

세계 각국의 저작권 보호에 대한 비교를 하면 〈표 3〉과 같다. SPA, BSA 등이 조사한 불법복제율은 미국의 경우 1996년 27%로 이로 인한 매출 손실을 약 65억 달러로 추산하고 있으며 이로 인해 13만 명의 고용과 53억 달러의 임금 손실을 가져온 것으로 측정하고 있다.

[표 3] 불법복제와 S/W 산업

	불법복제율 (1996, %)	일인당 GNP (95,US $)	일 S/W 산업 (95,백만 달러)	S/W / GNP (%)
미국	27	26,317	131,924	1.9
호주	32	20,157	3,169	0.9
영국	34	19,065		
뉴질랜드	35	16,910	705	1.2
일본	41	41,052	38,523	0.9
캐나다	42	19,047		
싱가포르	59	25,581	1,128	1.3
홍콩	64	22,740		
대만	66	12,396	1,320	0.5
한국	70	10,162	3,235	0.9
그리스	78	10,937		
인도	79	365	790	0.3
말레이시아	80	4,336	171	0.2
필리핀	92	1,093		
중국	96	582	380	0.05
인도네시아	97	921		

자료: SPA, UN

〈표 3〉에서 알 수 있듯이 불법복제율이 높은 나라일수록 일인당 국민소득이 낮고 GNP에서 S/W 산업이 차지하는 비중이 작다. 한국의 불법복제율은

1996년 70%에 달하고 있으며 이는 개발도상국에 비하여 작지만 선진국 수준에 비교하여 30-40% 높으며 이는 국내 소프트웨어 산업의 발전을 침해하며 경제성장의 장애요인 그리고 통상마찰의 쟁점으로 대두될 수 있다.

III. 저작권 강화의 타당성

S/W 제품은 다른 상품과 달리 구매자가 적정 가격을 지불하지 않고도 복제가 가능하다는 점에서 저작권의 필요성을 찾을 수 있다. 저작권으로 S/W 제품을 보호하지 않을 경우 소비자는 제품을 구입하지 않고 복제할 것이므로 새로운 제품의 개발의욕을 저해하므로 저작권의 발동이 필요하다. 저작권 보호의 필요성을 제기하고 저작권 강화에 대한 정책적 개선방안을 모색하기 위해서 게임이론을 이용하여 이를 전개하고자 한다.

S/W 제품을 사용하는 소비자는(구입, 복제) 두 가지 전략 중에 하나를 선택할 수 있으며 이를 공급하는 기업은 복제행위에 대해서(용인, 고소) 두 가지 전략 중에 하나를 선택할 수 있다고 하자. S/W를 구입하기 위해서는 가격 p를 지불해야 하고 이를 소비함으로써 소비자는 효용 u를 얻는다. 복제에는 비용이 따르지 않는다고 가정하면 소비자가 정상가격으로 구입하여 얻는 수익은 u-p이다. 만일 제품을 복제하여 사용하고 기업이 이를 용인할 경우 소비자가 얻는 수익은 u이다. S/W 제품을 공급하는 기업이 복제를 고소하고 이에 대한 피해비용으로 c를 요구할 경우 복제하는 소비자의 수익은 u-c이다.

S/W를 공급하는 기업은 소비자가 제품을 구입할 경우 매출에 대한 수익

으로 p를 얻는다. 제품을 만드는데 필요한 비용은 분석의 편의를 위하여 무시하기로 한다. 그러나 소비자가 제품을 복제하여 사용할 경우 기업은 이를 억제하기 위한 수단을 강구하고 이에 소요되는 비용을 a라고 하자. 소비자가 제품을 구입할 경우에도 기업은 복제를 예방하고 억제하기 위한 수단을 사용하므로 기업의 수익은 p-a이다. 만일 소비자가 제품을 복제하여 사용하면 이는 기업의 개발의욕을 저하시키고 추가적인 매출의 감소를 가져온다. 이 경우 기업에 발생하는 피해를 r이라고 하면 복제를 용인하는 기업의 수익은 -r이다. 만일 복제에 대하여 고소하고 배상을 받을 경우 기업의 수익은 c-a-r이다.

[표 4] 소비자-기업의 게임모형

구 분		기 업	
		용인 / 사회적 수익	고소 / 사회적 수익
소비자	구입	(u－p, p)/u	(u－p, p－a)/u－a
	복제	(u, －r)/u－r	(u－c, c－a－r)/u－a－r

이와 같은 상황에서 소비자는 기업의 고소가 없을 경우 복제를 선택하는 것이 수익이 높기 때문에 복제를 선택한다. 그리고 기업이 고소를 할 경우 배상액(=c)이 제품의 가격(=p)보다 작다면 소비자는 복제를 선택할 것이다. 배상액(=c)이 복제를 감시하고 억제하는 비용(=a)보다 작다면 기업은 고소를 하는 것보다 복제를 용인하는 것이 수익이 크다. 따라서 c 〈 a 인 경우 소비자와 기업이 공통으로 선택하는(복제, 용인)이 Nash-균형이다. 그러나 (복제, 용인) 선택이 개인에게는 합리적인 선택일 수 있지만 사회적으로 바

람직하지 않다. 사회 전체적인 수익을 측정하여(구입, 용인)이 가장 높은 사회적 후생을 제공하기 때문이다. 그러나 사회적으로 바람직한 최선의 선택(구입, 용인)은 균형으로 유지될 수 없다. 그 이유는 기업이 항상 용인을 선택할 경우 소비자는 구입하지 않고 복제하여 사용하기 때문이다. 여기서 개인적 이익추구와 사회적 목표와의 딜레마가 발생한다.

최선의 선택이 불가능하기 때문에 차선책으로 선택될 수 있는 것이(구입, 고소)이다. 여기서 복제를 감시하고 억제하는 비용(=a)은 복제로 인하여 발생하는 개발의욕의 감소효과(=r)보다 작다고 가정한다. 이것은 제품에 대한 불법복제는 새로운 제품을 개발하려는 의욕을 떨어뜨리고 새로운 제품의 개발이 가져오는 매출의 증가, 부가가치의 증가, 고용의 증가 등을 고려할 때 불법복제는 사회적으로 심각한 악효과를 가져오기 때문이다.

차선책으로서(구입, 고소)가 균형으로 유지될 수 있으려면 여기에는 정부의 조정이 필요하다. 정부가 할 수 있는 정책은 우선 복제에 대한 처벌을 강화하여 복제하는 소비자의 배상액(=c)이 기업의 피해비용(=p)을 초과하여야 한다. S/W 제품의 불법복제에 대해서 배상액을 피해비용보다 작게 한다면 소비자는 항상 복제를 선택하는 것이 유리하기 때문이다. 불법복제에 대한 피해비용을 계산하여 이를 배상하는 우리의 현실에서 복제는 사라질 수 없으며 불법복제에 대한 실효성의 강화는 우선 처벌강화로부터 출발하여야 한다. 두 번째 기업이 불법복제를 감시하고 억제하는 비용을 감소시킬 수 있는 정책이 필요하다. 이를 위해서는 사회적 감시기구의 활성화와 정책적인 홍보활동이 필요하다. 그리고 복제를 억제하기 위해 기업이 할 수 있는 역할로서 제품의 가격을 인하하여 소비자에 제품의 구입을 유도할 수 있다.

Ⅳ. 저작권 보호의 경제적 효과

(1) 경제적 효과에 대한 문헌

특허권이 기업의 가치와 경제활동에 미치는 영향을 분석하는 연구로는 Gilbert and Shapiro(1990)와 Lerner(1994)가 있는데 특히 Lerner(1994)는 실증연구를 통하여 특허권의 법적 실효기간과 실효범위가 기업의 가치를 증가시킨다는 결과를 보였다.

Waterson(1990)은 특허권과 산업조직의 관계에 대하여 연구하였는데 특허권이 신규진입을 억제하지 않으며 오히려 다른 기업에게 대체 제품을 개발하려는 유인을 제공하여 수요자에게 다양한 제품을 선택할 수 있는 기회를 제공함으로써 사회 후생을 증가시킬 수 있음을 보였다.

Schankerman and Pakes(1986)와 Sullivan(1994)은 유럽국가에 대한 특허권의 가치를 측정하였는데 고정투자에 대한 특허권의 가치가 1870년에서 1970년까지 100% 상승하였고 특허권의 양과 질의 대체가 1950년대 이후 발견됨을 보이고 있다.

국제 통상에 관련된 지적소유권에 대한 국제적 기준으로서 GATT의 비차별성 기준에 의한 단일 보호기준과 미국 통상법 337조에 기초한 차별적 보호기준이 있는데 Deardorff(1992)는 지적소유권을 단일 보호기준으로 국제적으로 적용하면 지적소유권을 행사할 수 있는 국가에 독점 이윤을 제공하지만 수입하는 국가의 소비자의 효용을 감소시킴으로써 세계 전체적으로는 후생이 감소하기 때문에 지적소유권에 대한 지리적 연장에 대하여 제한을 가할 필요가 있음을 주장하고 있다. 이에 대하여 Aoki and Prusa(1993)는 차별적 기준이 국내 연구투자활동을 저해할 수 있음을 보이고 있다.

(2) S/W 산업에 미치는 효과

컴퓨터 소프트웨어 제품에 대한 저작권을 강화하여 불법복제를 억제할 경우 기대되는 경제적 효과를 측정하고자 한다. 이를 측정하기 위해 다음과 같은 모형을 이용하고자 한다.

불법복제율을 다음과 같이 정의하자.

$$c = \frac{(Q^* - Q)}{Q^*},$$

여기서 Q^*는 S/W 불법복제가 없을 경우의 수요량이고 Q는 실제 수요량이다. 임의의 가격 P에 대해서 불법복제로 인한 수요의 감소는 다음 수요함수와 같이 불법복제율에 비례하여 감소한다고 하자.

$$P(Q) = a - \frac{b}{1-c}Q, \qquad a>0,\ b>0.$$

수요함수로부터 불법복제가 없을 경우에 임의의 가격에 대해서 수요량이 최대가 되는 것을 알 수 있다. S/W 제품을 공급하는 기업은 이러한 수요곡선을 알고 있을 때 이윤을 극대화하고자 한다. 기업의 비용함수가 C(Q)라고 하면 이윤함수는 다음과 같다.

$$\pi = P(Q)Q - C(Q).$$

기업의 목표를 이윤 극대화라 할 경우 기업의 한계수익과 한계비용이 일치하는 점에서 기업의 이윤을 극대화시키는 최적 공급량을 결정한다. S/W 제품을 생산하는데 소요되는 기업의 한계비용은 무시할 수 있다고 가정한다.

주어진 수요함수에 대하여 최적해는 다음과 같다.

$$Q = \frac{a}{2b}(1-c)$$

$$P = \frac{a}{2}$$

$$R = \frac{a^2}{4b}(1-c)$$

따라서 불법복제율이 증가하면 매출량이 감소하고 기업의 수익이 불법복제율에 비례하여 감소한다. 불법복제는 S/W 제품을 공급하는 기업의 수익을 감소시킬 뿐만 아니라 제품을 수요하는 소비자의 구입량이 감소하기 때문에 소비자의 후생을 감소시킨다.

1997년 우리 나라 S/W 산업의 규모를 4조원이라고 했을 때 불법복제로 인한 매출액의 감소는 9.3조원으로 추산되며 이는 우리 나라 GNP의 2.3%에 해당한다. 불법복제로 인한 소비자 후생의 감소는 4.7조원으로 추산되며 기업의 수익감소를 합하여 S/W 불법복제로 인한 사회적 손실이 14조원에 달하며 이는 1997년도 GNP의 3.5% 그리고 정부예산의 20%에 달한다.

(3) 거시경제적 효과

S/W 저작권 강화를 통하여 국민경제에 미치는 효과를 생산과 고용측면에서 측정하였다. 다음 측정은 한국은행이 발간하는 산업연관표에 기초하고 있다.

[표 5] 저작권 보호의 거시경제효과

저작권의 강화	10%	20%	30%	40%
복제율	60%	50%	40%	30%
S/W산업(원)	1.33조	2.66조	4조	5.33조
생산유발(원)	2.14조	4.28조	6.41조	8.55조
취업유발(S/W)	8만2천명	16만4천명	24만6천명	32만8천명
취업유발(전체)	10만8천명	21만5천명	32만3천명	43만1천명
고용유발(S/W	6만5천명	12만9천명	19만4천명	25만8천명
고용유발(전체)	8만1천명	16만1천명	24만2천명	32만3천명
수입증가(전체)	1.3억불	2.7억불	4억불	5.3억불

S/W 저작권 강화를 통하여 S/W 산업뿐만 아니라 국민경제 전체적으로 생산활동 증가와 고용의 증가를 가져올 수 있다. 현재 70%의 복제율을 10% 감소시킨다면 GNP를 0.5% 증가시키고 S/W 산업과 전체산업의 취업을 각각 8만 2천명, 10만8천명 증가시킨다. 순수한 피용자인구는 각각 6만 5천명, 8만 1천명 증가시킨다. 이는 1997년 6월의 실업률을 7%라고 했을 경우 실업률을 0.33%-0.45% 낮출 수 있다. 저작권의 실효성 강화를 기하는 시간이 짧지 않을 것이기 때문에 쉽게 예측할 수 없지만 만일 불법복제율이 선진국 수준인 30%에 달할 경우 생산유발효과는 1997년 GNP를 2.1% 상승시킬 수 있고 고용증가를 통하여 1997년 6월의 실업률을 기준으로 1.47%-1.94%까지 감소시킬 수 있다.

저작권 강화를 통하여 위와 같이 국내생산이 증가하고 고용과 부가가치가 증가함에 따라 수입이 증가할 것으로 예측된다. 특히 S/W 산업의 수입은 패키지 소프트웨어를 중심으로 1997년 4억불에 달하고 무역수지 적자는 3억

6천불에 달하기 때문에 S/W 산업에 있어 상당한 수입증가가 예상된다. 또한 다른 산업에 미치는 파급효과를 감안하여 국민경제 전체적으로 10% 저작권을 강화하였을 때 수입의 증가는 1.3억불로 예상된다. 그러나 저작권이 보호되어 국내 S/W 산업이 활력을 찾아 새로운 제품에 대한 개발의욕이 향상되고 해외시장을 겨냥하는 국내 산업의 경쟁력이 강화된다면 수출의 증가가 예상되기 때문에 장기적으로 무역수지 적자의 문제는 해소될 수 있다. 오히려 불법복제를 제도적으로 억제하지 않고 급성장 하는 패키지 소프트웨어 제품 수요를 수입에 의존할 경우 S/W 산업의 무역수지 적자의 문제는 보다 심화될 수 있다.

V. 저작권 보호와 연구개발투자

(1) 기업현황

S/W 산업에 있어 연구개발투자의 역할은 어떤 다른 산업에 비해서 중요하다. 새로운 제품을 개발하여 소비자의 수요를 창출하고 다른 제품과의 차별성을 소비자에 인식시켜야 한다. 실제로 S/W 산업을 포함한 정보통신산업의 연구개발비는 1995년 총매출액의 4.32%로 과학기술부문의 2.19%보다 2배 가량 높다. 1996년 S/W 산업의 연구개발비는 1,270억원으로 1996년 1,202억원에 비교하여 5.5% 증가하였으며 전체 매출액에서 차지하는 비중은 1996년 4.75%에 달하고 있다.

연구개발투자의 현황을 관찰하기 위하여 정보통신부에서 발간한 유망중소정보통신기업편람과 설문조사에 기초하여 〈표 6〉을 얻을 수 있었다.

[표 6] 정보통신기업 현황(1997년, 단위: 천원, 명)

	평균	표준편차	최저	최대
일인당 매출액	104,990.7	88,789.1	3,005.0	744,789.5
일인당 자본	17,870.9	19,486.6	410.1	184,463.6
일인당 연구개발	11,865.9	12,314.4	104.1	97,998.2
고용	77.1	106.5	6	699
특허권	1.2	3.1	0	34
실용신안	0.8	2.6	0	21
의장등록	1.1	3.5	0	36
프로그램	2.6	5.5	0	48

총 218개의 기업에 대한 종업원 수는 평균 77.1인으로 최소 6인에서 최대 699명을 고용하고 있다. 일인당 매출액은 평균 1억 499만원으로 최저 300만원에서 최대 7억 4478억원에 달한다. 1995년 전 산업의 일인당 매출액이 4,893만원이며 그의 증가추세를 감안하더라도 S/W 산업을 비롯한 정보통신산업의 노동생산성이 다른 산업보다 훨씬 높은 것을 알 수 있다.

일인당 자본은 평균 1,787만원 그리고 일인당 연구개발투자는 평균 1,186억원에 이르고 있다. 이들 기업이 보유한 특허권은 평균 1.2편이며 프로그램 등록권은 평균 2.6편 보유하고 있다.

(2) 연구개발의 제품개발 효과

연구개발투자가 새로운 S/W 프로그램을 개발하는데 효과적으로 이루어지는지를 측정하기 위하여 등록된 S/W 프로그램에 대한 연구개발효과의 탄력성을 측정하였다.

$$f(y) = \frac{e^{-\lambda(x)}\lambda(x)^y}{y!}, \quad y = 0, 1, 2, 3\cdots$$

$$E(Y \mid x) = \lambda(x) = \alpha + \beta x$$

여기서 y는 기업의 등록된 프로그램 출품 수이고 x는 연구개발투자에 로그를 취하였다. 프로그램 출품수가 포아송 분포를 따른다고 가정하여 최우추정방법으로 연구개발의 탄력성을 측정하였을 때 이는 0.36으로 추정되었으며 통계적으로 유의하다. 즉, 연구개발투자를 10% 증가시키면 등록된 출편수가 3.6편 증가하는 것으로 추정된다.

[표 7] 연구개발투자와 S/W 제품 개발

	추정량	표준오차	t-통계량	유의도
α	−3.83811	.151332	−25.3622	[.000]
β	.367206	.010695	34.3350	[.000]

(3) 저작권 보호의 잠재적 효과 측정

S/W 산업의 연구개발투자가 매출에 미치는 효과를 적절하게 측정하기 위해서는 저작권의 보호가 충분히 실효성을 갖고 있을 때 가능하다. 저작권의 보호가 충분하지 않을 경우 연구개발투자의 효과는 잠재적인 효과에 비하여 과소평가될 수 있기 때문이다.

S/W를 생산하는 기업의 생산함수를 추정함으로써 불법복제가 기업의 생산활동에 미치는 영향을 측정하고자 한다. 특히, 기업의 연구개발투자의 수익성에 미치는 효과를 측정하고자 한다. 이를 위하여 Aigner et al.(1975) 등이 개발한 잠재적 생산함수를 이용하였다.

기업의 생산함수가 다음과 같이 Cobb-Douglas 형태를 취한다고 가정하자.

$$Y = A\, L^{\alpha}\, K^{\beta}(R^{\gamma-u})e^{v},\ \ u > 0$$

여기서 Y는 기업의 매출, L은 노동투입, K는 자본투입, 그리고 R은 연구개발투자이다. 또한 α는 노동투입에 대한 산출탄력성, β는 자본투입에 대한 산출탄력성, $(\gamma-u)$는 연구개발투자에 대한 산출탄력성을 의미한다. 불법복제가 없을 경우 연구개발투자의 효과는 γ이지만 불법복제가 있을 경우 그 효과는 감소한다.

불법복제가 기업의 연구개발활동에 미치는 효과를 측정하기 위해서 $\eta_i = u_i log\ R_i$ 를 정의하고 다음 분포를 갖는다고 가정한다.

$$f(\eta) = \frac{2}{\sqrt{2\pi}\sigma_{\eta}}\ \ exp(-\frac{\eta^2}{2\sigma^2_{\eta}}),\qquad \eta > 0.$$

여기서 $\varepsilon = -\eta + v$를 정의하고 $v \sim N(0,\ \sigma^2_v)$이고 η와 v가 독립이라면

$$f(\varepsilon) = \frac{2}{\sigma}\phi(\frac{\varepsilon}{\sigma})(1-\Phi(\lambda\frac{\varepsilon}{\sigma})),\qquad \sigma = \sigma^2_{\eta} + \sigma^2_{v},\ \ \lambda = \frac{\sigma_{\eta}}{\sigma_{v}}\ .$$

여기서 $\phi(\cdot)$는 표준정규분포의 밀도함수이고 $\Phi(\cdot)$는 누적분포함수이다.

불법복제의 효과가 없을 경우 $\sigma_{\eta} = 0$이므로 ε의 분포는 표준정규분포와 일치하며 불법복제의 효과가 클수록 분포는 0을 중심으로 좌측으로 기운다. 불법복제의 효과를 측정하기 위한 지표로 λ와 $E(-\eta) = \sqrt{\frac{2}{\pi}}\sigma_{\eta}$ 를 사용할 수 있다. 불법복제의 효과가 클수록 λ는 0보다 커지고 $E(-\eta)$는 0보다 작아진다.

불법복제의 효과를 측정하기 위하여 생산함수를 계량분석모형으로 전환하면 다음과 같다.

$$\log Y_i = \beta_0 + a\log L_i + \beta\log K_i + \gamma\log R_i + \varepsilon_i, \qquad i = 1, 2, \cdots, n.$$

S/W 프로그램을 생산하는 중소기업업체의 1997년 영업활동에 대한 자료를 이용하여 모형을 추정하였다. 정보통신부 발간자료를 사용하였고 218개의 기업에 대한 매출, 고용, 자본, 그리고 연구개발비를 사용하였다. 자본에 대한 자료는 대차대조표의 자기자본을 이용하였다. 계량분석을 위하여 PC-TSP의 최우추정법을 사용하였다.

[표 8] 생산함수 추정결과

	추정량	표준오차	t-통계량	유의도
1	8.91827	.650075	13.7188	[.000]
L	1.25132	.076099	16.4435	[.000]
K	.119254	.046223	2.57996	[.010]
R	.026966	.050384	.535204	[.593]
σ	.841632	.067054	12.5516	[.000]
λ	1.19378	.372634	3.20364	[.001]
$E(-\eta)$ = -.56127				

추정결과를 살펴보면 노동투입의 탄력성이 1보다 큰 것을 알 수 있다. 이는 S/W 산업의 추가적인 인력사용이 바로 기업의 생산성을 향상시키고 있음을 의미한다. 즉, 노동사용을 1% 늘릴 때 산출은 1.25% 증가하고 있다. S/W 산업의 특성상 우수한 인력을 사용하고 그의 생산성이 높기 때문에 한

국의 S/W 산업은 그의 성장 잠재력이 높은 것을 알 수 있다. 자본의 산출탄력성은 상대적으로 높지 않지만 자본사용을 1% 늘릴 때 산출은 0.12% 증가한다.

국내 S/W 산업의 연구개발투자의 산출탄력성이 크지 않은 것으로 추정되고 있는데 이것은 연구개발의 기술적 비효율성이나 여러 가지 요인에 기인할 수 있으나 불법복제율이 높기 때문에 제도적 비효율성을 무시할 수 없다. 연구개발투자의 비효율성을 측정하는 지표로서 가 상당히 유의한 결과를 보이기 때문에 만일 이것이 제도적 비효율성에 기인한다면 저작권의 실효성 강화가 절실함을 알 수 있다.

연구개발투자의 잠재적 산출 탄력성을 측정하기 위하여 비효율성의 지표 $E(-\eta)$를 −0.56으로 추정하였다. 추정에 사용한 218개의 기업에 대한 평균 연구개발비를 고려하였을 때 연구개발의 잠재적 산출탄력성은 7.1%로 추산된다. 연구개발의 잠재적 산출탄력성이 추정된 탄력성과 비교하여 4.4% 크기 때문에 1996년의 S/W 산업의 연구개발비 1,270억원에 대해 매출액을 56억원 증가시키고 1996년의 정보통신산업의 연구개발비 3조 9,929억원에 대해 정보통신산업의 매출액을 1,757억원 증가시킬 수 있다. 산업간의 파급효과를 고려하고 추가적으로 발생할 S/W 연구개발투자를 예상할 때 연구개발투자의 매출 증가 효과는 이보다 더욱 클 수 있다.

기업자료를 살펴보았을 때 저작권에 등록된 S/W 프로그램을 보유한 기업은 95개로 관찰되었다. 이들 기업의 자료를 사용하여 생산함수를 추정하였을 때 〈표 9〉와 같다.

[표 9] 생산함수 추정결과

	추정량	표준오차	t-통계량	유의도
1	8.91827	.650075	13.7188	[.000]
L	1.25132	.076099	16.4435	[.000]
K	.119254	.046223	2.57996	[.010]
R	.026966	.050384	.535204	[.593]
σ	.841632	.067054	12.5516	[.000]
λ	1.19378	.372634	3.20364	[.001]
$E(-\eta)$ = -.56127				

〈표 8〉과 비교하여 노동의 산출탄력성이 감소하였으나 자본의 산출탄력성과 연구개발투자의 탄력성이 증가하였다. 특히 등록된 소프트웨어를 보유한 기업의 연구개발의 비효율성을 측정하는 계수인 의 크기가 증가하고 비효율성 지표 의 절대값은 〈표 8〉과 비교하여 .15만큼 증대되었다. 이들 기업의 평균 연구개발비를 고려하였을 때 연구개발의 잠재적 산출 탄력성은 11.34%로 추산된다. 연구개발의 잠재적 산출탄력성이 추정된 탄력성과 비교하여 5.57% 크기 때문에 1996년의 S/W 산업의 연구개발비 1,270억원에 대해 매출액을 70억원 증가시킬 수 있다. 따라서 저작권 보호를 통하여 S/W 산업에 연구개발투자에 대한 수익성을 증가시킴으로써 새로운 제품의 개발의욕이 향상되고 이는 S/W 산업의 성장을 가속화시킬 것이다.

VI. 설문조사

다음은 한국 S/W 기업에 대한 설문조사의 결과를 요약하고자 한다. 본 설문조사는 인터넷을 통하여 1998년 10월 15일에서 10월 31일까지 실시하였으며 120개의 기업이 설문에 응하였다. 조사결과에 대한 95% 신뢰수준에서 표본오차는 〈표 10〉과 같다.

[표 10] 표본오차(유의수준=5%)

응답률	10% (90%)	20%(80%)	30%(70%)	40%(60%)	50%
표본오차	5.5%	7.3%	8.4%	8.9%	9.1%

(1) 불법복제에 대한 의견

1) 한국 S/W 산업의 낙후요인

(1) 자금력 부족 30%
(2) 정부의 정책 부재 27%
(3) 불법 복제로 개발의욕의 침체 24%
(4) 외국에 비해 기술력 낙후 19%

S/W 산업의 낙후요인으로 가장 중요하다고 지적한 것은 자본력 부족이며 그 뒤로 정부의 정책부재 그리고 불법복제로 인한 개발의욕의 침체를 응답기업들은 지적하고 있다. 외국과의 기술력 비교는 19%로 네 가지 요인중 가장 낮게 조사되었다. 응답률에 대한 표본오차를 고려하면 이들 요인에 대한 순위를 정하기 어렵지만 기업들은 S/W 산업자본의 영세성을 가장 중요한 문제점으로 인식하고 있다.

한 산업의 자본축적의 과정이 단기간에 이루어질 수 없기 때문에 현재 S/W 산업의 자본의 영세성은 필연적인 결과이며 이를 극복하기 위해서는 새로운 제품을 개발하고 국내외 시장을 개척하여야 한다. 이를 위해서는 저작권에 대한 보호가 효과적인 수단의 하나가 될 것이다.

2) 불법복제와 S/W 산업

(1) 절대적 동의	31
(2) 부분적 동의	53
(3) 중립	12
(4) 부분적 부정	4
(5) 절대적 부정	1

불법복제로 인해서 한국 S/W 산업의 발전이 정체되고 있다는 질문에 대해서는 84%의 응답자가 절대적으로 동의하거나 부분적으로 동의하고 있다. 이를 부정하는 응답자는 5%에 달하며 따라서 전반적으로 불법복제가 S/W 산업의 발전을 가로막고 있다고 인식하고 있다.

3) 불법복제의 원인

(1) 불법복제에 대하여 나쁘다고 생각하지 않으며 처벌되지 않는다.	54%
(2) S/W 가격이 품질에 비해 높다.	35%
(3) 불법복제 상인등 유통구조에서 비롯된다.	11%

불법복제가 사회적으로 만연하고 있는 요인으로 이를 문제시하지 않는 사회적 분위기와 이를 처벌하거나 억제하지 않기 때문이라고 응답한 기업이 54%이며 제품의 가격이나 품질에 대한 불만이 35% 그리고 유통구조가 11%로 조사되었다. 만일 불법복제의 원인으로 사회적 인식과 저작권 보호의 실효성 부족을 가장 중요하다면 이를 치유하기 위한 효과적인 방안을 찾는 것이 중요하다. 낙후요인으로 지적된 사회적 인식을 개선하기 위해서는 이에 대한 효과적인 방법을 찾아야 하는데 정부가 할 수 있는 방법으로 저작권의 실효성 강화와 제도적 개선을 찾을 수 있다. S/W를 공급하는 기업이 할 수 있는 방법은 품질개선과 적정한 가격의 책정이 될 것이다. 품질개선에 대한

기업의 노력은 저작권 보호가 전제되지 않으면 아무런 유인을 제공하지 않기 때문에 저작권의 실효성 강화와 제도적 개선이 가장 기본적이면서 효과적인 방법이라 할 수 있다.

4) 불법복제의 처벌 강화

(1) 절대적 동의	37
(2) 부분적 동의	43
(3) 중립	13
(4) 부분적 부정	7
(5) 절대적 부정	2

S/W 산업의 발전을 위하여 불법복제의 처벌 강화와 지속적인 단속이 필요하다고 응답한 기업은 절대적 동의와 부분적 동의를 포함하여 80%이며 이를 부정한 기업은 9%이다.

5) 저작권 강화와 사회인식의 전환

(1) 절대적 동의	19
(2) 부분적 동의	62
(3) 중립	9
(4) 부분적 부정	7
(5) 절대적 부정	3

S/W 저작권 보호의 강화를 통하여 사회적 분위기를 전환시킬 수 있다는 질문에 대하여 81%의 응답자가 찬성하고 10%는 반대하고 있다.

6) 기업의 품질개선 노력

(1) 절대적 동의	64
(2) 부분적 동의	22

(3) 중립 9
(4) 부분적 부정 3
(5) 절대적 부정 1

제도적 개선과 사회인식의 전환과 동시에 제품의 품질개선과 적정한 가격을 책정하려는 기업의 노력이 필요하다고 응답한 기업은 절대적 동의 64%를 포함하여 86%의 기업의 찬성하고 4%의 기업이 반대하고 있다.

(2) 제도적 개선 방안

1) 처벌이 약하다.

(1) 절대적 동의 26
(2) 부분적 동의 48
(3) 중립 20
(4) 부분적 부정 4
(5) 절대적 부정 2

외국과 비교하여 불법복제에 대한 처벌규정이 약하다고 응답하는 기업이 74%이고 이를 부정하는 기업이 6%로 조사되었다. 컴퓨터 프로그램 보호법에 명시된 벌칙은 저작권을 공표복제 개작 번역 배포 또는 발행의 방법으로 침해한 경우 3년이하의 징역 또는 3천만원 이하의 벌금에 처하거나 이를 병과할 수 있다. 이 벌칙 조항이 적정한지에 대하여는 다른 법률에서 정한 처벌조항을 비교하거나 선진국의 처벌조항과의 비교가 필요하다. 미국의 경우 저작권 침해에 대한 'treble' 조항에 의하면 피해액의 세배에 달하는 벌금에 처하는 것은 저작권의 침해로 인한 손실을 단순히 피해액으로 산정하지 않고 침해에 따라 발생할 수 있는 창작의지에 대한 손실 그리고 사회적으로 발생할 수 있는 공정거래에 대한 침해로 간주하기 때문이다. 따라서 저작권의 침해에 대한 벌금의 상한을 설정하고 피해액을 기준으로 벌금을 부과하는 것은 저작권의 보호에 실패할 수 있다.

2) 처벌조항의 실효성

(1) 절대적 동의	28
(2) 부분적 동의	45
(3) 중립	18
(4) 부분적 부정	8
(5) 절대적 부정	2

복제에 대한 처벌이 법으로 정한대로 이루어지지 않는다고 응답한 기업이 73%이고 이를 부정한 기업은 10%이다. 현행 처벌조항이 약하면서 이 조항이 실제로 적용되지 않는다면 저작권을 보호할 수 없다는 것을 쉽게 예측할 수 있다. 컴퓨터 S/W를 구입하는 소비자는 복제를 하더라도 그 처벌이 구입하는 것에 비하여 약하기 때문이다. 따라서 저작권의 처벌조항은 소비자의 불법복제를 효과적으로 억제하고 단속할 수 있는 엄격한 적용이 필요하다.

3) 형사고발권의 부여

(1) 절대적 동의	33
(2) 부분적 동의	36
(3) 중립	20
(4) 부분적 부정	5
(5) 절대적 부정	6

현행 저작권은 친고죄에 해당하여 피해자의 고소가 없이는 형사처벌이 불가능하므로 단체기관을 설립하고 이에 형사고발권을 부여해야 한다고 응답한 기업은 69%이고 이를 부정한 기업은 11%로 조사되었다. 일반적으로 컴퓨터

S/W 복제는 하나의 컴퓨터에 대해서 여러 제품을 대상으로 이루어지기 때문에 단체감시기관을 설립하면 정보수집이 용이하고 감시비용을 절감하면서 효과적으로 복제를 감시할 수 있다. 단체기관이 고소권을 위임받아 복제를 고소할 경우 피해기업의 손실은 구제될 수 있지만 복제로 인한 사회적 손실을 고려한다면 단체기관에 형사고발권을 부여하여 복제를 억제하는 것이 효과적이다.

(3) 저작권의 보호방향

1) 저작권의 유지

(1) 절대적 동의	31
(2) 부분적 동의	48
(3) 중립	11
(4) 부분적 부정	9
(5) 절대적 부정	1

외국 S/W 산업과의 경쟁력을 감안하여 특허권으로 대체할 경우 외국 S/W 산업에 유리하고 독점력을 갖게되므로 특허권 대체보다는 저작권의 강화 방향으로 제도적 개선이 필요하다고 응답한 기업이 81%이고 이를 부정한 기업은 10%로 조사되었다.

2) 외국 제품의 동등보호

(1) 절대적 동의	29
(2) 부분적 동의	47
(3) 중립	19
(4) 부분적 부정	4
(5) 절대적 부정	1

국내 S/W 산업이 외국으로 진출하거나 수출의 증가를 위하여 외국 S/W 제품을 동등하게 보호하여야 한다고 응답한 기업이 76%이고 이를 부정한 기업은 5%로 조사되었다.

3) 저작권 보호와 경쟁력 강화

(1) 절대적 동의	12
(2) 부분적 동의	47
(3) 중립	17
(4) 부분적 부정	15
(5) 절대적 부정	9

외국제품에 비하여 현재는 경쟁력이 뒤지지만 저작권 보호가 실효화하면 국내 S/W 산업의 경쟁력이 강화될 것이라고 응답한 기업이 59%이고 이를 부정한 기업은 24%로 조사되었다.

4) 금융. 세제지원과 저작권 강화

(1) 절대적 동의	42
(2) 부분적 동의	39
(3) 중립	14
(4) 부분적 부정	4
(5) 절대적 부정	2

국내 S/W 산업의 발전을 위해 저작권 보호에 대한 제도적 실효성이 전제되지 않으면 세제지원이나 금융지원과 같은 정부의 정책은 장기적으로 효과를 거둘 수 없다고 응답한 기업이 81%이며 이를 부정한 기업은 6%로 조사되었다.

참고문헌

정보통신부, 『유망중소정보통신기업편람』 1998.

전자신문, 『정보통신연감』 1998.

한국은행, 『조사통계월보』 1998.9.

한국은행, 『1990년 산업연관표』 1993.

정진섭, 황희철, 『국제지적재산권법』 육법사, 1995.

송영식, 이상정, 황종환, 『지적소유권법』 1996.

정완, "저작권보호의 국제적 동향," 『법무자료』 제107집, 1988.

정완, "컴퓨터프로그램의 법적보호", 『법무자료』 제15집, 1994.

황희철, "정보통신망 발전과 저작권," 『한국언론연구원 총서』 21, 1996.

김호, 이단형, 정현철, 조남재, 조을래, "국가 소프트웨어산업육성종합계획과 SI 산업의 역 할," Proceedings of '97 KMIS International Conference, pp. 3-19.

김원준, "한국의 소프트웨어 발명의 법적보호," AIPPI, KOREA 국제세미나, 1997.

Aigner, D., C. Lovell, and P. Schmidt, 1975, "Formulation and Estimation of Stochastic Frontier Production Function Models", *Journal of Econometrics*, 6, 21-37.

Deardorff, A., 1992, "Welfare effects of global patent protection". *Economica* 59, 35-51.

Waterson, M., 1990, The economics of product patents. *American Economic Review* 80, 860-869.

Aoki, R. and T. Prusa, 1993, International standards for intellectual property protection and R&D incentives. *Journal of International Economics* 35, 251-273.

Gilbert, R.J. and C. Shapiro, 1990, "Optimal patent length and breadth", *RAND Journal of Economics* 21, 106–112.

Griliches, Z., ed., 1984, *R&D, patents, and productivity*, Chicago: University of Chicago Press.

Sullivan, R., 1994, "Estimates of the value of patents rights in Great Britain and Ireland, 1852–1876", *Economica* 61, 37–58.

Green, J. and S. Scotchmer, 1995, "On the division of profit in sequential innovation", *RAND Journal of Economics* 26, 20–33.

Lerner, J., 1994, The importance of patent scope: an empirical analysis, *Rand Journal of Economics* 25, 319–333.

Schankerman, M. and A. Pakes, 1986, "Estimates of the value of patent rights in European countries during the post-1950 period", *Economic Journal* 96, 1052–1076.

[그림 1] 불법복제의 경제적 효과

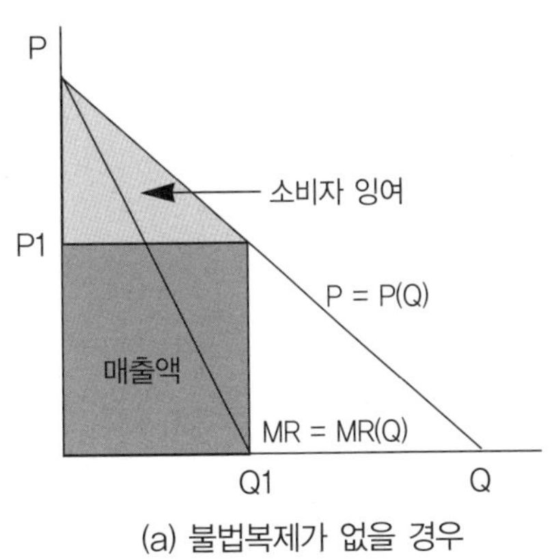

(a) 불법복제가 없을 경우

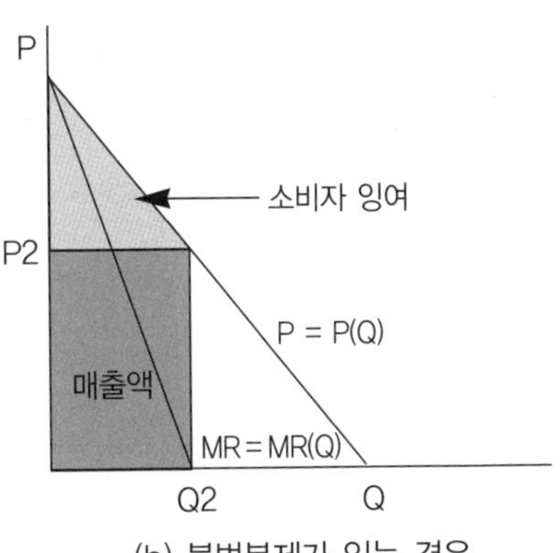

(b) 불법복제가 있는 경우

6 한국경제의 새로운 발전 메카니즘 모색을 위한 제도개혁[1)]

I. 서언

이 논문은 우리사회가 새로운 발전메카니즘을 찾기 위해서 무엇을 해야 하는가 하는 문제를 다루기 위한 목적으로 씌여졌다. 이것은 과거 우리 사회·경제를 향도해왔던 패러다임에서 벗어나서 새로운 시대의 정부정책을 향도해나갈 새로운 패러다임을 찾는 작업이라고 할 수 있다.

이 논문에서는 제도학파적 접근방법이 채택되었다. 문제의 성격이 정책적 내용에 관한 것이고 경제와 사회를 한눈에 조망할 수 있는 전체적 시각을 필요로 하기 때문에 이 방법이 가장 효과적이라고 판단되었다.

1) 『경제학연구』46권 1호(1998), 315-340쪽에서 전재.

문제의 초점은 과거의 사회·경제와 미래의 사회·경제 상황을 함께 담을 수 있으며 시장경제 메카니즘이라는 구조를 한 부분으로 포함하는 제도학파적 틀을 마련할 수 있느냐에 있다. 이 논문에서는 시장구조와 조직구조라는 두 개의 구조로 구성된 경제체제 모형을 고안함으로써 접근방법을 찾았다.

조직구조의 개념은 코스교수(R. Coase 1937)가 도입한 개념으로 새로울 것이 없다. 다만 조직구조의 개념을 시장구조와 결합시켜 전체경제체제로 확장시키는 방법은 새로운 시도이다. 이 접근방법에 의해서 規制的 환경에 처하여 경제주체가 어떻게 시장구조가 아니라 조직구조를 활용하여 이 환경에 대처하는가 하는 것을 보다 분석적으로 파악할 수있게 되었다. 따라서 적극적인 정부개입을 추진한 개발년대의 정책 패러다임이 어떤 이론 근거에서 타당성을 확보하고 있었는가를 논구할 수 있다.

마찬가지로 경제가 성장하고 여건이 바뀜에 따라 정부의 적극적 역할이 효과를 발휘할 수 없음을 논구할 수 있다. 더욱이 이 이론구조를 통하여 향후 한국사회의 정책 패러다임이 취해야할 방향이 法治(rule of law)에 따른 자유주의이어야 함을 논구할 수 있다. 이것은 하이에크(F.A.Hayek)나 秩序자유주의(ordo-liberalism)의 내용과 접근한다.

Ⅱ절에서는 개발년대의 정부주도형 경제개발전략이 파악되었다. 특히 인플레-투기 메카니즘의 내용이 소개된다. Ⅲ절에서는 제도학파적 이론구조가 소개되고 그 이론구조에서 과거의 정책패러다임이 어떻게 미래의 정책패러다임으로 연결되는 지를 설명하고 있다. Ⅳ절에서는 이러한 정책패러다임의 방향성에서 개혁정책의 내용이 어떤 방향으로 구성되어야 하는지를 예시하였다. Ⅴ절은 전체의 논문을 요약하고 결론을 맺었다.

Ⅱ. 開發年代의 패러다임

(1) 열악한 사회·경제 제도여건

한국경제는 1962년부터 1987년에 이르기까지 매년 평균 약7.7%에 이르는 고도성장을 달성하였다.[2] 그 결과 국민소득은 1962년 일인당 87달러(미국)이던 수준에서 1987년 3,218달러(미국)의 수준으로 상승하였다. 2차세계대전 이후 최초로 한 국가가 천연자원의 혜택에 의존한 것이 아니라 자체적인 경제발전 노력의 결과로 개발도상국의 단계에서 신생산업국(Newly Industrialized Country)의 단계로 성공적인 산업화를 이룩한 것이다.

이것이 당시의 국가경제여건에서 매우 놀라운 사건이었고, 특히 低開發과 빈곤에서 벗어나지 못하고 있던 개발도상국에 대해서 엄청난 희망은 주게된 사건이었다. 한국의 경제발전 모델은 당연히 많은 경제학자들의 연구대상이 되었고, 여러 개발도상국가의 경제발전정책에서 평가.채택되었다.

이렇게 성공을 거둔 한국경제 산업화 모델의 실체는 무엇이라고 정의할 수 있는가? 견해에 따라 요인별로 부여하는 중요성의 비중을 달리하게 되겠으나 일반적으로 對外指向的 산업화정책의 방향이 옳았다는 것 그리고 정부가 산업화를 추진하는 과정에서 적절한 역할을 감당했다는 것은 대부분의 견해에서 포함되고 있다는 본다.[3]

〈부표1-1〉은 1962년부터 1987년까지 26년간 수출이 매년 평균32.5%의 속도로 성장하였고, 제조업성장이 매년평균16.2%의 속도로 진행되었음을 보여주고 있다.[4] 이것은 한국경제가 수출성장에 의해서 견인되고 있었음을 말해준다. 빠른 수출성장은 제조업성장을 견인하였고, 수출과 제조업의 성장에 힘입어서 경제의 고도성장이 이룩되었다.

이런 對外指向型의 경제발전모형이 한국경제의 고도성장을 가능하게 하였던 가장 중요한 요인으로 손꼽히고 있다. 수출의 지속적 성장은 경제성장과정에서 필요되는 外換의 공급을 가능하게 하였다. 또한 수출시장의 개척으로 규모의 경제가 적용되어야만 본격적인 산업기반이 마련되는 제조업의 발전이 가능해졌다.

대외교류가 확대된다는 것은 선진국과의 교류가 확대된다는 것을 의미한다. 이것은 단순히 무역확대 이상의 의미를 가진다. 잦은 교류를 통하여 선진국의 기술, 제도, 문물을 배우고 사물을 보는 수준높은 안목을 기를 수 있었다는 것은 과소평가할 수 없는 대외교류에 의해서 얻게 된 소득이었다.

이 경제발전과정에서 정부가 수행한 역할을 중요하였다. 경제발전 초기단계의 사회·경제적 여건은 산업화가 추진되기에는 너무나 열악한 것이었다고 표현할 수 있다. 산업부문에 투자할 자본축적이 없었다는 것도 그 원인이지만 우선 산업부문에 대한 투자의 경험이 없었고 기업경영과 산업기술의 기반이 갖추어져 있지 않았다.

경제활동이 원활이 이루어지기 위해서는 관련 사회·경제 제도가 원활한 경제활동이 이루어지도록 정비되어 있어야 한다. 또한 사회적 의식도 경제활동의 중요성을 높이 평가하고 규칙을 지키는 그리고 지켜지는 규책을 만드는 분위기를 조성되어야 한다. 다른 사람의 권리를 존중하며 자신의 행위

---

2) 매년의 GNP성장률을 더해서 26년으로 나누어 계산하였다.

3) The World Bank Policy Research Report, *The East Asian Miracle: Economic Growth and Public Policy*, Oxford University Press, 1993.

4) 매년의 성장률을 26년으로 나누어 계산하였다.

에 대한 책임을 지는 자기책임정신이 일반화되어 있어야 한다. 사법제도라든지 인허가제도의 운용행정이 기업활동의 거래비용을 저렴하게 하도록 정비되어 있어야 한다.

이중 그 어느 것도 준비되어 있지 않은 상태가 경제발전 초기의 한국의 사회·경제 상황이었다. 재산권제도는 소유권의 구분에 있어서나 경제행위에 대한 사회·경제제도의 운용에 있어서나 불분명하고 불확실한 요인이 팽배해 있었다. 기업의 경제활동에 대해서는 지원보다는 규제와 간섭 그리고 질시가 일반적 반응이었고 사회에 만연된 부패가 기업의 경제활동을 어렵게 하는 일반적 사회현상이었다.

이러한 사회·경제적 여건에서는 정부의 산업화 의지가 결정적 성공요인이다. 산업화에 투자하는 기업활동에 대해서 정부는 이상에 열거한 모든 부정적 요인으로부터 기업활동을 보호하는 결연한 의지를 행동으로 보여주어야 하고 산업화투자에 필요한 자금을 기업에게 마련해주어야 한다. 이러한 정부의 역할을 한국적 스타일로 해결해준 것이 한국경제의 발전모형이다.

(2) 목표할당과 인센티브

전반기 경제발전단계(1962-79)의 정부정책은 '목표할당과 인센티브'라는 어휘로 그 성격과 내용을 표현할 수 있다. 국민경제 전체의 거시적 운용은 경제개발5개년계획에서[5] 윤곽을 잡았으나 개별적 투자프로젝트는 소관부처별로 추진되었고 전체적인 운용은 경제기획원과 청와대에서 지휘, 감독

---

5) 5개년계획은 1961년에 제1차계획을 시작으로 해서 1992년 제7차계획에 이르기까지 계속된다. 초기에는 경제개발5개년계획으로 명명되었으나 제5차 5개년계획부터 경제사회개발5개년계획으로 바뀐다.

하였다. 경제발전 전략상 중요성이 있다고 간주된 투자프로젝트는 민간투자이건 정부투자이건 소관부처와 협의를 통하여 추진되어야 했다.

이러한 투자계획은 수출계획과 밀접한 연관을 가지고 추진되었다. 정부는 민간투자가 활발히 추진될 수 있도록 사회간접자본에 투자하였으며 기업인과 협의하여 전략적 산업분야에서 생산 또는 수출이 목표계획에 맞추어 달성될 수 있도록 투자계획을 세우게 하였고 실행을 감독하였다.

당시 민간투자에 대하여 행해진 정부의 지휘, 감독이 기업인의 입장에서 귀찮은 간섭만을 의미하는 것은 아니었다. 오히려 기업은 정부와의 원활한 협의과정을 통하여 성장해갔다. 왜냐하면 정부가 지휘, 감독하는 투자프로젝트에 대해서 금융, 세제, 행정운용등에서 필요한 정책지원이 수반되었기 때문이다. 전략적 중요성을 인정받아 정부가 투자를 지휘감독하게 된 프로젝트에 대해서 정부는 저렴한 금리의 제도권 금융(정책금융)을 알선해주었다. 동시에 충분한 조세감면의 혜택이 주어졌다.

당시에는 조세·금융 인센티브 못지않게 중요한 것이 행정적 지원이었다. 규제의 벽이 높고 행정처리의 기준이 불명확해서 담당관료의 자의성이 개입될 여지가 높았다. 이러한 여건에서 정부가 전략적 중요성을 인정한 프로젝트가 가지는 프레미엄의 실질가치는 상당한 것이다. 정부가 전략적 중요성을 인정한 프로잭트와 관련된 행정은 행정규제의 장애를 피할 수 있고 담당관료의 자의성에 시달리지 않아도 되었기 때문이다. 오히려 행정운용이 전략적 프로젝트에 유리하게 작용해서 예컨대 임야에 공장과 부대시설을 건설할 행정허가를 받는다든지 하는 특혜를 얻어낼 수 있었다.

정리하자면 경제발전 초기단계의 사회·경제적 여건은 정상적인 산업활동이 불가능할 정도로 행정규제가 높고 반기업적 사회심리가 높은 상태였다. 기업활동이 싹틀 수 있는 윤리의식, 즉 자기행위에 자기가 책임을 지는 자본주의적 윤리의식이 배양되어 있지 않았다. 부패가 만연되어 있었고 금융시장은 작동되지 않고 있었다. 이 시기에 산업활동을 일으킬 수 있는 것은 정부 뿐이었고 정부는 전략산업을 지정하여 투자와 생산·수출을 지휘감독하였다.

이것이 소위 산업정책이라고 지칭되는 부분이다. 산업정책적 투자를 유도하기 위해서 기업에 주어지는 반대급부는 정부에 의해서 지원되는 제도권 금융이다. 그밖에 어려운 여건에서 기업활동이 가능하도록 각종 인센티브제도를 통하여 어려움을 제거해주는 것이다. 정부는 목표설정에 의욕적이었고 이것이 경제의 고도성장을 견인하였다. 여기에 협력한 기업들은 빠른 성장을 하게 된다.[6)]

(3) 인플레·투기형 자원동원 메카니즘

대외지향형의 산업화 전략을 세우고 수출확대와 산업생산을 이룩하기 위한 민간기업투자를 유도하기 위해서 정부는 막대한 투자자금을 필요로 하였다. 수출지원금융을 제공함으로써 원활한 수출성장이 이룩되었고 정책금융을 제공함으로써 산업화의 기반을 이룩하고 산업생산을 확대해 나갈 수 있었다.

---

6) 1960년대가 자유무역정책이 추진되던 기간이라는 주장은 정확하지 않다. 이 기간중에 일반적인 수입은 엄격히 제약을 받고 있었다. 수입자유화 정책이 추진되기 시작한 기간도 1970년대 후반에서 부터이다. 다만 전략분야로 인정된 산업의 육성을 위해서 필요한 기자재, 그리고 수출용원자재의 수입이 자유로웠던 시기였다. 즉 자유무역정책이 추구되던 기간이라기 보다 수출에 대한 정책적 지원과 전략산업에 대한 정책적 지원이 이루어지던 시기라는 표현이 더 정확하다. 이 경우 정책적 지원은 기자재 및 수출용원자재에 대한 자유로운 수입허용을 포함하고 있다.

수출금융을 포함해서 정책금융이란 은행의 자금을 정부가 그 전략적 중요성을 인지한 사업 분야에 확보해주는 것을 말한다. 정책금융이 기업인에게 주는 잇점은 낮은 금리의 자금을 확보할 수 있다는 데 있다. 개발도상국에서는 일반적으로 금융시장이 발달되어 있지 않다. 따라서 산업화 투자에 소요되는 막대한 자금을 금융시장의 시장메카니즘 채널을 통해서 조달한다는 것은 불가능한 일이다.

(4) 만성적 은행자금 초과수요와 과다한 기업의 차입경영

낮은 소득, 낮은 저축이라는 惡循環의 굴레속에서 결국 은행권 정책금융 자금의 궁극적 공급원은 한은의 본원통화 발행일 수 밖에 없다.[7] 즉 고도경제성장의 부산물로 인플레라는 달갑지않은 결과를 얻게 되었다. 한국경제 발전모형의 특징은 1980년대 초반에 이르기까지 고도성장과 함께 두자리 숫자의 인플레가 지속되었다는 것이다.[8]

인플레가 만성화한 결과 한국경제에는 특징적인 자원동원 메카니즘, 즉 '인플레·투기형' 자원동원 메카니즘이 나타나게 된다. 인플레·투기형 자원동원 메카니즘의 특징은 은행의 대출금리가 낮은 수준의 금리에 고정되어 있어서 은행채무의 금리부담이 저렴하다는 현상에서 부터 나타난다.

〈그림〉은 은행대출금리, 회사채수익률 그리고 地價상승률의 연도별추이를 비교하고 있다. 지가상승률이 가장 높고, 다음이 회사채수익률이며, 은행의

7) 1994년 저축율은 35.2%였다. 그러나 경제발전 초기의 저축율은 매우 낮았다. 1960년대를 통털어 저축률이 20%를 넘지못했다.

8) 〈부표1-2〉를 참조.

대출금리는 가장 낮은 수준어 머물러 있음을 알 수 있다. 이 추이의 비교는 은행대출금리가 자금의 기회비용을 반영하기에 미흡함으로 말해주고 있다.[9)]

특히 은행대출금리와 지가상승률 간의 차이는 매우 커서 은행돈을 빌려 토지투기를 해도 높은 수익성을 보장받을 수 있는 상황이 지속되었다.[10)] 이러한 자금시장의 왜곡현상은 은행자금에 대한 만성적 초과수요를 낳게 된다. 이 상황에서 기업은 은행신용이라면 무조건적으로 확보하려는 성향을 보인다. 그리고 은행차입으로 충당하는 量的膨脹이라면 경쟁적으로 임하는 행태를 보이게 된다. 특히 시장이 폐쇄적으로 운영되고 있고 공정거래의 관행이 확립되어 있지 못한 여건에서, 대형재벌의 거대한 外形은 그 자체가 경쟁기업에게 실질적 위협으로 작용하기 때문에 대형재벌의 경우 은행차입에 의존해서 맹목적으로 외형을 팽창하는 비정상적 경영행태 마저 나타나게 된다.[11), 12)]

[그림] 인플레율, 은행대출금리, 회사채 수익률, 자가 상승률 추이

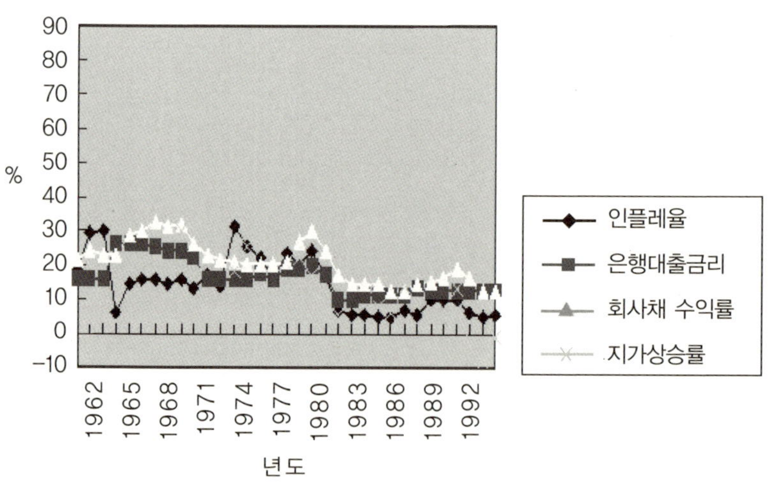

이러한 불건전한 은행차입 과대 의존현상의 근저에는 인플레 현상이 있다. 1980년대에 이르기 까지 지속된 두자리 숫자의 인플레율은 은행차입의 실질적 금리부담을 경감시켜주었다. 반면에 실물투자에 대해서는 인플레 헷지의 잇점이 있게 된다. 특히 부동산은 인플레 시대의 가장 자산가치가 보장된 투자대상으로 각광을 받게 된다. 결국 인플레로 인하여 은행신용에 대한 수요초과현상이 나타나게 되고 인플레로 인해서 부동산 수요는 점점 더 증가하게 된다.

결국 인플레와 부동산 및 실물투기로 연결되는 경제여건은 기업뿐만 아니라 경제전반에 걸처서 은행자금에 대한 만성적 초과수요현상을 낳게 된다. 사태를 더욱 어렵게 하는 것은 기업의 높은 부채비율이다. 대부분의 기업이 과다한 은행채무에 압박을 받고 있기 때문에 이들은 기회가 있을 때마다 한 목소리로 金利引下, 통화공급확대를 요구하게 된다. 이들이 주장하는 다른 하나의 요구가 있다면 그것은 규제완화이다. 그런데 이들이 주장하는 규제완화에 가장 역점을 두는 부분은 대체로 기업의 토지이용 및 처분과 관련된 규제사항이다.[13)]

---

9) 1980년 이전 정책금융에 대한 금리는 은행의 일반대출금리 보다 더 낮아서 정책금융을 확보한다는 것 자체가 엄청난 특혜를 보장함을 의미하게 된다.

10) 사실상 은행돈을 빌려쓴 기업이 사업에서는 실패했으나 社屋이나 공장부지의 자산가치가 상승했고 그 결과로 기업은 망했지만 기업가는 부자가 되었다는 사례를 자주 듣고 있다.

11) 1997년말 부도가 난 어느 재벌의 경우 부채-자본비율은 800%를 넘는 것으로 알려진다. 1996년 현재 상장기업의 부채-자본비율은 333.8%이고 30대 재벌의 부채-자본비율은 1996년말 450%로 계산되고 있다. 이것은 일본 200%, 미국 170%, 대만 90% 수준에 비교되는 수치이다. 1996년 30대 재벌의 총부채 액수는 약 283조원으로 추산되고 있고(참고로 1996년 본원통화액수는 25.7조원이다) 30대 재벌의 계열기업 상호지급보증 금액은 67.5조원으로 알려지고 있다. (조우현(1998), 「고용안정대책」에서 인용).

12) 은행신용을 확보하기 위해서 기업은 계열기업 상호지급보증, 기업어음에 의한 하청기업 대금결제의 방법까지 사용한다. 특히 후자의 경우 대기업에 의한 유동성창출 효과까지 있는 것으로 보인다. 대기업이 하청기업에 대해서 기업어음으로 결제해주는 것은 일반관행이 되었다. 대기업 어음은 시중에 유통되면서 부분적이지만 유동성 효과를 가지게 된다. 또한 대기업 어음을 받은 하청 중소기업은 이 어음을 은행에서 할인해 자금을 확보하게 된다. 이 과정에서 중소기업에게 할당된 자금마저 대기업 어음할인에 사용되게 되어 결과적으로 대기업이 기업어음 결제제도를 통하여 중소기업 자금 마저 가로채는 현상을 낳게 된다.

13) 기업은 임야나 농지등을 싼값으로 매입하여 이곳에 업무용 건축을 할 수 있도록 허가를 내줄것을 요구하며, 사정이 어려울 때, 이렇게 지목이 변경되어 가치가 상승한 토지를 처분하여 자금을 융통할 수 있도록 해달라는 요구를 하는 경향이 있다.

결국 경제전체로 볼 때, 기업의 은행자금 초과수요는 기업의 토지투기와 관련을 가지고 있다는 것을 알 수 있다. 대부분의 기업이 과대한 부채-자본 비율의 은행차입에 압박을 받는 상황에서 무리를 감행하겠다고 정치적 모험을 걸지 않는 한 정부의 경제운용은 금리인하, 통화공급에 대한 이들의 요구를 거절할 수 없었는 것이 현실이었다. 그 결과는 다시금 인플레 유발이라는 악순환으로 연결되어 은행자금 초과수요, 기업의 과다한 차입경영 현상을 초래하는 인플레-투기의 메카니즘은 지속되게 된다.

(5) 저축동원의 메카니즘

흥미로운 사실은 자금수요의 측면에서 뿐만 아니라 자금공급의 측면에서, 즉 저축동원과정에서도 인플레-투기의 메카니즘이 작동하고 있었다는 점이다. 저축동원과정에서 작동한 인플레-투기 메커니즘은 주로 부동산을 중심으로 작동한다.

년간 인플레가 두자리 숫자에 달하는 상황에서 그리고 금융시장이 발달하지 않아 투자할 마땅한 금융상품이 존재하지 않는 여건에서 높은 수익성을 보장하고 인플레 헷지의 잇점을 갖춘 투자대상으로 不動産만한 대상이 없었다. 물론 실제로는 증권투자, 私金融,[14] 제도권금융상품[15]이 부분적으로 민간저축의 투자대상으로 사용되었으나 그 중심에는 언제나 부동산투자가 위치해 있었다.

14) '사채놀이', '契' 등이 이에 해당한다.

15) 특히 '積金'이 애용되어온 금융상품이었다. 적금이 저축하기 위한 투자대상의 금융상품으로 애용된 이유는 상대적으로 높은 금리가 주는 매력에도 있겠지만 그에 못지 않게 적금의 경우에는 賦金을 담보로 貸出이 가능했기 때문으로 보인다.

개인이 저축을 할 때 시작단계에서는 '契'를 들거나, 積金을 들거나 한다. 이 과정을 통해서 어느 정도 수준의 자금에 도달하면 契를 타거나 적금대출을 해서 부동산 투자를 하게 된다. 아파트를 계약하기도 하고, 아파트 평수를 늘리기도 한다.[16] 나대지, 임야, 심지어 농지를 사는 수도 있다. 다소 유동성이 떨어지기는 하지만 저축하고자 하는 개인들에게 부동산은 훌륭한 금융상품의 역할을 하였다.[17] 부동산 늘리는 재미에 소비를 절약하게 되고 한 푼 두푼 모은 저축이 결국 경제성장에 필요한 투자재원을 마련하게 된 것이다. 이것이 인플레-투기형 저축동원 메카니즘이다.

개인들의 이러한 財形저축과정에서 은행은 민간의 현금거래를 은행을 매개로 한 신용거래로 대체해주었다는 소극적 역할은 하였으나 재형저축 금융상품을 공급한다는 적극적 역할은 수행하지 못하였다. 이 적극적인 재형저축의 역할은 상당한 부분 부동산에 의해서 수행되었다. 그러나 이러한 인플레-투기형 저축동원의 메카니즘은 부동산 가격앙등이라는 부작용을 낳게 된다.

III. 패러다임 변환의 이론기반

(1) 시장구조와 조직구조

한국경제가 성공적으로 산업화를 이룩하게 되었다는 것은 한국경제의 경제발전전략이 효과적으로 작동하였다는 것을 말한다.[18] 민간의 경제운용에

16) '전세를 끼고' 아파트를 사기도 한다.

17) 개인들은 아파트 장만하는 또는 아파트 평수 늘리는 재미, 임야, 상가, 농지, 나대지 장만하는 재미에 소비를 줄이고 돈을 모으고 저축을 한 것이다.

18) 적어도 1970년대 초반까지는 한국형 경제발전전략이 효과적으로 작동하였다는 주장에 대해서 이의를 제기하는 학자는 별반없다.

정부가 개입해서 민간기업에게 목표할당을 하고 인센티브를 제공하는 형식으로 자원배분구조에 영향을 미쳤음에도 국가의 경제운용이 좋은 성과를 걷운 현상을 경제이론은 어떻게 설명해야 하는가? 이 논문에서는 市場 이외의 다른 하나의 구성요소 즉 組織의 개념을 도입하여 시장과 조직을 결합한 이론구조로 이 문제를 설명하고자 시도한다.[19)]

경제가 시장구조 뿐만 아니라 조직구조로 구성되어 있다는 사실은 코스(R. Coase)교수(1937, 1960)에 의해서 설명되었다.[20)] 그러나 시장구조와 조직구조는 서로 분리되어 있는 것이 아니라 마치 연결된 고리가 목걸이를 만들고 있는 것과 같이 시장구조라는 고리와 조직구조라는 고리가 서로 연결되어서 국민경제의 경제활동, 즉 목걸이의 모습을 설명하고 있다.

조직구조에는 가족과 같은 작은 단위로 부터 기업과 같은 경제단위가 있는가 하면, 동창회, 친구관계, 클럽, 동호회 그리고 사업상 맺은 친교와 같은 네트워크 조직도 있다. 경제활동은 때로는 시장구조에 의해서 가격을 매개로 하여 처리되지만 때로는 가격을 매개로 하지 않고 이러한 네트워크 조직의 조직논리에 의해서 처리된다. 예컨대 여러사람의 직장동료들이 매번 서로 다른 사람들끼리 점심식사를 하러 직장근처 식당에 가면서 서로 번갈아 점심값을 내는 것은 네트워크 조직의 조직논리에 의해서 점심값 부담이 이루어지는 것으로 볼 수 있다. 이때 장기적으로 이러한 형식의 점심값 부담은 합리적 방식임을 알 수 있다. 그럼에도 불구하고 이 네트워크 조직의 점심값내는 방식

19) 市場失敗의 논리에서 정부역할의 타당성 논거를 찾는 신고전학파적 접근방법은 경제발전과정에서 정부의 역할문제를 설명하기에는 불충분한 분석도구 밖에는 제공하지 못한다.

20) 코스(R. Coase, 1937)는 기업의 생산활동이 조직활동에 의해서 수행되는 현상을 설명하였고 코스(R. Coase, 1960)는 시장활동으로 해결이 안되는 경제문제(환경문제)를 네트워크 조직의 활동으로 합리적인 해결이 가능함으로 설명하고 있다.

을 가격을 매개로 하는 시장구조로 처리되었다고 설명할 수는 없다.[21]

다른 예로 정부입찰방식의 경우를 상정해볼 수 있다. 정부가 입찰가를 통한 경쟁입찰 방식을 선택한다면 이것은 가격(입찰가)을 매개로 하는 시장구조로 처리하는 방식이 된다. 그런데 만약 정부가 입찰가를 통한 경쟁입찰방식을 선택하지않고 입찰에 참가하는 업체들에게 서로 합의해서 낙찰자의 순번을 정해가지고 오라고 지시했다고 가정하자. 그리고 정부는 그 순번에 따라서 낙찰업체를 선정한다고 가정하자.

그러면 입찰에 참가하는 업체들 사이에는(또는 입찰에 참가하고 싶으나 순번을 정하는 그룹에 들지 못한 업체까지 포함해서) 순번을 정하는 합의에 도달하기 위해서 긴 협상의 과정에 들어가게 된다. 그리고 이 협상에서 유리한 결과를 얻어내기 위해서 업체들간에 경쟁입찰의 경우에는 볼 수 없었던 업체들간에 네트워크 조직이 형성되기 시작한다. 또한 서로 다른 업체에 속한 직원 개인들간의 개인적 네트워크 조직까지 동원될 것이다. 그리고 조직운영의 논리에 의해서 낙찰자 순번이 결정될 것이다.

이렇게 결정된 낙찰자 순번은 그런대로(경제적인 의미를 포함해서) 합리적인 네트워크 조직의 조직 운영논리에 따라 결정된 것이다. 그러나 이 과정은 가격을 매개로 하는 시장구조와는 구분된다.

한 국가의 경제활동은 시장구조에 의해서 결정된 부분과 조직구조에 의해서 결정된 부분으로 구성되어 있다. 두 부분 사이의 구성양태는 그 사회의 문화적 제도적 양식에 따라 영향을 받기 때문에 국가 마다 다르고 시대의 흐름에 따라 변화한다. 공동체 지향적 문화양식을 가진 동양사회일 수록 조직

21) Sung-Sup Rhee(1993) 참조.

구조에 의해서 결정된 경제활동 구성의 비율이 높고, 개발도상국 일 수록 조직구조에 의해서 결정된 경제활동 구성의 비율이 높다.

개발도상국 경제활동 중에서 조직구조에 의해서 결정된 부분의 구성이 높은 이유는 재산권제도가 합리적이고 명료하게 정의되어 있지 못하기 때문이며 사회·경제제도가 반경쟁질서적이어서 경제활동의 거래비용이 높기 때문이다. 개발도상국의 재산권제도와 사회·경제제도는 그 사회의 역사적 문화적 산물이다. 즉 개발도상국의 역사·문화적 배경은 아직 성숙되어 있지 않아서 원활한 시장메카니즘의 작동을 가능하게 할 정도로 재산권제도와 사회·경제제도가 발달되어 있지 않다.

개발도상국 경제활동의 상당한 부분이 빈틈없는(낭비적 요소가 없는) 가격메카니즘에 의해서 결정되는 것이 아니고 개인과 개인간의, 개인과 그룹간의, 또는 그룹과 그룹간의 네트워크 조직관계에 의해서 결정되어진다. 이것은 발달되지 못한 재산권제도와 엉성한 사회·경제제도 때문에 경제활동이 그만큼 사회적 낭비요소를 수반하고 있음을 의미한다. 즉 경제활동이 높은 거래비용을 수반하고 있다는 것을 의미한다.

정부가 개발전략의 방향을 정확하게 설정할 수 있다면(예컨대 대외지향적 개발전략) 그리고 개발정책의 집행에 있어서 효율적 행정운용을 기할 수 있다면 시장메카니즘의 운용에 왜곡을 주지 않고도 경제개발전략 수행을 위한 정책적 개입을 할 수 있는 여지가 있다는 말이 된다. 이것은 발달되지 않은 제도운용에서 오는 낭비적 요소를 효율적인 행정운용을 통하여 제거하며 정부가 개입하는 것이기 때문에 경제왜곡이 나타나지 않도록 개발정책 및 집행행정의 운영이 가능하다.

(2) 시장심화(market deepening)

역사·문화적 원인에 의해서 시장경제적 윤리의식이 발달하지 못했고, 경제활동이 활발하지 못했었기 때문에 재산권제도가 발달하지 못한 개발도상국에서는 시장구조에 의해서 결정되는 경제활동은 아직 미약하고 반면에 개인간 또는 그룹간의 관계 네트워크로 구성되는 조직구조에 의해서 결정되는 경제활동은 상대적으로 비중이 커서 경제활동의 거래비용이 높은 것이 특징이다.[22] 정부가 적절한 개발전략의 방향을 설정하고 효율적인 행정체제를 통하여 경제개발정책의 집행을 도모하는 경우 정부주도 개발정책은 별반 정부개입이 국민경제 운용에 주는 왜곡을 초래함이 없이 산업화와 경제성장을 촉발할 수 있다.

일단 경제성장의 수레가 움직이기 시작하면 경제활동의 활력이 사회전반에 확산된다. 이러한 변화는 한편으로 보다 분명하고 정치한 재산권제도를 도입해야 할 필요성을 증가시키고[23] 다른 한편으로 시장경제적 윤리의식을 배양하기 시작한다.[24] 재산권제도가 발달하고 시장경제적 윤리의식이 진작됨에 따라 시장메카니즘이 경제활동의 주요 의사결정 기구로 정착하기 시작한다.

시장구조에 의해서 결정되는 경제활동의 영역이 확대되고 조직구조에 의해서 결정되는 경제활동의 영역이 상대적으로 축소한다. 이를 市場深化(market deepening)과정이라고 칭한다.[25]

---

22) 더글러스·노스(Douglass North)교수의 經路依存性(path dependence)의 개념과 통하는 대목이다.

23) 포스너(Richard A. Posner)의 *Economic Analysis of Law*, 4판 chapter 3 참조.

24) 아담·스미스(A. Smith)의 *The Theory of Moral Sentiments*, 박세일, 민경국 공역, 1996, 비봉출판사.

25) Sung-Sup Rhee(1998), "Structural Adjusttment of Korean Economy: Industrialization Stages and Market Deepening Processes," *Korean Social Science Journal* Vol.*24, 1998.2, 129-159* 참조.

市場深化과정이 진행되면 정부가 정부주도로 경제활동 영역에 개입해서 정부가 의도한 방향의 경제개발전략을 추진할 수 있는 여지는 점차 축소된다. 그리고 市場深化과정이 어느 수준에 이르게 되면 정부가 민간의 경제운용에 부작용을 주지 않고 정부주도로 경제활동 영역에 개입할 수 있는 여지는 없어지게 된다.[26)]

(3) 競爭的意思決定過程 및 질서자유주의

競爭的意思決定過程(CPDM: competitive process of decision making)과 非競爭的意思決定過程(NPDM: non-competitive process of decision making)이라는 두 개의 대비되는 분석개념을 도입함으로써 보다 심도있는 분석대상의 영역을 설정할 수 있다. 뿐만 아니라 이 분석개념을 도입함으로써 競爭秩序의 개념이 적용될 수 있는 현실영역을 공공행정부문에까지 확장할 수 있다.[27)]

競爭的意思決定過程(CPDM)은 경쟁적 여건에서 경제활동의 주체가 의사결정을 하는 모드(mode)의 의사결정활동을 지칭한다. 競爭的意思決定過程이 적용되는 일차적인 경제활동영역은 물론 시장구조의 경제활동영역이다. 조직구조의 경제활동영역이라고 하더라도 自然發生的인(또는 自生的인: spontaneous) 조직구조의 경제활동인 경우에는 競爭的意思決定過程(CPDM))이 적용되는 영역이다.[28)] 기업은 자생적인 조직구조이다. 따라서

---

26) 기간구분에 대해서는 경우를 구분하여 각각의 경우에 해당하는 기간구분이 다르겠지만, 경제운용에 대한 정부개입이 더이상 유효한 경제개발방식으로 작동하지 않게된 기간을 찾자면, 우리나라의 경우 늦어도 1970년대말에 이미 이 단계에 도달했던 것으로 보인다. 어떤 計量分析方法을 고안해서 이 기간구분을 할 수 있는가 하는 것이 남겨진 연구과제이다.

27) 전게논문 Sung-Sup Rhee(1998)을 참조.

28) 하이에크(F.A.Hayek), *Law, Legislation and Liberty*, Routledge & Kegan Paul, 1979 참조.

기업내부의 경영활동은 조직구조의 영역에 속하는 경제활동이지만 競爭的意思決定過程의 모드에서 의사결정이 이루어진다. 영리를 목적으로 하는 기업 뿐만 아니라 영리를 목적으로 하지 않는 친목회, 동창회, 친구관계 등의 조직구조행위들도 자생적 조직구조이기 때문에 競爭的意思決定過程의 모드에서 의사결정이 이루어진다.[29)]

그러나 정부나 정부투자기관 또는 정부에 의해서 세워진 공공단체와 같은 공공기관은 자생적 조직이 아니고 人爲的으로 세워진 組織이다. 이 기구의 운영은 조직구조의 경제활동에 속하는 영역의 활동으로 원칙적으로 競爭的意思決定過程(CPDM)이 적용되지 않는다고 볼 수 있다. 즉 非競爭的意思決定過程(NPDM)이 적용되는 영역이다.

다만 기구운영에 인위적이나마 효과적인 競爭秩序체제가 도입될 경우 경쟁질서체제가 적용되는 영역의 테두리 안에서는 競爭的意思決定過程 모드에 의해서 의사결정이 이루어질 수 있다. 예컨대 어느 공공기관의 경영에서 종업원의 호봉제 봉급체계가 년봉제 체계로 바뀌면서 업무성과가 종업원간에 비교되고 경쟁적으로 평가되어서 그 결과가 년봉수준결정에 반영된다면 비록 기구운영은 인위적 조직구조의 체제에 속한다고 하더라도 의사결정방식은 競爭的意思決定過程이 도입됐다고 볼 수 있다. 즉 공공기관의 경영이라고 하더라도 競爭秩序만 디자인해서 넣을 수 있다면 관련된 영역의 의사결정방식은 競爭的意思決定過程의 모드를 따를 수 있다.

시장구조는 가장 이상적인 형태의 경쟁질서이다. 조직구조에 속한 경제

---

29) 이들 조직이 비영리적 조직이긴 하지만 조직활동에 참가하는 구성원 각자의 참가횟수와 열의를 들여다 보면 그러한 조직활동의 열성정도는 구성원 각자가 합리적으로 판단해서 필요한 만큼의 열성을 표하고 있을 뿐이다. 왜냐하면 이 조직들이 자발적 조직이기 때문이다.

활동이라고 하더라도 自生的 조직구조라면 경쟁질서가 적용되는 영역이 된다. 문제는 공공기관과 같은 人爲的 조직구조에 속한 활동인데 비록 인위적 조직구조라고 하더라도 그 안에 효과적으로 작동하는 경쟁질서만 디자인해서 넣을 수 있다면 그 부분의 활동만큼은 競爭的意思決定過程(CPDM)이 적용되는 영역으로 구분할 수 있다.

하이에크(F.A. Hayek)가 말하는 自生的 秩序가 적용되는 영역, 그리고 秩序自由主義(ordo-liberalism)의 질서에 의해서 정의되는 활동영역은 시장구조의 영역과 자생적 조직구조의 영역의 總合, 즉 自生的 秩序가 적용되는 활동영역이다.[30] 하이에크나 질서자유주의자들은 시장심화가 진행되는 여건에서 자생적 질서의 발현을 제약하는 제도를 市場適應的(market conforming) 방향으로 개혁함으로써 競爭的意思決定過程의 효율을 높일 수 있다고 주장한다. 여기서는 이런 유형의 제도개혁을 '自生的秩序 발현형 制度改革' 이라고 명명한다.

다른 형태의 제도개혁은 인위적 조직구조의 운영에 경쟁질서를 도입함으로써 인위적 조직구조 운영에서 競爭的意思決定過程의 모드에 따른 활동영역을 확보하여 조직운영의 효율을 높이는 유형의 제도개혁이다. 여기서 유의할 점은 競爭秩序란 저절로 주어지는 것이 아니라 높은 효율성이 발현되는 경쟁질서가 하나의 시스템으로 작동할 수 있도록 이를 뒷받침하는 제도적 인프라를 주도면밀하게 디자인해서 제도화시켜 주어야만 바람직한 경쟁질서가 만들어진다는 것이다. 이러한 제도개혁을 '競爭秩序 도입형 制度改革' 이라고 명명한다.[31] 여기서는 競爭秩序 도입형 制度改革의 범위에 조직구성원 개개인의 자율과 창의를 발휘할 여지를 높여주는 모든 종류의 제도

개혁을 포함하여 광의의 개념으로 사용키로 한다.[32)]

(4) 自由主義的 法治主義

재산권제도가 발전하고 시장경제적 윤리의식이 정착함에 따라 시장메카니즘을 중심으로 하는 市場構造 활동이 활발해지게 되고 市場深化(market deepening)가 진행된다는 사실을 밝힌 바 있다. 또한 市場이 深化되면 산업화나 경제성장을 촉진시키기 위한 정부의 전략적 정책이 경제활동에 직접적 개입할 여지는 그만큼 축소된다는 점을 밝혔다. 즉 정부가 경제성장을 촉진시키기 위하여 역할을 직접적으로 담당(role playing)하기 보다 개별 민간경제주체들이 자유로운 경제활동을 할 수 있도록 여건을 마련해주기 위한 제도기반, 즉 法治의 기반을 조성(rule setting)하는 역할에 치중해야 함을 의미한다.

여기서 말하는 法治(rule of law)란 개인의 자유를 대전제로 하고 이것을 실현하기 위한 법제도를 갖추는 것을 의미한다. 즉, 법에 의해서 개인의 자유가 허용되는 것이 아니라, 법은 개인의 자유가 최대한 발현되도록 하는 제도기반을 마련하게 만들어져야 함을 의미한다.[33)] 이것은 마치 운동경기의 규칙이 선수의 행동에 제약을 가하기 위해서 만들어진 것이 아니라 선수로 하여금 마음껏 기량을 발휘하도록 하기 위해서 고안된 것임과 같다.

---

30) 시장구조 영역의 활동은 당연히 자생적 질서의 활동영역에 속한다.

31) 여기서는 구성원 개개인에게 보다 많은 자유재량을 허용함으로써 개인의 능력과 창의를 발휘할 계기가 마련되고 따라서 조직운영의 효율향상을 초래한다는 자유주의적 접근방법을 택하고 있다.

32) 정부부처의 총액예산제, 성과급제도 등 제도도입은 광의의 競爭秩序 도입형 制度改革으로 간주된다.

33) F.A. Hayek, *The Constitution of Liberty*, 1959, ch.15 참조.

이것은 許可事項列擧主義(positive-list system)가 아니라 禁止事項列擧主義(negative-list system)가 이러한 맥락의 법치주의 정신에 부합함을 의미한다. 準則을 정하고 준칙이 정하는 기준(standards)을 충족시키면 개인의 활동에 대한 자유는 제약을 받지 않음을 의미한다. 健全性規制(prudential regulation)은 사회시스템이 불안정하게 확산하는 것을 방지하기 위한 의미의 규제이어야지 개인의 자유를 제약하기 위한 의미의 규제가 되어서는 않된다.

이러한 법치주의는 자유주의 정신이 사회에 충만할 때 성공적으로 정착될 수 있다. 사회구성원이 자유주의정신에 입각하여 행동하지 못한다면 이러한 법치주의는 존립할 수 없다. 예컨대 어느 금융기관이 부실화됐다고 가정하자. 이러한 사고의 원인을 규명함에 있어서 부실화된 금융기관의 설립을 인가해준 담당자에게 책임을 묻는 식의 접근방법은 자유주의 정신에 부합하지 않는다.

왜냐하면 이런 방식으로 사고의 원인을 규명할 경우 다음번의 담당자는 책임을 면하기 위해서 인허가 행정을 엄하게 운영할 것이며 결국 금융기관 설립 및 운영에 관한 사항이 관계부처의 인허가 규제사항으로 전락하게 된다. 이것은 종국적으로 자유주의 원칙에 배치되는 접근방법이다.

금융기관 설립과 운용관계를 규정한 건전성규제의 어디가 잘못인지를 가려내고 이를 수정하여 같은 종류의 사고방지를 도모하는 접근방법이 자유주의 정신에 부합한다고 할 수 있다. 개인의 자유를 수호하고자 하는 사회적 의지가 강해서, 설령 금융기관의 설립과 운영에 관한 관계정부기관의 결정을, 지원자 별로 선별적으로 차별화 하여 許可事項列擧主義 방식으로 운영하는 것에 비하여, 보다 자유로운 운영방식인 禁止事項列擧主義 방식으로 운영하는 것이 금융사고의 위험이 더 크다고 하더라도, 사회구성원의 자유를 포기하느니 차라리 위험성을 감수하겠다는 의지가 있어야, 즉 禁止事項列擧主義 방식을 선택할 수 있어야 자유주의적 법치주의가 정착될 수 있다.[34] 禁止事項列擧主義 방식을 선택하는 데 따르는 금융사고의 위험성은 건전성규제를 적절히 고안해냄으로써 대처할 수 있다.

IV. 새로운 발전메카니즘의 모색을 위한 제도개혁과제

(1) 自生的秩序발현형 제도개혁: 非경제

시장구조에 속하는 활동들은 자생적 질서를 따르는 활동이다. 자생적 조직구조에 속하는 활동도 자생적질서에 따르는 활동이다. 사회제도가 이러한 자생적질서에 따르는 활동에 장애가 되는 경우 제도적 장애를 제거해주게 되면 자생적질서에 의한 시스템이 보다 큰 활력을 가지게 된다. 이러한 제도개혁을 가리켜 市場適應的(market conforming) 제도개혁이라고 부른다. 이 논문에서는 조직구조의 활동을 포함해서 분석하고 있기 때문에 '自生的秩序발현형 제도개혁' 이라고 명명하고 있다.

自生的秩序발현형 제도개혁이 非經濟 분야에 도입되면, 즉 비경제분야에 경쟁질서가 나타나고 사회구성원들이 자생적질서에 따른 대응방식으로 활

34) 자유주의적 법치주의가 사회운용원리로 정착하기 위해서는 추가적으로 다음의 두가지 조건이 충족되어야 한다. 첫째 법의 내용이 지킬 수 있는 것이어야 한다. 법의 내용이 개인이나 기업이 법대로 대처하다가는 생존을 보장받지 못하는 그런 실효성 없는 내용이어서는 않된다. 둘째, 소송 및 법률서비스 비용이 낮아져야 한다. 송사에 휘말리면 집안이 망한다는 정도로 소송비용이 높아 모두가 訟事를 기피하는 여건에서는 자유주의적 법치주의가 정착할 수 없다.

발한 활동을 하게되면 비경제분야에서도 경제분야 못지 않은 혁신이 나타나게 된다.

정치분야를 예로 들어보자. 민주정치의 본질은 여당과 야당이 정책을 가지고 경쟁적으로 대결해서 국정운영능력을 인정받은 정당이 선거를 통해서 집권하는 것에 있다. 이러한 정치의 경쟁질서는 본질적으로 다른 경쟁질서, 예컨대 고객을 놓고 경쟁하는 기업간의 관계로 이루어지는 시장메카니즘과 다를 것이 없다. 시장메카니즘에서는 가격을 매개로 경쟁이 이루어지지만 정치에서는 선거의 득표로써 경쟁의 승부가 결정된다는 차이점이 있을 뿐이다.

정치분야에 경쟁질서가 효율적으로 작동할 때 나타나는 이득은 크다. 여당이 국정운영에서 긴장을 늦추지 못한다. 국정운용에 부정·부패, 비효율이 나타날 가능성을 그만큼 줄여준다. 야당도 책임있는 정책비판을 하지 않으면 국민에게 좋은 인상을 심어줄 수 없다.

정치분야에 경쟁질서가 작동하자면 여당 야당 간의 경쟁이 정권교체를 전제로 한 경쟁이어야 한다. 여당이 계속적인 정권재창출을 해서 정권교체가 이루어지지 않는 개발도상국에서는 여당은 비효율적이고 부패한 국정운영을 하게 되며 야당은 만년야당으로 투쟁일변도의 대응 밖에는 할 수 없게 된다. 따라서 야당의 정책슬로건은 '반대를 위한 반대' 를 하는 무책임한 모습으로 전락하게 된다.[35)]

〈표〉는 自生的秩序발현형 제도개혁의 몇가지 예를 제시하고 있다. 물론 이들 예는 주변에서 손쉽게 구할 수 있는 예에 불과하며 이밖에 많은 自生的秩序발현형 제도개혁의 다른 예를 생각할 수 있을 것이다. '競爭秩序 도입

35) 록크(John Locke) *The Second Treatise of Governement*(시민정부론), 이극찬 번역.

형 制度改革'은 人爲的 조직구조에 경쟁질서가 작동할 수 있도록 제도인프라를 구축하기 위해서 필요한 제도개혁을 의미한다. 〈표〉에서는 정부 인사행정의 예를 들고 있다.

(2) 自生的秩序발현형 제도개혁: 經濟

경제분야의 自生的秩序발현형 제도개혁은 시장구조 활동영역에서 사회구성원들의 자생적 질서에 따른 경제활동이 활발하게 일어날 수 있도록 제도구조를 구축하는 작업을 말한다. 이러한 제도개혁작업을 市場適應的(market conforming) 제도개혁이라고 부른다.

개발년대 패러다임이 인플레-투기 메카니즘을 중추로 하고 있다는 점은 이미 주지한 바 있다. 새로운 발전메카니즘으로 이행하기 위해서는 이 인플레-투기의 메카니즘에서 탈피해야 한다. 물가안정이 이러한 패러다임 이행과정의 핵심이다. 마찬가지로 물가안정이 경제분야에서 자생적 질서에 의한 활발한 경제활동을 유도하는 필요조건이기도 하다.[36]

〈표〉는 경제분야에 自生的秩序발현형 제도개혁이 추진될 수 있는 분야를 열거하고 있다. 금융시장을 조성하고 시장원리에 기반을 둔 금융산업의 선진화를 이룩하는 것은 새로운 발전메카니즘의 핵심사업이다. 발달된 금융시장을 갖추지 않고는 선진경제로 진입할 수 없기 때문이다.

개발년대의 패러다임에서는 기업이, 특히 재벌이 자연스럽게 외형팽창위주의 사업다각화를 추구하였다. 이를 수월하게 추진하도록 기업회계의 투

36) 물가안정의 중요성을 강조한 경제학자는 수없이 많지만 특히 하이에크는 물가안정의 중요성을 강조하고 있다. 그러나 물가안정은 자생적인 질서속에서 이룩되어야지 가격통제로 이루어져서는 않된다고 강조하고 있다. 인위적인 가격통제는 마치 호랑이 꼬리를 잡는 것과 같아서 일단 이를 시작하게 되면 무서워서 놓지 못한다고 말하고 있다.

명성을 확보하는 제도장치의 도입이 의식적으로 또는 무의식적으로 지연되었다. 그러나 새로운 발전메카니즘을 성공적으로 구축할 수 있는지의 여부는 기업회계의 투명성을 확보할 수 있는지에 달려 있다.

세제개혁의 중요한 목적에 하나는 세제구조의 단순화를 통하여 시장경제의 활성화를 촉진하는 것이다. 금융실명제의 정착도 지하경제의 척결을 통하여 보다 투명한 경제환경을 조성함으로써 경제활동의 활성화를 도모하게 된다.[37] 특히 대외경제정책이 과거의 과도한 국내산업보호적 패러다임에서 벗어나 과감한 대외개방을 통해서 경쟁촉진, 시장확대를 유도해야 한다는 논리의 당위성은 마치 1960년대의 경제정책이 대외지향적인 정책이었기 때문에 그후의 경제개발전략이 고도경제성장을 유도하는 성공을 이룩할 수 있었던 것과 같은 논리의 맥락에서 이해될 수 있다.

[표] 신·구 패러다임의 구조비교

	개발연대 패러다임	새로운 발전메카니즘
사상·의식구조		
사상적 원리	정부주도 산업정책	자유주의(질서자유주의, 하이에크)
법치주의	• 인허가 행정 • 허가사항열거주의	• 자유주의적 법치주의 • 금지사항열거주의 • 준칙주의
의식구조	• 행정부 의존형 의식구조 : 경제적 성과의 책임을 소관부서 • 관리에게 묻는 의식구조	• 자유주의적 준칙주의 : 준칙에 합당하면 사회구성원의 자유가 존중되는 의식구조(준칙만으로 사회적 안정성을 보장하기 어려울 시는 개인의 자유로운 활동을 해치지 않는 범위에서 건전성규제의 도입)

自生的秩序발현형 制度改革: 非경제		
정치	집권당의 정권재창출	정권교체를 전제로 한 정당간의 경쟁질서
의회정치	막후의 야합, 私的동기의 로비	정치의 투명성확보, 의정공개(속기록의 인터넷공개)
지방자치	중앙정부의 행정권한 집중	지방정부로의 행정권한 대폭이양
司法서비스	공급자 위주의 독점적 공급체제	사법서비스 시장의 소비자 위주 경쟁질서 확립
교육	• 규제·지시 위주의 행정 • 공급자 위주의 독점적 공급체제	• 준칙주의 행정체제로의 전환 • 소비자 위주의 경쟁질서 확립
競爭秩序 도입형 制度改革		
정부 인사행정	고시공채-순환보직 원칙 년공서열 원칙	전문직의 공개특채인사 대폭적 확대 능력에 따른 발탁인사
自生的秩序발현형 制度改革: 경제		
물가	인플레기조	선진경제형 물가안정기조확립
부동산	투기의 방치	투기소득의 징세를 통한 부동산 시장 안정화
금융	• 발달안된 금융시장 • 취약한 금융산업	• 금융시장의 조성 • 시장원리에 기반을 둔 금융산업의 선진화
재벌	외형팽창 위주의 다각화	재벌의 투명성(결합재무제표)확보, 건전성 규율(계열기업상호지급보증 폐지)을 통한 시장경제정상화
세제	• 과다한 예외와 감면 • 복잡한 세제구조	과감한 예외와 감면의 폐지, 세제구조 단순화를 통한 시장경제활성화
이중구조	지하경제의 존재	금융실명제 정착을 통한 지하경제의 척결, 시장경제활성화
공공요금	• 공공서비스 공급기관 경영부실화 • 물가안정차원의 공공서비스요금 인상억제	민영화, 進入退出개방을 통한 시장기능회복
대외경제	과도한 국내산업보호	과감한 대외개방을 통한 시장확대

37) 금융실명제가 경제활동을 정체시킨다는 것은 단기간 체제이행단계에서 나타날 수 있는 현상이나 중장기적으로 맞지 않는 주장이다. 우리의 경우는 단기적으로 거쳐야 할 調整期도 이미 거쳤다는 것이 일반적 견해이다.

V. 요약과 결론

이 논문은 제도학파적 시각으로 파악된 사회·경제적 발전과정에서 우리 사회가 처한 좌표를 확인함으로써 이 발전과정이 투영하는 한국사회가 지향해야 하는 발전방향이 무엇인가를 제시하는 것을 목적으로 하여 쓰여졌다. 제도학파적 시각으로 사회·경제의 구조를 파악하기 위해서 사회·경제의 구성요소를 시장구조와 조직구조로 파악하였다.

일반적으로 개발도상국이 경제발전 초기단계에 처한 제도적 여건은 매우 열악한 것이기 때문에 자생적으로 활발한 경제활동이 일어나리라고 기대할 수 없다. 이러한 열악한 여건은 이 사회의 역사적 소산으로 그리고 문화적 유산으로 결정된 것들이다. 그 중에서도 발달되지 못한 재산권제도, 경제활동을 억압하는 법과 행정제도, 그리고 시장경제에 맞지 않는 윤리의식이 민간의 경제활동을 억압하는 제도적 여건들이다.

이러한 열악한 여건에서는 가격을 매개로 하는 시장구조에 속하는 활동은 활발하게 이루어지지 않는다. 그보다는 오히려 많은 일들이 친구관계, 동창관계등 조직구조에 속하는 활동으로 이루어지게 된다. 열악한 제도적 여건으로 나타나는 많은 문제들을 친구관계, 동창관계 등의 네트워크를 이용한 접근형식으로 해결하게 된다는 의미이다. 따라서 같은 경제활동에 하는데 곱절 더 많은 수고를 해야된다는 말이다. 거래비용이 높아지게 된다.

이러한 열악한 사회·경제여건에서 정부의 역할은 결정적으로 중요한 의미를 가진다. 정부는 경제발전전략을 통하여 경제의 발전방향을 제시하게 되며 이에 호응하는 기업에 대해서는 자금을 지원해주고 세제상의 혜택을 주며 법과 행정제도 운영에서의 불이익으로 부터 보호해주게 된다.

이렇게 정부의 적극적인 역할이 경제에 부담을 주기보다 산업화를 촉진하고 경제를 활성화할 수 있었던 이유는 물론 정부의 경제개발전략이 올바른 방향을 잡았기 때문이기도 하지만 정부의 경제정책에 순응하는 기업활동의 경우 자금뿐 아니라 행정적 지원을 받을 수 있어서 열악한 제도여건(미비한 법제도와 규제위주의 행정)을 극복하기 위해서 만들어진 중층의 개인적 친교 네트워크를 유지하기 위해서 소요된 낭비적인 부담을 줄일 수 있었기 때문이다.

경제가 성장함에 따라서 수많은 다양한 재산권의 개념도 새롭게 제도화되었고 경제활동에 필요한 법제도 및 정부행정도 갖추게 되었다. 즉 민간 경제주체가 自生的동기에 의해서 스스로 경제활동을 영위해도 무리없는 경제·사회여건이 조성되기 시작했다는 말이다. 그만큼 정부가 전략적 정책을 통해서 민간의 경제영역에 개입할 여지가 축소되었다는 것을 의미한다.

그렇다면 앞으로 정부가 해야 할 일은 무엇인가? 과거의 정부역할이 민간경제주체가 해야할 투자의 방향을 지시하고 이를 성취시키기 위해서 지원제도를 만들고 하는 적극적 개입의 역할(role player)이었다고 한다면, 이제 앞으로 정부가 해야 할 역할은 자생적 동기에서 출발하는 민간 경제주체의 활동이 경제의 모든 문제를 해결하도록 하되 공정한 경쟁질서의 원칙에 따라 이 과정이 이루어질 수 있도록 규칙을 정하고 이를 엄격히 집행하는 역할(rule setter)이어야 한다. 즉 법치(rule of law)의 환경을 마련하는 일이다.

그렇다면 향후 정부정책을 향도해나갈 法治主義의 내용은 무엇이어야 하는가? 그것은 사회구성원 개인의 자유를 보장하는 것을 대전제로 하여야 한다. 개인의 자유가 법에 의해서 만들어지는 것이 아니다. 법은 개인의 자유가 보장된 자발적 활동이 구축하게 될 自生的 질서가 충분히 발현되도록 하는 목적에서 만들어져야 한다. 법이 개인활동의 자유를 구속한다면 그것은 자생적 질서가 안정적으로 유지되도록 하는데 필요한 최소한의 내용(prudential regulation)이어야 한다.

이러한 방향을 세우고 보면 앞으로 정부가 성취해야할 과업이 만만치않음을 알 수 있다. 즉 과거의 정책 패러다임에서 미래의 패러다임으로 변환을 꾀한다는 것은 엄청난 제도개혁작업을 수행해야 함을 의미한다. 그러나 제도개혁작업의 방향만은 뚜렸하다. 그것은 사회의 모든 부문에서 「公正한 競爭秩序」를 세우는 것이다.

가장 분명한 公正한 競爭秩序는 시장메카니즘이다. 따라서 시장메카니즘이 만들어질 수 있는 부문에는 이것이 건실하게 만들어질 수 있도록 새로운 제도를 만들고 과거체제형의 제도를 정비해주어야 한다. 예컨대 금융시장, 노동시장, 법률서비스시장, 교육서비스시장 등이 그것이다.

시장메카니즘은 아니지만 公正한 競爭秩序를 세울수 있는 수많은 분야가 존재한다. 정치가 그 대표적 분야이다. 정권교체를 전제로 한 정당간의 공정경쟁질서를 확립함으로써 국정운영에 비효율과 부정이 깃들 소지를 없애야 한다. 중앙정부의 행정권은 지방정부로 상당한 부분 이양되어야 한다. 그래서 직접적으로 주민이 서비스 質을 평가할 수 있는 체제로 전환되어야 한다.

교육행정이 準則主義로 전환하여 교육공급자들간의 경쟁질서를 확립해야 한다. 정부 인사행정도 과거의 고시공채-순환보직, 년공서열의 원칙에서 탈피하여 전문성, 능력을 기준으로 하는 경쟁원칙에 입각한 전문직공채, 발탁인사행정으로 전환되어야 한다.

제도개혁작업의 가장 중요한 부분은 시장메카니즘이 정상적으로 그리고 효율적으로 작동할 수 있도록 제도적 여건을 조성해주는 작업이다. 무엇보다 물가안정이 중요하다. 이것은 바로 과거 개발년대의 인플레-투기 패러다임에서 벗어나는 데 요구되는 필요조건이기 때문이다. 규제와 인허가 행정을 개혁함에 있어서 원칙이 許可事項列擧主義(positive-list system)가 아니라 禁止事項列擧主義(negative-list system)라는 점이 분명해야 한다.

회계처리의 투명성이 보장되어야 시장경제가 활기를 찾을 수 있다. 재벌의 결합재무제표작성은 이점에서 중요한 의의가 있다. 시장경제정상화를 위해서는 건전성규율이 필요하다. 이점에서 재벌의 계열기업 상호지급보증제도는 허용되지 않아야 된다.

예외와 감면을 폐지하고 세제구조를 단순화하는 내용의 세제개혁이 이루어져야 시장경제가 활성화된다. 정부公社는 과감히 민영화되어야 한다. 전체를 민영화하기 힘들 때는 분할해서 민영화를 시도해야 한다. 시장의 진입퇴출을 어렵게 하는 규제를 제거해서 시장기능이 회복되도록 해야 한다. 특히 대외경제정책에서 과감한 개방이 추진되어 경쟁이 촉진되고 시장규모가 확대되는 효과를 얻을 수 있어야 한다.

참고문헌

Coase, R., "The Nature of the Firm" , *Economica*, 1937.

Coase, R., "The Problem of Social Cost", *Journal of Law & Economics,* 1960.

Hayek, Friedrich A., *The Constitution of Liberty,* The University of Chicago Press, 1960.

__________., *Law, Legislation and Liberty*, Routledge & Kegan Paul, 1979.

Euken, Walter, *Grundsatze der Wirtschaftpolitik*, Tubingen, 1952(6 Auflage [1990]).

Locke, John, *The Second Treatise of Government(*시민정부론), 이극찬 역, 연세대출판부, 1975.

Milgrom, Paul and John Roberts, *Economics, Organizaztion and Management*, Prentice Hall, 1992.

North, Douglass, *Institutions, Institutional Change and Economic Performance: Political Economy of Institutions and Decisions*, Cambridge, 1990.

Posner, Richard A., *Economic Analysis of Law*, Little, Brown and Company, 1992.

Rhee, Sung-Sup, "A Contribution to the Theoretical Foundation of Industrial Policy: Institutionalist approach to the Analysis of Industrial Policy and Case Studies on Japanese Economy", mimeograph, 1993.

Rhee, Sung-Sup and Se-Il Park, "Institutional Structure, Industrial Policy and Technological Enhancement", mimeograph, 1993.

Smith, Adam, 『도덕감정론(The Theory of Moral Sentiments)』, 박세일 민경국 공역, 비봉출판사 1996.

Wegner, Gernard, " Economic Policy From an Evolutionary Perspective : A New Approach", *Journal of Institutional and Theoretical Economics(JITE)* Vol. 153, No. 3. September, 1997.

The World Bank, *The East Asian Miracle: Economic Growth and Public Policy*, Oxford University Press, 1993.

Wiggins, Steven N., "The Economics of the Firm and Contracts : A Selective Survey", *Journal of Institutional and Theoretical Economics(JITE)* Vol.147, 1991.

세계경제연구원, 『한국의 금융개혁』 1997.

[부표1-1] 한국 경제성장 과정의 주요 경제변수 단위: %

	1인당 GNP : US $	실업률: %	주요도시 지가 상승률	GNP성장률 (연평균)	제조업 성장률 (연평균)
1953	67				
1954	70			−5.1	18.1
1955	65			4.5	21.3
1956	66			−1.4	15.2
1957	74			7.6	7.1
1958	80			5.5	10.3
1959	81			3.8	9.2
1960	79			1.1	8.2
1961	82			5.6	4
1962	87			2.2	11.7
1963	100	8.1		9.1	16.1
1964	103	7.7	50	9.6	9.9
1965	105	7.3	35.3	5.8	20.5
1966	125	7.1	41.4	12.7	17.3
1967	142	6.1	43.6	6.6	21.6
1968	169	5	48.5	11.3	27.2
1969	210	4.7	80.7	13.8	21.6
1970	253	4.4	29.7	7.6	19.9
1971	289	4.4	33.4	8	18.6
1972	319	4.5	7.5	4.6	14

	1인당 GNP : US $	실업률: %	주요도시 지가 상승률	GNP성장률 (연평균)	제조업 성장률 (연평균)
1973	396	3.9	5.8	12.6	29.5
1974	541	4	18.7	8	17.2
1975	594	4.1	25.5	6.1	12.4
1976	802	3.9	24.9	11.9	23.5
1977	1011	3.8	50	10.1	15.3
1978	1400	3.2	79.1	9.4	22.2
1979	1647	3.8	22	6.8	10.1
1980	1597	5.2	17	−3.9	−1.6
1981	1741	4.5	7.1	5.5	10.1
1982	1834	4.3	5.6	−7.5	6.9
1983	2014	4.1	31.7	12.2	15.3
1984	2187	3.8	21.6	8.5	16.9
1985	2242	4	7.8	6.6	6.2
1986	2568	3.8	6.4	11.9	19.5
1987	3218	3.1	13.9	12.3	19.5
1988	4295	2.5	29.8	12	13.8
1989	5610	2.6	30.5	6.9	4.2
1990	5883	2.4	27	9.6	9.7
1991	6757	2.3	13.5	9.1	9.1
1992	7007	2.4	−2.6	5	5.1
1993	7513	2.8	−8.1	5.8	5
1994	8483	2.4	−0.8	8.2	10.4

자료: 한국은행, 국민계정, 각호 통계청, 주요경제지표, 각호

[부표1-2] 한국 경제성장 과정의 주요경제 변수 단위: %

	수출성장률 (연평균)	인플레이션률 (GNP디플레이터)	은행대출금리	회사채 수익률	실질임금상승률 (연평균)
1953	42.81		18.3		
1954	−36.78	31.8	18.3		
1955	−29.48	62.1	18.3		
1956	42.94	34	18.3		
1957	−22.92	22.2	18.3	46.8	
1958	−11.28	−1.3	18.3	34.8	8.21
1959	14.45	1.3	17.5	27.6	6.98
1960	66.16	11.7	17.5	33.6	−12.55
1961	21.58	14	17.5	30	−1.99

	수출성장률 (연평균)	인플레이션률 (GNP디플레이터)	은행대출금리	회사채 수익률	실질임금상승률 (연평균)
1962	37	18.4	15.7	21.6	−11.88
1963	58.39	29.3	15.7	24	−14.90
1964	38.25	30	16	22.8	−7.98
1965	46.33	6.2	26	22.8	12.34
1966	42.60	14.5	26	28.8	3.34
1967	33.67	15.6	26	30	6.91
1968	45.29	16.1	25.2	32.4	10.40
1969	35.37	14.8	24	31.2	19.37
1970	34.01	15.6	24	31.9	11.29
1971	28.35	13	22	26	2.42
1972	48.06	17.2	15.5	22.9	0.28
1973	95.13	13.7	15.5	21.8	−2.22
1974	38.02	31	15.5	21	0.86
1975	10.81	25.7	15.5	20.1	3.78
1976	56.20	22.5	18	20.4	13.01
1977	28.56	16.2	16	20.1	15.86
1978	26.52	23.5	19	21.1	11.53
1979	15.69	20.2	19	26.7	8.09
1980	17.07	24.3	20	30.1	−0.89
1981	20.08	17.3	17	24.4	3.39
1982	1.01	6.8	10	17.3	8.97
1983	11.13	5.6	10	14.2	5.43
1984	13.49	5.4	11.5	14.2	3.31
1985	0.41	4.7	11.5	14.2	4.52
1986	28.26	4.8	11.5	12.8	3.43
1987	36.36	6.9	11.5	12.6	3.24
1988	28.97	5.3	13	14.2	10.18
1989	2.95	10	12.5	15.2	11.11
1990	2.79	10.2	12.5	16.5	8.61
1991	10.23	10.2	12.5	18.9	7.29
1992	8.03	6.1	12.5	16.2	9.09
1993	7.69	5.1	12.5	12.6	7.08
1994	15.72	5.4	12.5	12.9	7.30

자료: 한국은행, 국민계정, 각호

7 IMF경제위기 責任究明 - 무엇을 할 것인가?[1)]

I. IMF환란 責任究明 보다 경제위기의 原因究明을

왜 우리가 IMF경제위기를 맞게되었는가? 어떤 특정한 사람이 잘못해서 그렇게 되었는가? 혹은 어떤 특정한 정책이 잘못되어서 그렇게 되었는가? 이 문제에 대한 해답에 대해서는 대체로 일반의 시각이 일치하고 있다. 그것은 우리가 살아온 사회·경제 체제(system)의 실패의 결과라는 것이다. 즉 어떤 특정한 개인이 실수해서 또는 어떤 특수한 상황에 의해서 초래된 결과가 아니다.

그러면 IMF경제위기를 낳은 사회·경제 체제는 어떤 체제인가· 한마디로 그것은 「自己責任原則」이 작동하지 않는 사회·경제체제 즉 '자기가 한 일에

1) 경실련 포지션 논문, 1998년 11월.

대해서 책임을 지지 않아도 되는' 사회·경제 체제이다. 사회 구성원(경제주체 및 정치주체)이 모두 자기 私利(개인의 영리와 출세)를 도모하지만 그러한 행동의 결과로 나타나는 책임과 부담은 남(또는 자신이 속한 집단)에게 미룰 수 있는 사회·경제 체제를 말한다.[2] 결국 이렇게 전가된 부담은 공동체 사회에 부담으로 누적적으로 쌓이게 되고 이것이 IMF환란을 맞이하여 폭발하게 된 것이다.

다시 말하자면 IMF환란을 맞았다고 하더라도 사회 구성원 모두가 '자기 한 일에 대해서 스스로 책임을 지는' 自己責任의 原則을 준수하는 사회·경제 체제에 살고 있었더라면 개별 경제주체의 不實은 그 경제주체의 책임범위로 국한되게되고 그것이 사회 전체의 不實로 연결되지 않는다. 즉 IMF환란은 국가경제 전체의 경제위기로 연결되지 않게 되는 것이다.

외환위기, 즉 換亂은 외화보유고의 운용 상의 잘못 또는 환률정책의 실패와 같은 정책적 실패의 결과로 나타날 수 있다. 또한 換亂은 국제금융시장의 자본이동의 불안정성으로 인해서 한나라의 입장에서는 불가항력적인 요인도 지니고 있다. 문제는 대외적 원인에 의해서 발생한 환란이 왜 그리고 이렇게 심각하게 국내경제의 위기로 발전하게 되었는가 하는 것이다.

II. 官治主義 체제가 근본적 원인

대외적 원인에 의해서 발생한 환란이 이렇게 심각하게 국내경제의 위기로 발전하게 된 이유는 自己責任의 原則이 지켜지지 않는 사회·경제 體制 때문

2) 공정한 경쟁사회의 질서란 개별 경제주체 또는 정치주체가 私利를 도모하지만 그러한 행동의 결과에 대해서 책임을 지는 체제를 의미한다. 즉 自己責任의 原則이 지켜지는 체제를 말한다.

이라는 점은 이미 지적되었다. 그러면 왜 自己責任의 原則이 지켜지지 않는 사회·경제 體制가 나타나게 되었는가? 그 근본적 원인은 한마디로 말해서 官治主義이다.

관치주의란 準則이 아니라 官의 行政裁量에 의해서 움직이는 사회·경제 체제를 말한다. 관치주의 체제에서 사회·경제체제를 움직이는 주권은 官에 속하게 된다. 반면에 民 즉 경제주체, 정치주체 그리고 사회구성원은 從의 입장에 놓이게 된다.

從의 입장 즉 피동적 입장에 놓인 사람이 취할 수 있는 반응은 機會主義이다. 기회주의적 반응이란 '私利를 도모하지만 그러한 행동의 결과로 나타나는 책임과 부담은 남(또는 자신이 속한 집단)에게 미루는 행위'를 말한다. 우리사회의 불신풍조도 결국 관치주의의 소산인 셈이다.[3)]

官治主義로 만들어진 취약한 사회·경제체제 속에서 외환관리의 실패와 국제금융시장의 불안정성으로 시작된 환란은 심각하게 국내의 경제위기로 전파되었다.

관계부처의 지시에 의해서 중요한 결정이 모두 이루어지는 체제에서 사업단위의 경제주체들(예컨대 은행의 임직원들은) 그 사업단위의 주체로써가 아니라 피동적 입장에서 기회주의적으로 행동하게 마련이다. 그 결과 각 사업단위의 경영은 不實化되었고 그 不實은 결국 사회적 비용으로 전가되었다. 따라서 환란과 같은 비상상황에서 각 사업단위의 經營不實은 치명적으로 노출되게 마련이고 결국 환란에 의해서 증폭된 엄청난 不實이 국민부담

---

3) 어떻게 해서 '자기가 한 일에 책임을 지지 않아도 되는' 체제가 나타나게 되었는가? 그것은 자기가 하는 일에서 주체적인 입장에서 일을 처리하지 못하기 때문에 발생하는 여건에서 나타나는 일종의 도덕적 위해(moral hazard) 현상이다. 사람은 종속적 입장에 놓이게되면 기회주의적으로 행동하게 되며 개인적 이득을 추구하는 행위를 일으키되 그 부담은 자신의 소속기관에 떠넘기는 행위를 하게 된다.

으로 전가되었다. 이것이 IMF 경제위기의 진상이다.

만약 자기책임 원칙이 작동하는 사회·경제체제였다면 각 산업단위의 임직원은 주체적으로 행동하게 된다. 예컨대 관치금융이 청산된 체제 즉 자기책임의 원칙이 작동하는 체제에서 금융기관은 금융기관간의 경쟁질서에 속에서 생존을 위한 효율적 경영을 도모하게 마련이다. 설령 어느 금융기관이 不實化되었다고 하더라도 그 不實化의 책임은 그 금융기관에 부담이 귀속되기 때문에 그 금융기관이 퇴출되면 그것으로 문제가 해결된다. 즉 개별 사업주체의 不實化가 사회전체의 문제로 파급되지 않는다. 또한 개별 사업단위의 임직원들은 책임경영을 하기 때문에 피동적인 입장에서 경영을 할 때 보다 훨씬 금융경색 상황에서 발생할 위험에 준비가 되어있다고 볼 수 있다. 따라서 환란이 국가경제전체의 위기로 확산될 위험은 적다.

이상의 사실은 IMF위기에 대한 責任究明 작업이 '왜 외환위기(또는 환란)가 발생하게 되었는가'를 究明하는 데 초점을 맞추기 보다 '왜 우리사회가 自己責任원리가 작동하지 않는 사회·경제체제로 되었는가'를 究明하는 데 초점을 맞추어 추진되어야 함을 말해준다.

III. 관치금융과 금융산업의 不實化

관치금융의 대표적인 예가 금융기관의 도덕적 위해 행위이다. 정부(당시 재경원)가 은행임원의 인사, 점포의 신증설, 상품개발, 금리결정, 여신에 대한 지침 등 금융업의 모든 주요업무에 대해서 재량적 지시를 내리고 있던 당시의 상황에서 은행 등 금융기관이 자율적으로 업무를 처리할 수 있는 여지는 극히 제약되고 있었다. 피동적일 수밖에 없는 금융기관의 입장에서는 모든 업무의 처리에 있어서 재경원의 지시에 충실하게 마련이고 '재경원의 의도가 무엇이가' 하는 식의 눈치를 살피게 마련이다. 이러한 상황에서 자율적 경영은 나타날 수 없다.

어짜피 자율경영이 허용되지 않는 여건이고 보니 은행경영은 機會主義的으로 흐르게 마련이다. 금융기관 경영이 不實化 되건말건 금융기관 임원은 재경원의 지시사항을 충실히 이행하게 마련이다. 은행임원의 관심사는 자신의 보직 뿐이고 다만 자신의 임기중에 사고가 발생하지 않으면 된다는 식의 행동을 하게 마련이다.

이런 위험한 여건에서 무리한 경영을 하자니 자신과 개인적 연고를 가진 사람을 중요부서에 배치하는 인사정책을 쓰지 않을 수 없게 된다. 기업여신도 좋은 사업성을 가진 기업을 발굴해내는 것이 아니라 국가도 망하게 하지 못할 만큼 덩치가 커버린 재벌에 신용심사도 없이 무작정 대출해주는 정책을 취하게 된다. 그리고 자신의 임기중에 문제가 없기만 기원하는 것이다.

이러한 관치금융의 혼란 중에 정치인의 압력이 작용할 소지가 발생하게 된다. 또한 금융기관의 임직원들은 그들대로 그들이 속한 금융기관의 財政不實化에 아랑곳하지 않고 개인적 영리와 이권을 추구하게 된다. 예컨대 은행원에 대한 장기저리의 주택자금 융자, 방만한 경영 등이 그것이다.

결국 문제의 핵심은 금융기관의 경영진이 독립적인 위치에서 경영을 하지 못하고 관치금융의 구도에서 피동적 입장에서 경영을 할 수밖에 없었기 때문에 발생한 것이라고 지적할 수 있다.

금융기관에 대한 관리가 自己責任 原則이 적용되지 않는 식으로 이루어지다 보니 각종의 이해관계집단이 이 틈을 비집고 들어올 수 있는 여지가 만들어지게 되었다. 정치적 압력을 동원한 재벌, 중소기업 지원 또는 산업지원이란 정책적 명목을 붙인 정책자금의 사용자들 등 온갖 사회구성원이 온갖 구실을 붙여 '인위적으로 낮게 책정된 금리의 값싼 금융권여신' 을 얻어 쓰기 위하여 아우성을 치게 되었다.

제도권 금융의 여신을 얻기 위한 이 경쟁에서 챔피언은 단연 재벌이다. 재벌은 정치권과의 관계를 동원하여 금융권에서 거부할 수 없는 압력을 행사하였다. 금융권의 입장에서도 높은 사업 리스크를 수반하는 중소기업에 돈을 빌려주고 마음졸이는 것보다 감히 정부로써도 망하게 할 수 없는 재벌에 돈을 빌려주는 것이 마음 편하였다.

따라서 재벌은 쉽게 금융권 자금을 동원할 수 있는 입장에 서게 되었고 값싼 자금을 쉽게 동원할 수 있다보니 방만한 확장경영에 빠지게 된 것이다. 결국 방만한 경영을 되풀이 하던 재벌이 不實化을 되었고 따라서 금융기관도 동반 不實化에 이르게 되었다.

이제 IMF경제위기를 맞이하여 금융구조조정을 하기 위해서 금융권의 不實을 국가 재정부담으로 털어 줄 수밖에 없는 처지가 되었다. 즉 금융권의 不實을 국민이 세금을 지불하여 탕감해주어야 하게 되었다.

IV. 비금융분야의 관치주의 행정과 不實化

행정지시를 받아서 움직이는 사업단위가 不實化되는 것은 비단 금융권에만 국한된 문제가 아니다. 경쟁질서 속에서 이루어져야 할 의사결정이 정부 관계부처의 行政裁量에 의해서 행정부 지시사항으로 대체되는 경우에는 언제나 발생하는 문제이다. 예컨대 公企業과 같이 정부의 행정관리에 의해서 운용되는 사업단위 부문은 不實經營의 비용부담이 공기업 경영을 책임맡은 사람에게 귀착되는 것이 아니다.

따라서 공기업 경영책임을 맡은 임직원은 공기업경영을 견실하게 하는 데 관심이 있다기보다 '견실한 경영인 척' 하는데 관심이 있을 뿐이며 본인의 자리보전과 임기 중에 무사고 경영에만 관심을 가지게 된다. 따라서 공기업 경영은 不實하게 되기 마련이다. 이것이 바로 '자기가 한 일에 책임을 지지 않아도 되는 체제' 이다. 공기업을 不實하게 운영한 책임은 사회의 부담으로 전가되게 마련이며 결국 국민의 부담으로 전가되는 것이다.

정부발주공사의 경우도 마찬가지 논리로 不實經營을 낳게 된다. 대표적인 사례가 경부고속철도의 건설이다. 이 문제는 차후 다시 언급하게 된다.

비록 행정재량에 의해서 지시에 따라 움직이는 사업단위는 아니라 하더라도 경쟁의 강도가 약해서 공급자 독점시장이 형성된 경우에는 비효율적인 서비스 공급체제로 인한 비용부담을 서비스 소비자가 감당하게 된다. 대표적인 사례가 교육 서비스와 사법서비스이다.[4), 5)]

---

4) 교육기관이 교육서비스 공급을 놓고 교육소비자를 대상으로 서비스 경쟁을 하는 체제에 있지 못하고 교육부에서 설립인가, 정원 및 프로그램인가를 통하여 행정재량으로 교육서비스 공급체제 속에서 자리잡고 있는 경우에 관치주의 교육행정으로 인해서 발생한 不實化가 학교기관의 不實化보다는 질 낮은 교육서비스, 고비용의 교육서비스공급의 형태로 교육소비자에게 전가되어 발생하게 된다. 교육공급자의 그룹 이기주의에서 출발하는 교육공급자 위주의 교육제도는 그 '제도적 비효율성의 부담을 열악한 교육서비스의 형태로 사회공동체에 전가' 하고 있는 것이다.

5) 사법서비스의 경우에도 사법서비스 공급체제가 사법서비스 공급자(변호사)들 사이에 서비스경쟁을 통하여 이룩되어 있는 것이 아니다. 司試제도에 의해서 인위적으로 법조 전문인력의 공급이 규제됨으로써 공급자위주의 시장이 구축되고 따라서 사법서비스 공급체제가 공급자 위주로 확립되어 있다. 그 결과 사법서비스의 질적 수준은 열악하데 비하여 소비자가 지불하는 비용은 터무니없이 높다. 관치주의로 초래된 사법서비스 공급체계의 이러한 不實은 열악한 사법서비스 그리고 소비자의 고비용 부담이라는 형태로 서비스 소비자에게 전가되고 있다. 열악한 사법서비스와 재판과정의 고비용 체제 때문에 사회의 분쟁조정 그리고 경제적 구조조정이 그만큼 비효율적으로 진행된다. 결과적으로 사회전체가 비효율적인 사법서비스 공급체제로 인한 비용을 부담하고 있는 형국이다. 그만큼 우리 사회의 경쟁력은 열악해지게 된다. 변호사 공급을 제한하고자 하는 사적 동기에 의해서 만들어진 사법서비스 시장의 결함으로 인해서 높은 비용과 열악한 서비스라고 하는 부담을 안게 되는 것은 여타 공동체 구성원이 된다.

우리 사회에서 '자기가 한 일에 책임지지 않는' 대표적인 집단이 정치집단이다. 그런 의미에서 IMF경제위기의 상당한 부분은 잘못된 정치체제에 기인한다.[6)]

V. 1차적 책임은 관치주의 체제에

책임을 전가할 수 있는 위치에 있던 거의 모든 경제주체가 한편으로 개인적 이득을 추구하고 다른 한편으로 그 부담을 자신이 속한 기업, 공기업, 정부에 떠넘겼다. 그 결과 모든 不實의 부담이 국가공동체로 전가되어 결국 국민부담으로 귀결되게 된 것이다.

그러나 이 논리가 대부분의 사회구성원이 IMF 경제위기에 책임이 있다는 식의 책임자 부재론으로 희석되어서는 안된다. 이 책임관계에서는 원인과 결과가 구분되며 보다 크게 책임을 느껴야 할 주체와 그 보다 책임의 비중이 작은 주체를 구분하는 것이 가능하다.

官治主義는 경제주체가 自己責任 原則에 의해서 자율적 의사결정을 하도록 하는 체제가 아니라 경제주체의 의사결정이 行政裁量에 의해서 즉 행정감독관청의 지시에 의해서 타율적으로 이루어지는 체제이다. 이 체제에서 의사결정의 주체는 행정관청이 되며 경제주체는 의사결정과정에서 피동적인 입장에 놓이게 된다.

---

6) 관치주의가 '자기가 한 일에 책임을 지지 않는' 체제를 만드는 근본원인이다. 여기서 말하는 관치주의란 행정의 재량으로 의사결정이 이루어지는 체제를 의미한다. 따라서 관치주의의 對句는 법치주의이다. 혹자는 관치주의가 잘못이 아니라 정치인의 잘못으로 초래되는 政治주의가 더 큰 책임이 있다고 지적한다. 그러나 이것은 잘못된 지적이다. 관치주의란 관료집단에 의해서 의사결정이 이루어지는 것을 의미하는 것이 아니라 행정재량의 여지가 존재하는 상태를 의미한다. 법치주의가 엄격히 실시된다면 모든 것이 준칙으로 처리되며 행정재량이 끼어들 여지가 존재하지 않게 된다. 정치인의 잘못도 행정재량의 여지를 통해서 나타나는 것이다. 따라서 정치주의란 말은 맞지 않다.

IMF경제위기의 근저에는 관치행정의 지시를 받는 각 사업단위의 不實化가 자리잡고 있다.금융기관의 不實化, 공기업의 不實化, 경부고속철과 같은 관급공사의 不實化, 교육, 사법, 보건, 사회복지에서와 같이 행정의 잘못에 따른 공공서비스 공급체제의 不實化 등이 모여서 IMF경제위기를 만든 것이다.

이것은 경제위기가 근본적으로 '각 사업단위별로 자기책임원리가 작동하는 체제' 가 만들어지지 못했기 때문에 발생한 현상이라는 말해준다. 즉 사업단위의 경영을 맡은 경영진이 그 사업단위의 의사결정 주체로써 행동하지 못하고 행정부의 지시에 의해서 움직이는 피동적 입장에서 행동하였기 때문에 기회주의적으로 행동할 수밖에 없었다. 그리고 그 과정에서 자신에게는 유리하나 사업단위에게는 不實化의 원인이 되는 도덕적 위해를 끼치는 행동도 하게되어 사업단위의 不實化는 가속화되게 된 것이다.

그렇다면 '각 사업단위별로 자율적인 의사결정 체제' 가 이루어지도록 사업단위별로 자율성을 부여하고 그 사업단위는 시장경쟁원리에 입각해서 책임경영을 통한 경영효율화를 도모하지 않으면 안되게끔 「공정경쟁질서가 작동하게 제도적 여건」과 「공정경쟁질서 유지를 위한 건전성감독을 하는 체제」를 마련했어야 하는 것이 정부의 본분이었다.

지금까지 우리정부는 이러한 체제를 만드는 데 실패하였고 오히려 반대로 행정재량을 통하여 사업단위운영에 대한 통제권을 강화하려 하였다. 그 결과 정부는 이러한 자율적 의사결정의 주체들 간에 이루어지는 경쟁질서체제가 경제 각분야에서 생성되는 데 오히려 방해가 되는 일을 하였다.

이런 의미에서 각 사업부서의 不實化에 대한 일차적 책임은 그 사업부서의 관리자와 그 사업부서를 행정관리한 상위행정부처에 있다고 할 수 있다. 이들이 경제주체간에 형성된 경쟁질서에 의해서 사회·경제 각분야의 체제가 운영되도록 하는 제도적 여건이 조성되는 것을 방해한 자들이기 때문이다. 이들이 IMF경제위기의 가장 큰 책임을 져야 할 자들이다.

VI. 4가지 분류에 따른 IMF위기 責任究明

그러면 이러한 논리에 입각한 접근을 통하여 여하히 실질적으로 경제위기의 책임자를 구분해낼 수 있을 것인가? 가장 실질적인 접근방법은 사업단위별로 발생한 경제적 不實로부터 각 不實事案을 조사하는 것으로 출발하여 그 不實의 원인요인을 구명하고 不實이 발생하도록 원인을 제공한 책임자들을 밝혀내는 접근방법이다. 궁극적으로 이 추적작업은 그러한 不實을 발생시키도록 제도적 여건을 조성한 관치행정을 문책하는 단계에 까지 도달하게 된다. 사안에 따라서는 이 관치행정에 끼어들어 정치적 영향력을 행사한 정치인에까지 책임의 소재가 확장되어야 한다.

IMF경제위기를 초래한 사업단위의 不實에 대한 책임구명은 다음의 4분야의 분류를 따라 진행될 수 있다.

(1) 자기책임원칙이 적용되는 금융시장이 확립되도록 제도적 인프라를 구축하는 의무를 다하지 못한 책임

이미 지적된 바와같이 이 책임은 관치금융체제를 지금까지 끌어온 책임이다. 이 책임이 추궁되어야 하는 이유는 정부가 이 의무를 다하지 못한 결과

경제위기의 가장 중요한 요인인 금융기관의 엄청난 不實금융이 만들어졌기 때문만이 아니다. 더 중요한 것은 관련부처 예컨대 재경원이 관치금융을 자신의 권한영역이라고 생각해서 그 권력을 놓지 않으려고 끝까지 금융기관에 경영자율성을 보장하고 금융자원배분이 금융시장의 시장메커니즘으로 이루어지도록 하는 제도적 인프라를 구축하는 작업 즉 금융개혁에 반대하고 저항하였다는 점이다.

이 책임은 5공정부 시절까지 거슬러 올라가야 하며 그 시기 이래로 재경원(또는 재무부 및 기획원)을 경영해온 장관과 관련 부서장들, 예컨대 금융정책실, 청와대 경제수석실에 책임이 물어져야 한다.[7] 또한 제1금융권의 감독책임을 맞고 있는 은행감독원, 제2금융권의 감독책임을 맡고있는 재경원 내 관련부서, 그리고 증권 및 보험회사의 감독을 맡고있는 증권감독원, 보험감독원이 금융개혁을 추진하지 않은 책임의 다른 일단을 져야한다.

외환위기를 국가전체의 경제위기로 전파시킨 고리가 금융위기였다는 점에서 금융기관의 不實은 IMF경제위기의 뇌관의 역할을 했다. 만약 우리가 발달된 선진형 금융시장을 가지고 있었다면 외환위기가 금융산업의 不實로 연결되었을가? 대답은 결코 그렇지 않다는 것이다. 우리 금융산업이 발달된 선진국형의 금융경영을 이룩하고 있었다면 외환위기도 나타날 수 없고 외환위기가 있었다고 하더라도 개별금융기관별로 不實처리가 이루어져서 국가경제의 위기로 파급되지 않으며 설사 금융不實현상이 나타난다고 하더라도 이렇게 국가경제가 함몰하는 사태로 연결되지 않는다.

7) 학자에 따라 시기구분에 차이가 있을 수 있겠으나 관치금융의 폐해가 여실히 드러나기 시작한 시기는 대체로 5공 이후로 볼 수 있다. 이미 중화학공업화 과정에서 관치금융의 폐해는 증명되었다. 따라서 5공이후 금융개혁을 적극 추진하지 않은 책임은 관계부서인 재경부 (당시 재무부)에 있다.

(2) 재정지원을 받은 금융기관의 不實내역을 사안별로 조사하고 책임규명

금융감독위원회가 금년3월말 현재 시점에서 계산한 금융권의 不實채권 현황은 약 81조원으로 추산되었으나 부실채권액수는 계속증가하고 있다. 이 不實채권을 정리하기 위해서 65조원에 달하는 재정부담이 이루어져야 하는 것으로 보도되고 있다. 국민이 1인당 150만원 이상의 세금부담을 해야 한다는 것을 말한다.

자기 회계책임 하에서 이루어지는 민간사업단위의 不實도 그것이 국민경제에 부담을 준다면 공동체 안정을 유지하기 위한 논리로써 그 不實 민간사업단위에 대해서 책임을 물을 수 있다. 더욱이 자신의 사업단위 재무不實의 정리를 국고에서 지원해주는 경우에 있어서는 그 사업단위가 왜 不實경영을 하게 되었는지를 반드시 밝혀야 한다. 국민의 세금으로 개별 사업단위의 不實을 정리해주어야 한다면 그 사업단위의 不實이 왜 발생하였는지 그리고 왜 국민의 세금으로 이것을 정리해주어야 하는지 반드시 그 이유를 국민에게 설명해야 하기 때문이다.[8)]

또한 이것은 미래 그 사업단위의 건전경영을 위해서도 필요하다. 예컨대 금융기관의 不實내용을 사안별로 조사하여 왜 不實이 발생했는지 원인요인을 밝히고 책임자를 문책하는 작업은 마치 그 금융기관의 미래 건전경영을 확보하기 위해서 개별사안에 있어서 무엇이 올바른 것인가 하는 관례를 확립함으로써 금융기관의 건전경영을 이룩하기 위해서 지켜야 할 준칙을 확립해가는 과정이라고 할 수 있다.

---

8) 개별사업단위의 不實을 국민세금으로 정리해주는 경우 그 산업단위의 不實이 초래된 원인요인을 밝히고 책임자를 문책하는 것은 국회가 반드시 수행해야 할 본연의 역할이다.

이 문책과정을 거침으로써 정치인, 관계부처의 행정관료, 금융기관임원, 대주주, 일반직원 등에 의해서 자행되어왔던 금융기관의 不實化를 촉발했던 부도덕한 행위들이 반드시 법의 심판을 받게 된다는 사실을 분명히 함으로써 같은 부도덕한 행위들이 재발되지 않도록 할 수 있다.[9), 10)]

보다 구체적으로 말하자면 금융기관별로 일정금액 이상(예컨대 1억원이상)의 부실채권에 대해서는 사안별로 부실여신의 책임이 누구에게 있는지를 구분해낼 수 있다. 해당 금융기관별로 이를 보고하게 할 수 있다. 또한 이러한 부실에 대해서 이 금융기관의 감독책임을 맡고 있는 감독기관의 감독임무 소홀의 책임을 추궁할 수 있다.

(3) 비금융 분야에서 국민에게 재정부담을 준 사업단위의 不實化에 대한 내역조사 및 책임자 문책

대표적인 사례가 경부고속철 사업이다. 1990년 사업계획이 마련될 당시 공사는 1991년부터 1998년까지 7년 4개월간 5.8조원의 공사비가 소요될 것

9) 모든 금융기관에서 개별 不實사안을 밝히고 그 不實의 원인요인을 규명하며 관련자들을 문책하는 작업은 방대한 작업이다. 그러나 이것은 반드시 필요한 작업이다. 미국의 부시행정부 시절 저축대부조합(S & L: Savings & Loans Association)이 不實化되어 미국경제에 어려움을 준 적이 있다. 미국정부는 약 7~8천억불에 달하는 정부자금을 지원하여 저축대부조합의 不實을 정리하였다. 그때 미국의 신탁정리공사(RTC)에서는 수년에 걸쳐서 개별不實사안을 조사해서 1800명에 달하는 당해 금융기관의 임직원, 변호사, 회계사들을 고발하였다. 그중 1500여명이 유죄판결을 받았으며 이들은 그 不實의 책임을 보상하기 위해서 개인재산까지도 변상해야 했다. FBI는 이 수사를 수행하기 위해서 300여명의 직원을 추가로 고용했다고 한다.
미국이 이렇게 금융기관의 不實 사안에 엄격한 법의 논리를 적용하는 것은 금융기관의 건전성 경영확보가 그만큼 중요하기 때문이기도 하지만 법치질서라고 하는 것은 엄격한 법의 적용을 통해서만 확보될 수 있다는 것을 말해주는 것이기도 하다. 우리 사회에서는 법의 적용에서 이러한 엄격함이 없다. 그래서 사고가 터지면 매우 요란하지만 시간이 지나가면 다 잊어버리고 사건처리는 흐지부지되며 같은 사고가 되풀이해서 발생하게 된다.

10) 금융기관의 不實채권이 재벌들의 분식된 재무제표의 결과로 발생하였거나 정치권 또는 감독관청에 또는 정치권에 재벌이 유착관계를 형성하여 不實한 여신을 일으키도록 당해 금융기관에 압력을 가했다면 그러한 재벌의 행위는 문책의 대상이 되어야 한다. 그러나 재벌이 내부경영에서 총수가 전횡을 했다는 사실만으로는 또는 투명경영을 하지 않았다는 이유만으로는 소액주주의 대표소송의 대상이 되거나 재벌개혁의 대상이 될 수는 있겠지만 IMF경제위기의 1차적 책임자로 문책되기는 어렵다. 왜냐하면 민간 경제주체의 행위는 자기책임의 원리에 기초를 두고 있기 때문이다. 민간경제주체의 경우 不實한 경영의 책임은 경제적 손실로 본인이 부담할 수밖에 없는 것이다.

으로 계획되었다. 그러나 1997년 9월에 만들어진 2차수정안에 의하면 공사가 2005년 11월에 가서야 끝나며 공사비도 17.6조원 소요되는 것으로 되어 있다. 이러한 낭비사례가 모여서 결국 IMF경제위기를 초래한 것이다.

예산낭비 사례는 얼마든지 있다. 대부분의 공기업 운영이 이러한 不實경영의 사례이다. 공기업이 不實化되는 것은 자기책임의 원칙이 적용되지 않는 사업단위이기 때문이다. 우리나라에서 공기업 및 공공기금 그리고 정부산하단체가 쓰는 예산의 합계는 1997년기준 년간 175조원에 달한다. 여기에 정부예산 75조원을 합하면 250조원에 달하여 GDP총액의 반을 초과한다.

이것은 공공부문의 지출이 국민경제 운용의 최대의 낭비요인임을 말해준다. IMF경제위기가 본질적으로 생산한 것보다 더 많은 것을 썼기 때문이라고 한다면 공공부문의 낭비가 IMF경제위기의 중요한 원인요인이었음을 알 수 있다. 경부고속철과 같은 공공지출사업에 대한 낭비요인의 조사 그리고 공기업운영의 낭비요인의 실태조사 없이 IMF원인요인 구명은 무의미한 것이다.

더 나아가서 각종 연기금의 부실운영에 의한 국가재정의 낭비, 교육부문, 사법, 의료, 사회복지 부문의 비효율적인 서비스 공급체계가 국민경제에 준 부담은 IMF경제위기를 초래한 또 다른 공공부문의 원인요인이다.

이 부문의 不實에 대한 책임자를 어떻게 가려낼 수 있는가? 사업단위별로 발생한 경제적 不實로부터 각 不實事案을 조사하는 것으로 출발하여 그 不實의 원인요인을 구명하고 不實이 발생하도록 원인을 제공한 책임자들을 밝혀내는 실질적인 접근방법을 취할 수 있다. 또한 그 사업단위 경영에 대한 감독책임을 맡고 있는 상위감독기관에 대한 감독소홀의 책임을 추궁할 수 있다.

不實事案에 따라서는 책임자를 가리기 어려운 경우도 있을 수 있다. 그러나 사업단위 경영부실의 원인요인은 밝힐 수 있으므로 비록 책임자를 가려낼 수 없는 경우라 하더라도 조사를 통하여 무엇이 잘못된 것인지 무엇을 어떻게 고쳐야 할 지는 밝힐 수 있다.

(4) 외환관리의 실패 책임

외환관리를 소홀히 해서 IMF구제금융을 신청할 시점 외환보유고가 거의 고갈상태가 되도록 하였다는 것은 분명한 행정적 과실이다. 그러나 경제위기의 모든 현상이 마치 외환관리의 실패에 기인하는 듯이 몰아가는 것은 잘못이다.

정책적 잘못을 들자면 우선 시장평균환율제를 편의적으로 운영함으로써 신축적인 환율변동이 국제수지의 불균형을 시정하도록 하는 메커니즘이 작동할 가능성을 봉쇄한 정책적 실패를 들 수 있다. 환율이 외환시장에서 신축적으로 결정되는 메커니즘을 가지지 못하였다면 관련 정책당국은 국가수준의 외환보유고의 관리에 주의를 기울였어야 했다.

이미 IMF로부터 구제금융 제의를 받은 시점에서부터는 IMF경제위기는 피할 수 없는 경로가 된 셈이다. 물론 IMF의 구제금융 제의에 대하여 어떻게 응대하였느냐 하는 것에 따라 긴박한 상황에서 다소간 시간여유를 벌 수 있는 여지는 있었다. 따라서 이 과정을 적절하게 대처하지 못한 책임을 물어 정책담당자에 대해서 문책할 수 있다.

그러나 분명히 해두어야 할 사실은 외환위기와 경제위기는 구분되어야 한다는 것이다. 외환위기에 적절히 대처하지 못한 책임을 묻는 것까지는 좋으나 그 사람에게 경제위기의 책임까지 씌우는 것은 부당하다. 경제위기는 自己責任 原則이 작동되지 않았던 사회·경제체제의 패러다임에 그 원인요인이 있었던 것이다.

외환위기에 적절히 대처하지 못한 책임을 묻는 경우에도 국제금융시장의 대표적인 속성으로 간주되는 국제금융시장의 불안정성이 수반하는 불가항력적 여건이 고려되어야 한다.[11] 자본의 생리는 본질적으로 위험을 싫어하며 특히 국제금융시장에서 이 경향은 더욱 강하다.

따라서 위험의 가능성이 발생하면 자본이 일시에 해외로 유출되는 경향이 있다. 이 상황에서 IMF구제금융제의에 적절히 대처하지 못한 정책당국자의 실책에 모든 환란 결과의 책임을 전가한다는 것은 지나치다고 할 수 있다. 외한위기 결과의 책임은 상당한 부분은 국제투기자본의 불안정성을 통제하지 못하는 국제금융체제의 문제점에 물어져야 한다.

VII. 危機原因究明은 새로운 패러다임의 질서를 놓는 작업

경제위기의 원인이 된 개별 不實의 사안을 하나 하나 조사해서 잘못을 지적하고 책임자를 문책하는 작업은 사회·경제체제가 공정한 경쟁원리에 의해서 작동될 수 있도록 즉 사회·경제체제가 새로운 패러다임의 질서에 의해서 운용될 수 있도록 제도적 기반을 확립한다는 의미를 가진다.

---

11) 불안정한 국제금융시장의 여건에서 외환위기의 도래를 예측한다는 것은 쉽지 않다. 예컨대 국내 많은 수의 경제학자가 있으나 1997년 말의 외환위기의 도래를 미리 점친 학자는 거의 없는 실정이다. 다만 OECD가입을 계기로 국내금융시장이 개방될 것이 예상됨에 따라 국제투기자금의 불안정한 이동의 희생물이 되지 않도록 주의해야 한다는 경고를 경실련이 강력히 제기한 바 있었다. OECD가입은 추진하였으나 국내금융시장이 국제투기자금의 무방비하게 노출되는 것에 대하여 안전장치를 생각해야 된다는 경고를 무시한 정책당국자들은 1997년말 IMF의 구제금융제의에 적절히 대처하지 못한 정책당국자의 책임 못지 않은 책임을 느껴야 할 것으로 보인다.

시장의 경쟁질서가 발달된 선진형태로 만들어지기 위해서 수백년이 소요되는 것은 시장경제의 원리가 개별 사안에서 어떻게 적용되는지 하는 것이 역사적 사례를 통하여 한단계씩 확립되어야 하기 때문이다. 개별적인 사안에서 시장경제의 원리가 어떻게 적용되어야 공정한 시장의 경쟁질서가 확립되는지 하는 것이 하나 하나의 역사적 사례에서 확립되어야 하는 것이다.[12)]

IMF의 경제위기에 대한 원인구명과 책임판정을 정확히 함으로써 우리사회의 선진적 시장경쟁질서 확립을 앞당길 수 있는 기반을 마련할 수 있게 되는 것이다. 만약 경제의 어려움을 이유로 하여 경제위기의 원인구명을 기피하려 한다면 우리사회는 엄청난 위기를 경험하고도 새로운 사회·경제의 패러다임 즉 공정한 경쟁질서에 의해서 움직이는 사회·경제체제를 확립하는 계기를 마련하는 작업을 스스로 포기하는 꼴이 되는 것이다.

이것이 왜 우리가 IMF경제위기의 원인이 되는 개별 사안을 하나하나 조사하고 不實의 내용을 밝혀서 진상조사를 해야 하는지의 이유이다. 이 조사와 문책과정을 거쳐서 선진적 시장경제 메커니즘의 제도적 인프라가 구축되는 것이다.

VIII. 전문가 진상조사위원회 구성

金融不實의 정리만을 위해서도 국민은 1인당 150만원 이상의 세금부담을 떠안게 되었다. 이만큼의 부담을 국민에게 준 경제위기의 원인이 무엇인지

12) 일단 이러한 관례가 준칙으로 확립되게 되면 그 준칙은 개별사례에 대한 적용에 있어서 철저함이 있어야 한다. 규칙은 개별 경제주체의 자유로운 활동을 보장하는 내용으로 되어야 하지만 그러나 규칙의 적용은 예외를 인정하지 않는 철저함을 필요로 한다.

를 조사하는 것은 그 자체만으로도 국회의 의무이자 권한에 속한다. 한걸음 더 나아가서 국회는 IMF경제위기 원인요인 조사를 통하여 不實의 내용과 원인요인을 밝혀서 법질서를 확립하기 위한 제도개선의 방안이 무엇이지 찾아내야 한다. 국회는 이를 통하여 새로운 패러다임의 시장경쟁질서를 확립하기 위한 기초적 조건으로서의 제도적 인프라를 구축하고 시장경제 메커니즘을 선진화시킨다는 보다 차원 높은 목적을 설정하여야 한다.

이 진상조사는 국민에 부담을 준 不實을 사안별로 조사해서 잘못의 내용을 가리고 책임소재를 밝히며 정책의 오류를 지적하고 책임자의 책임의 내용을 밝히는 것이 내용으로 해야한다. 따라서 진상조사 작업은 조사대상을 선정하고 그 조사대상을 분류하는 작업 그래서 문책의 대상이 되는 사안과 정책적 개혁의 대상이 되는 사안을 정리 분류하는 작업을 주요 내용으로 한다.

이러한 진상조사 작업은 전문가들에 의해서 수행될 수밖에 없다. 국회 차원의 청문회는 이 전문가들에 의한 진상조사가 끝나고 결과보고가 이루어진 연후에 전문가들과 국회의원 사이에 이루어지는 것이 바람직한 유형이다.

진상조사단은 경제, 금융, 관급발주공사 전문, 공기업관계, 회계, 법률 등의 분야에서 종사하는 민간인 전문가로 구성되어야 하며 조사의 내용에 따라 그 분야의 조사에 필요한 전문가가 고용되어야 한다. 이러한 조사활동은 선진제도와 관습에 대한 사전적 지식을 필요로 한다는 점에서 국제기구 또는 외국경영자문업체의 전문가를 고용하는 것도 바람직하다. 이 전체의 과정이 정부조직 보다는 유수한 국내 연구기관(예컨대, 한국개발연구원)에 의해서 기획 운영되도록 조직되는 것이 바람직하다.

국회청문회가 전문성과 구체성을 결여하고 막연한 상징성에 흐르거나 당리당략에 따라서 정치적 희생양을 찾는 식으로 운영된다면 오히려 법치질서를 혼란에 빠뜨리게 되며 시장경제의 발전을 후퇴시킬 뿐이다. 희생당한 사람들은 본인들이 저지르지 않은 부분에 대한 문책을 받았다는 심리에서 법질서의 부재함을 한탄하게 된다.

반면에 조사대상이 되어야 하고 문책되어야 하나 정치성에 흐른 청문회 운영으로 조사대상에서 빠진 수많은 事案과 사람들은 면죄부를 받은 셈이 된다. 따라서 엄격하지 못한 법질서 속에서 다시금 시장경제의 효율적 운영을 저해하는 법질서 위반행위가 되풀이 되게 마련이다.

따라서 하나 하나의 사안의 조사에서 '자기가 한 일에 대해서 자신이 책임을 지도록 하는 자기책임의 원칙' 이 작동되도록 진상구명 청문회가 운영되어야 한다. 시장경제원리는 바로 자기책임의 원칙이다. 이러한 절차적 형식이 지켜지지 않는다면 국회청문회를 통하여 시장경제 메커니즘이 보다 효율적으로 작동하도록 제도적 인프라를 구축한다는 작업은 이룩될 수 없다.

국회청문회는 다음과 같은 원칙이 준수되는 바탕위에서 운영되어야 한다.

1. 국회청문회특위는 전문가들에 의한 진상조사위원회가 구성되고 조사활동을 시작할 수 있도록 필요한 결의를 해야한다. 비록 청문회특위는 회기의 종료와 함께 해산한다고 하더라도 경제위기 원인요인 진상조사작업이 전문가들의 진상조사위원회에 의해서 약 1년의 기한을 가지고 계속되어야 한다. 전문가 진상조사위원회는 수준 높은 보고서를 통하여 조사결과를 국회에 보고해야 하며 국회는 이 보고서의 건의내용이 정책을 통하여 집행되도록 후속조치를 취해야 한다.

2. 청문회의 심리는 「自己責任의 原則」이 지켜지는 방식으로 운영되어야 한다. 특정한 정치인에게 不實의 책임을 전가하는 형식으로 심리가 이루어져서는 안된다. 따라서 경제위기 원인요인에 대한 조사는 부실의 개별사안에 대한 조사로부터 시작되어야 한다. 이 조사방법은 사업단위별로 발생한 경제적 不實로부터 각 不實事案을 조사

하는 것으로 출발하여 그 不實의 원인요인을 구명하고 不實이 발생하도록 원인을 제공한 책임자들을 밝혀내는 방식의 실질적 접근방법을 따라야 한다.

3. 경제위기 조사가 不實의 내용과 원인요인을 밝혀서 법질서를 확립함으로써 시장경제의 제도적 인프라를 구축하고 시장경제 메커니즘을 더욱 굳건한 토대 위에 확립하고 사회·경제 체제 운용의 새로운 패러다임을 확립하자는 데 국회차원 경제위기 책임구명 조사의 목적이 있다.
   따라서 국회청문회는 정치성이 개입된 운영이 있어서는 안된다. 국회청문회가 전문성과 구체성을 결여하고 막연한 상징성에 흐르거나 정치적 희생양을 찾는 식으로 운영된다면 오히려 법치질서를 혼란에 빠뜨리게 되며 시장경제의 발전을 후퇴시킬 뿐이다.

4. 진상조사는 4가지 분야를 중심으로 추진되는 것이 바람직하다. 첫째, 자기책임원리가 적용되는 금융시장 경쟁질서 메커니즘의 제도적 인프라가 만들어지는 데 저해요인으로 작용한 관치금융행정의 사례에 대한 조사이다. 둘째, 不實정리를 위해서 재정지원을 받은 금융기관의 不實내용을 부실사안별(예컨대 1억원 이상 부실여신의 내용을 개별사안별)로 조사하여 責任究明하는 작업이다. 셋째, 금융 이외 분야, 즉 관급사업, 공기업 및 정부산하기관 부실운영, 또는 각종 연기금의 부실운영에 의한 국가재정의 낭비, 교육부문, 사법, 의료, 사회복지 부문의 비효율적인 서비스 공급체계등 국민경제에 부담을 준 사업단위의 不實에 대한 조사 및 책임자 문책 작업이다. 넷째, 외환관리의 정책적 실패의 과정에서 정책적 과실의 조사여부이다.

8 개혁정책의 과제와 시민운동단체의 역할[1]

I. 서언: 우리가 처한 사회발전의 상황여건

우리사회는 전환기에 처해있다. 그것은 실패한 사회운영질서로부터 우리사회를 선진사회로 인도할 새로운 사회운영질서로의 이행을 의미한다. 즉 그것은「관치주의 체제」로 부터의 탈피를 의미하며「자유주의 법치질서」의 확립을 의미한다.[2]

관치주의 체제란「행정재량」에 의해서 사회를 운영하는 사회운영체제를 의미한다. 官은 지시하며 民은 이에 따라 가는 사회운영체제이다. 이 사회운영체제에서 국민은 주권을 가진 주체가 되지 못한다. 주권을 가진 주체는 관

1) 이 논문은 2000년 8월 쓴 글로써 안민포럼 등 여러 토론회에서 발표하였다.

2) 일본에서는 관치주의라는 말 대신「관주주의」라는 말을 쓰고 있다. 국민이 주인이 아니고 관료가 주인인 사회를 빗대어 표현한 말이라는 점에서 우리의 관치주의와 같은 의미를 담고 있다고 하겠다.

료이며 국민은 종속적 입장에 서게되며 피동적으로 행동하게 된다.

피동적 입장에 놓인 사람은 기회주의적으로 행동하게 마련이다. 우리사회에 신뢰가 무너지고 사회구성원들이 기회주의적으로 행동하는 생활습성이 몸에 배게 된 데에는 관치주의 체제라고 하는 근원적인 요인이 자리잡고 있는 것이다.

경제주체들의 기회주의적 행태는 개인적 영리추구와 공동체에로의 부담전가라는 형태로 표현된다. 경제주체들의 기회주의적 행태로 그들이 속한 공동체(기업, 금융기관, 공기업, 정부 및 산하단체 등)는 부실화되기 시작하게 되고 그러한 부실은 사회의 부실화로 누적되게 된다. IMF 경제위기는 이렇게 누적된 사회적 부실이 폭발한 것이라고 할 수 있다.

II. 관치주의에서 자유주의 법치질서로

(1) 자유주의 법치질서

관치주의 체제의 극복이 우리사회를 IMF 경제위기로부터 궁극적으로 구원하는 길이며 우리사회를 불신의 사회로부터 구출하는 길인 셈이다. 그러면 관치체제의 극복이란 무엇을 의미하는가? 관치체제의 극복이란 주권을 국민에게 되돌려 주는 것을 의미한다.

주권을 되돌려 받으면 국민 개개인이 스스로 주체적으로 행동하게 된다. 즉 경제주체가 정치주체로서의 국민이 「자기책임 원칙」에 따라 행동하게 된다. 이렇게 해서 자유주의 질서가 만들어지게 된다.

자유주의 질서는 질서 유지를 위한 규범을 필요로 한다. 개인은 자유롭게 행동할 주권을 가지며 사회질서는 「규범」에 의해서 유지되는 사회운영체제이다. 이러한 사회를 「법치주의(rule of law)」사회라고 부른다.

법치주의 사회의 실현은 간단한 작업이 아니다. 우리사회의 모든 조직과 조직의 운영체계가 관치주의 체제에 의해서 만들어져 있기 때문이다. 더욱 어려운 것은 우리의 의식구조조차도 관치주의적 사고에 의해서 지배되고 있다. 정부가 엘리트가 지도자가 나타나서 일을 처리해줄 것으로 기대하는 경향이 있다.

문제를 자유의지를 가진 구성원 개개인간의 토론을 통하여 합의에 이르는 과정에 의해서 해결하고자 하는 확신을 가지지 못하고 있다는 것을 말한다. 사회·경제의 각 부문이 구성원 개개인이 자유로운 참여를 통하여 이룩하는 경쟁질서에 의해서 운영되는 체제에 대한 확신이 존재하지 않는 것이다.

사회·경제의 각 부문이 경쟁질서에 의해서 운용되는 체제가 성립되기 위해서는 그 경쟁질서가 규범에 의해서 운용되어야 한다. 이것이 법치주의이다. 즉 법치주의는 속성상 자유주의적 경쟁질서는 전제로 할 때 법치주의 본래의 의미를 가진다. 행정재량을 위한 법적 근거로써의 법치주의는 아무런 의미를 가지지 못한다. 실상 모든 개혁정책의 목표는 이 법치주의 사회의 실현이라고 할 수 있다.

즉 여기서 말하는 법치주의는 「자유주의적 법치주의」를 의미한다. 관치주의를 수행하기 위한 법제도에 대한 규범화가 아니라 국민 개인의 주권을 회복해주는 법제도, 즉 자유주의적 법제도의 규범화를 의미한다. 이것은 현행 법제도를 자유주의적 법제도로 개편해야 함을 의미한다. 이 과정이 제도개혁 과정인 것이다.

(2) 주권회복과 시민운동의 역할

규범에 의해서 사회를 운영하는(rule of law) 자유주의적 법치주의가 우리가 지향할 사회라는 것은 명백하나 그 실현은 결코 용이하지 않은 과제이다. 그 이유는 크게 2가지로 볼 수 있다.

우선 제도개혁을 담당하는 주체가 정부일 수밖에 없다는 점이다. 정부 및 행정을 담당하고 있는 관료집단은 속성상 행정재량에 의해서 일을 처리하려는 강한 성향을 가지고 있다. 따라서 제도개혁을 담당하는 주체가 정부일 수밖에 없다는 사실은 제도개혁이 태생적으로 성공하기 어렵다는 사실을 말해준다.

제도개혁을 이룩해서 자유주의적 법치주의 질서를 만드는 과정에서 만나게 되는 다른 하나의 중요한 장애요인은 국민의 주권의식 결여현상이다. 사실상 우리문화는 관치주의 체제에 길들여져 있다는 특징을 가지고 있다. 그래서 개혁조차도 정부에서(下向式으로) 해주기를 기대하고 있는 것이 국민의식의 현실상황이다. 이것은 자유주의적 법치주의 질서의 확립에 치명적이다.

국민이 주권의식을 가지고 있지 않는 한 제도개혁을 이룩한다는 것은 성공하기가 지극히 어려운 일이다. 제도개혁의 목표가 개개인의 주권이 실현되는 자유주의 질서를 세우는 작업이기 때문에 국민 개개인이 '내 권리 내놔라 !' 하는 식의 주권의식 표출을 하지 않는다면 정부로 하여금 스스로 제도개혁을 하도록 기대하는 것은 명백한 한계를 가진다.

국민으로 하여금 주권의식을 갖도록 일깨우는 작업 이것은 시민운동의 영역에 속하는 일이고 시민운동에 의해서 가장 효과적으로 추진될 수 있다. 시민단체의 국민주권의 회복을 촉구하는 활동이 활발해질 때 정부의 제도개혁 작업도 원활히 수행될 수 있다.

행정재량에 의해서 움직이는 사회가 아니라 규범에 의해서 움직이는 사회를 만든다는 것은 현존하는 법제도의 거의 전부를 새롭게 변화시켜야 한다는 것을 의미한다. 우리에게 주어진 제도개혁의 과업이 얼마나 광범위한 작업인지 하는 것을 말해준다. 이것은 시민사회단체의 활동영역이 광범위할 수밖에 없으며 정치권이 제 기능을 효과적으로 수행해주지 못하는 사회에서는 시민단체활동의 사회적 수요가 그만큼 강력할 수밖에 없다는 것을 말해준다.

Ⅲ. 정부의 개혁정책에 대한 평가

(1) IMF 경제위기와 구조조정정책

IMF 경제위기 극복을 위한 정부정책의 특징적 요소는 구조조정정책이었다. 여기서 구조조정 프로그램이 의미하는 바는 외환위기 이후 금융기관의 부실화, 금융경색현상 및 금융시스템 마비, 그리고 기업재무구조의 악화, 경기침체 현상을 극복하기 위한 일련의 정책프로그램을 의미한다.

정부의 구조조정 프로그램은 금융구조조정과 재벌정책이 양대축이었다고 할 수 있다. 특히 금융구조조정 프로그램이 정부 구조조정 프로그램의 중심적 사업이었다. 금융구조조정 프로그램은 금융권의 120조원 이상에 달하는 부실채권을 정부지원의 형태로 정리해주는 것을 내용으로 하고 있다.

금융구조조정은 마무리되고 있는 상태이다. 금융구조조정이 남긴 문제점은 적자재정, 정부가 금융기관 구조조정 과정에서 보여준 편의주의적 행정운용 등이다.

기업구조조정에서는 주거래은행을 통한 기업개선작업(work-out)이 이루어지고 있다. 5대 재벌 이하의 재벌이나 중소기업의 경우에는 상당한 부분 고금리와 경기침체의 시련기간 중에 시장메커니즘을 통하여 구조조정이 자발적으로 진행되었다. 다만 5대 재벌의 경우에는 IMF경제위기의 기간 중에도 시중에서 자금을 조달하는 것이 가능해서 자발적 사업구조조정을 기대하는 것이 무리인 것으로 드러났다.[3] 이것이 5대 재벌의 사업교환이 재벌개혁 프로그램과 병행해서 추진된 배경이었던 것으로 보인다.

금융기관과 기업의 부실에 대한 구조조정 작업에는 상당한 정도 정부의 노력이 있었고 또한 현재 노력이 계속되고 있다. 문제는 그러면 이제부터는 금융시장의 운용과 기업의 경영에서 새로운 질서를 일궈내는 새로운 경영행태가 나타날 것인가 하는 것이다. 예컨대 금융기관은 무조건 재벌에만 돈을 빌려주는 여신관행에서 탈피하여 고객의 신용상태를 심사하여 여신한도를 설정하는 새로운 여신관행을 만들어낼 것인가? 기업은 투명한 경영을 함으로써 자기책임원칙을 지키는 새로운 경영관행을 만들어 낼 것인가?

불행하게도 이 질문에 대한 대답은 긍정적이질 못하다. 구조조정과정에서 나타난 특징은 「규범주의적」정책 보다는 「행정재량적」정책이 구조조정 프로그램을 수행한 지도이념이었다는 것이다. 금융기관 구조조정에 있어서도 5개 지방은행 퇴출에서는 금감위도 「규범주의적」정책의 전례를 만들려

3) 1998년 9월까지 금융시장에서 회사채 총발행물량의 80 %에 해당하는 26조9천5백억원이 5대 재벌의 자금조달이었다. 이것은 5대 재벌에 관한한 금융시장의 메커니즘이 작동하지 않는다는 것을 의미한다. 즉 5대 재벌은 금융시장이 경색된 상황에서도 금융시장을 통해서 자금을 조달하는 것이 가능하다는 것을 의미한다. 이것은 5대 재벌이 아니 경우 자금조달이 그만큼 어렵게 된다는 것을 의미한다. 즉 5대 재벌은 자금시장의 경색의 기간에도 기업구조조정을 하지 않고 버티기를 할 수 있다는 것을 의미한다.

는 노력을 보여주었다. 그러나 그 후 이 노선은 포기된 듯 보이며 나머지 금융기관의 구조조정은 철저한 「행정재량적」정책기조를 유지하는 접근방식을 따르고 있다.

「행정재량적」접근방식은 단기적으로 효과적이라는 이점이 있다. 그러나 이 접근방식은 반드시 관치주의적 폐해를 낳게 된다. 우리는 지난 1년간 역경을 견디며 구조조정 프로그램을 수행해왔다. 그러나 우리가 이룩한 지난 1년의 성과는 단지 우리가 이룩해야할 먼 여정의 시작에 불과한 것이다.

경제체제가 행정재량에 의해서 움직이는 것이 아니라 규범에 의해서 움직이는 체제를 만든다는 것은 경제활동의 모든 분야에서 규범을 확립해야 하고 그 규범에 따라 일을 해나가야 한다는 것을 의미한다. 이것은 지혜와 아울러 엄청난 노력과 인내 그리고 시간을 요구하는 과정이다. 단기적으로 정치적으로 불가능해 보일 만큼 고통스러운 과정이다. 그러나 이러한 「규범주의적」 접근방법을 취하지 않고는 관치주의적 행정관행에서 벗어나 자유주의적 법치주의를 확립하는 것이 불가능하다.

(2) 지난 2년간 정부정책의 평가

그밖에 부문에서 지난 2년간 정부의 정책활동에는 괄목할만한 성과를 거둔 것이 별반 없다고 할 수 있다. 특히 정부부문의 개혁이 이에 해당한다. 이것은 매우 안타까운 일이다. 왜냐하면 관치주의가 IMF경제위기의 가장 근본적인 원인요인이라고 한다면 정부부문의 개혁이야말로 IMF위기 극복을 위해서 반드시 이룩되어야 하기 때문이다.

정부부문의 개혁이 지지부진할 수밖에 없었던 본질적인 이유는 정부부문을 개혁해야 하는 주체가 정부자신이었기 때문이라고 말할 수 있다. 정부로 하여금 스스로를 개혁하게 하고 큰 성과를 기대했던 그 자체에 무리가 있다는 말이다.

지난 2년 정부정책 활동 중에서 성공적인 요소가 있었다면 그것은 정부정책에서 「행정재량성」이 중요한 구성요소였던 경우였다. 예컨대 금융구조조정 프로그램이나 5대 재벌의 사업구조조정 즉 「빅딜」정책을 들 수 있다. 이미 언급한 바와 같이 「규범주의적」 요소를 가지는 정부정책 부분은 별반 성과를 거두지 못하고 있다.

정책의 행정재량성은 관치주의를 낳는다는 점을 생각한다면 이러한 정부정책 중에서 성공적 요소 즉 「행정재량적」요소는 '성공의 요인 속에 스스로 실패의 씨앗을 내포' 하고 있다고 할 수 있다. 이것은 정부의 개혁정책은 정부의 힘만으로는 완성될 수 없음을 말해준다.

정부는 본질적으로 관료집단으로 구성되어 있다. 따라서 정부가 스스로를 개혁할 수 없으며 마찬가지로 정부정책이 스스로 「규범주의적」요소를 확대하는 형태로 추구될 수 없다. 이것은 국민 스스로의 요구에 의해서 정부가 그 힘에 의해서 정치적 압박을 받을 경우에만 마지못해 이룩될 수밖에 없다.

이점에서 국민의 주권의식이 미약한 우리의 문화구조 속에서 국민에게 그들의 주권의식을 일깨워준다는 의미에서 시민단체활동은 그 중요성을 가진다고 할 수 있다.또한 이러한 지난 2년간의 교훈은 향후 시민단체활동이 추구해야할 활동의 내용과 방향을 제시해준다고 할 수 있다.

그것은 정부나 정치권으로 하여금 개혁하지 않으면 안되는 상황으로 밀어붙이는 것을 내용으로 해야하고 정부정책이 가시적 성과를 낳는 「행정재량형」의 정책을 추구하는 것을 지양하도록 하고 어렵더라도 이 사회의 구석구석에 「규범」을 확립하도록 해서 그 규범에 의해서 사회가 움직이는 체제가 구축되도록 촉구하는 형태로 운동의 방향성이 설정되어야 한다.

Ⅳ. 새 천년 사회·경제 환경의 기반구축

(1) 구조조정 정책의 4 원칙

구조조정이 효과적으로 추진된다는 것은 구조조정과정이 원칙과 현실(조정비용) 사이의 치열한 투쟁과정이어야 한다는 것을 의미한다. 그리고 원칙이 투쟁과정에서 희생되지 않고 지켜져야 한다. 즉 비록 단기적 조정비용이 크더라도 원칙이 희생되지 않고 구조조정이 이루어진다면 장기적으로 시장은 안정되고 산업은 건실해지며 따라서 경제가 건실해진다. 그러나 단기적 구조조정의 고통을 감내할 수 없어서 원칙이 희생된다면 부실은 미래로 이전되어 더 커지게 되며 장기적 구조조정의 비용을 더 많이 지불하게 된다. 이것이 구조조정의 원리이다.

이 원리에 대한 이해는 전문가에게도 충분히 이해되지 못하고 있는 경향이 있으며 만약 아무런 감시없이 정부당국자에게 맡겨놓는다면 구조조정은 포퓰리즘에 따라서 이루어지게 된다. 원칙은 무시되며 정책은 정치권이 요구하는 대로 포퓰리즘에 따라 표류하게 된다.

IMF위기 기간의 구조조정이 다른 점은 IMF가 외화자금대출의 전제조건으로 원칙의 적용을 요구하였다는 점이다. 우리는 스스로 이러한 원칙을 지켰어야 하는데 내심 과잉처방이라고 생각하면서 마지못해 원칙을 따르는 시능을 하였다.

최근의 금융시장 불안정현상은 우리가 구조조정에 충실치 못하였고 특히 구조조정 과정에서 원칙에 충실하지 못하였기 때문에 나타난 현상이다.

일부 경제학자들 사이에서는 최근의 금융권 위기상황이 "부실기업을 정리하지 못해서" 발생한 것이라고 보는 경향이 있다. 그러나 이것은 문제의 부분만 본 것이며 오히려 문제는 우리가 원칙을 상실한 행동을 계속한 결과 나타난 현상이라고 보는 것이 더 타당하다.

즉 앞으로 30-40조원의 자금만 더 투입하며 우리는 건실한 금융시장을 갖게 되느냐 하면 그렇지 않다는 것이다. 구조조정과 함께 원칙의 확립이 이루어져야 한다. 즉 현재의 금융권 위기는 부진한 금융권 구조조정과 함께 철학의 빈곤에서 기인하고 있다고 봐야 한다.

원칙은 시장경제의 원칙을 말하며 '원칙을 지킨다' 는 것은 금융시장이 작동하도록 금융시장의 틀을 만드는 작업을 하는 것을 의미한다. 구조조정 과정에서부터 '시장원리' 가 적용되어야 시장경제의 틀이 만들어질 수 있는 것이다. 기량이 발휘되는 축구경기를 기대하려면 축구경기규칙이 잘 만들어져서 엄격히 집행되어야한다. 심판은 이 경기규칙을 집행하는 것이 정부역할이지 축구경기에 간섭하는 것은 정부역할이 아니다.

구조조정 과정에서 지켜져야 하는 시장경제의 원칙에 어떤 것들이 있는지 살펴볼 필요가 있다.

1. 자발성(spontaneity)의 원칙

구조조정은 당사자가 자발적으로 이를 추진하도록 되어야 한다. 즉 행정당국의 지시에 의해서 강요되어서는 안된다는 말이다. 물론 누구도 처음부터 구조조정을 자발적으로 시작하지는 않는다. 즉 정부에 의해서 구조조정이 이루어지지 않을 수 없도록 여건이 조성되어야한다. 그러나 정부의 역할은 구조조정의 여건조성에 있는 것이고 구조조정은 당사자가 시장원리에 따라 행동하는 결과로 이루어져야 한다. 구조조정의 구체적 행동을 정부가 지시해서는 않된다.

이것은 구조조정이 관치주의형 재량에 의한 행정지시에 따라서 진행되어서는 곤란하다는 것을 의미한다.

대표적인 실패의 사례가 빅딜정책이며 과거 산업합리화정책 그에 따른 통폐합정책이다. 현재 종금사가 신용위기를 겪고 있다. 정부도 은행에 자금지원을 지도하고 있고 언론도 금융기관이 기관이기주의에서 벗어나서 종금에 지금지원을 솔선해야한다고 쓰고 있다. 그러나 이것은 시장원칙에 어긋한 행정이다. 종금에 대한 은행의 비자발적 자금지원은 종금의 부실을 은행으로 이전시키게 될 뿐이며 문제를 더욱 복잡하게 만든다.

한빛, 조흥, 외환은행이 지주회사를 통해서 합병하도록 유도하는 것은 바람직하지 못하다. 은행대형화가 추세라 3개 은행간 합병을 지시한다는 것은 짝짓기가 방향이니 아무 남자나 여자를 골라서 짝지어 살도록 지시하는 것과 다름없다.

먼저 은행민영화를 추진하고 민영화된 은행이 자발성의 원칙에 입각해서 통합하거나 지주회사를 구성하도록 하는 것이 순서이다. 정부는 규칙(rule of law)만 확립하고 민영화 등 자발적 행동의 여건만 조성해주며 구조조정 행위는 민간이 자발적으로 시장원리에 따라 하도록 하는 것이다.

정부의 관치주의적 행정재량의 속성에 의해서, 또는 단기적 구조조정의 비용을 감당하지 못해서, 또는 정치권의 포퓰리즘에 영합해서 구조조정은 왕왕 행정지시에 의해서 진행된다. 이를 최소화하기 위해서도 민간기업은 행정지시를 알아서 모시는 자세에서 탈피해야 하며 피치못할 경우에는 문서로 지시를 받아서야 움직이도록 해야 한다. 그것이 잘못될 경우 담당행정기관에 책임을 물을 수 있도록.

2.「자기책임원칙」

시장경제, 더 나가서 자유주의 법치질서의 근간은 자기책임원칙이다. 이것이 무너지면 시장경제도 무너진다. 정부의 구조조정 정책은 이원칙이 무너지지 않도록 디자인 되어야 한다. 그러나 현실적으로는 이 원칙을 고수하면서 구조조정을 추진하는 것이 대단히 힘들며 이를 지키기 위해서 조성되는 사회적 긴장은 가히 투쟁적 상황이라고 표현할 수 있을 정도이다.

그러나 우리는 이 원칙의 중요성을 놓치지 않아야 한다. 상당히 많은 경우 특정한 구조조정 문제를 다룸에 있어서 자기책임 원칙에 대한 의식도 없이 포퓰리즘에 빠져서 정책이 만들어지는 경향이 있다. 사람들은 누구나 이익을 향유하려하나 그 비용은 남에게 또는 자기가 속한 기관에 또는 사회공동체에 전가하려 한다. 이러한 현상은 종국적으로 비용을 지불해야 하는 주체가 국민 다수 또는 사회일반으로 될 때 자주 목격된다.

대우사태이후 대우 무보증사채가 편입된 공사채형 신탁에 대한 지급보장(50-95%)은 대표적인 자기책임원칙의 훼손사례이다. 결국 대우의 부실이 국민에게 전가되었다.

원칙을 지키기는 대단히 어렵지만 그 원칙을 지키지 못한 결과 금융건전성 규칙의 근간인 예금자보호법상의 자기책임원칙이 무색해지는 결과를 초래하였다. 금융감독원은 원칙을 지키는 기관이 아니라 관치금융의 사령탑이 되는 순간이다. 이것은 건전한 금융시장의 확립과정에서 결코 바람직하지 않은 현상이다.

현재 조흥, 한빛, 제일, 서울, 외환, 국민, 주택은행은 실질적으로 국가의 소유가 되었다. 이것은 매우 바람직하지 못한 현상으로 특히 은행의 모럴·해저드의 원인이 된다. 부실기업의 구조조정이 부진한 이유, 기업개선작업(workout)이 지지부진한 이유를 다른 어디에서 찾을 수 있는가? 은행의 국가소유현상으로 은행경영에서 자기책임원칙이 실종되었고 그 결과 부실기업의 구조조정이 지체되거나 은폐되는 경향이 발생하고 결국 부실이 점점 커지게 되며 이것은 은행의 부실로 연결되고 있다.

최근 자기책임원칙에서 벗어나서 이렇게 자신의 부실을 은행에 전가하고 있는 workout 기업이 덤핑매출을 해서 제품시장에 혼란을 초래하는 경우까지도 발생하고 있다.

3. 공정거래질서의 원칙

구조조정정책은 그것의 결과로서 확립된 산업구조가 시장의 원활한 작동에 도움이 되도록 추진되어야 한다. 구조조정 정책이 추구하는 은행 규모정책에서도 마찬가지이다. 기업이나 금융기관은 시장이 원활히 작동하는 데 불편이 없는 규모를 유지하는 것이 시장경제의 건실한 작동을 위해서 필요하다.

예컨대 금융기관이 매우 비효율적이고 경영에 실패한 경우라고 하더라도 그것이 너무 커서 그것의 퇴출로 국민경제 전체가 결단이 날 정도라면 문제가 된다. 시장경제라는 것은 비효율적인 경영을 하는 기업이 있다면 그 기업은 시장의 경쟁메커니즘에 의해서 징벌을 받게되고 도태되는 제도를 말한다. 그런데 그 금융기관이 너무 커서 퇴출시킬 수 없고 거꾸로 국민경제가 부실한 그 금융기관에 볼모잡히게 되는 상황에 처하게 된다면 그것은 정상적 시장경제라고 할 수 없다.

결국 시장의 공정경쟁질서란 시장의 규모에 비하여 너무 큰 기업이 있는 한 유지되기 어렵다. 미국의 공정거래법은 산업단위에서 조차도 너무 규모가 큰 기업을 용인하지 못하고 분할이 되도록 하고 있다. 미국의 AT&T가 그렇게 해서 8개의 베이비·벨(Bell)로 분할되었고 또한 그것이 MicroSoft가 독점판결을 받게 된 이유이다.

이 문제는 금융산업에서 심각하다. 투신이 부실화되었으나 정부가 효과적인 정책을 취하지 못하고 있다. 은행도 마찬가지이다. 재벌문제도 같은 맥락에서 볼 수 있다.

문제는 이러한 문제의 심각성이 정책당국이나 경제학자들 사이에서 충분히 인지되지 못한다는 점이다. 은행의 경쟁력강화를 국가가 염려하고 있다. 정부는 은행의 경쟁력을 강화하기 위해서 대형화 합병(조흥, 한빛, 외환은행)을 말하고 있다. 이것은 국영은행공사를 만들자는 계획인가?

은행합병은 자발성의 원칙에서 추진되어야 한다. 즉 은행의 민영화가 먼저이다. 은행의 합병은 민영화된 은행이 자발적으로 자기 짝을 찾아서 추진하도록 해야 한다.

은행이 작으면 개별은행의 안정성은 떨어질 지 모르나 시장의 경쟁질서에 의해 은행 개체단위의 경영이 효율적으로 이루어지지 않을 수 없게 된다. 즉 은행 부실화에 의해서 국가경제의 위기가 초래될 일이 없다. 은행을 인위적으로 대형화시키면 개별은행의 일시적 안정성은 보장될 지 모르나 그것이 대형부실화로 연결될 때 국가경제의 위기로 발전하게 된다. 오히려 우리 은행산업의 문제점은 잘 감독되고 건실한 소형단위의 은행 군이 존재하지 않는 데 있다. 이들 중 일부가 필요에 의해서 합병을 통하여 대형화해야 하는 것이 순리이다. 이 바탕 위에서만 경쟁력 있는 금융산업이 발전할 수 있고 강건한 금융시장이 확립되는 것이다.

우리의 경우 은행산업의 문제점은 대형화가 안되서 외국은행과의 경쟁에 의해서 구축되는 것이 아니라 스스로의 관리가 비효율적이어서 스스로 부실화하고 있는 데 있다. 즉 문제는 은행외부에 있지 않고 은행 내부에 있다. 이 상황에서 지주회사를 통한 은행의 대형화가 정부의 인위적 짝짓기에 의해서 진행된다면 그것은 위험한 일이다.

4. 공적자금투입 최소화의 원칙

공적자금은 국민의 부담이다. 구조조정을 위하여 적기에 필요한 자금이 투입되지 못하는 일이 있어서는 안되겠지만 그러나 엄격히 감시되지 않으면 공적자금은 낭비될 우려가 있다. 어느 개인의 부담이 아니기 때문이다.

일반적으로 경제학자들 사이에서는 '공적자금을 쓰는 것을 두려워 할 필요는 없다' 라고 하는 사고가 존재한다. 진일보해서 '우리는 균형예산을 편성해왔기 때문에 공적자금투입의 여력이 있다' 는 다른 나라와 평면비교에서 출발하는 사고도 존재한다. 그 비교대상이 한때 구제 불가능해 보이던 수준까지 재정적자가 팽창하다 이제 경제가 회복되고 건전재정으로 돌아선 미국이 되기도 한다.

국제자본이동이 무리행태(herd behavior)를 보이는 불안정한 국제금융시장의 여건에서 미국은 다른 나라와 비교가 안되는 이점을 가지고 있다. IMF체제에서 미국은 국제결제수단으로가장 선호되는 화폐를 발행하는 국가이다. 즉 미국은 재정부실이 있더라도 외환위기를 겪을 가능성이 없다. 반면 다른 국가들은 재정부실이 국가신인도의 하락을 초래하여 외환위기로 연결될 위험에서 자유롭지 못하다. 미국은 재정부실이 상당한 정도 그리고 상당한기간 지속된다하더라도 외환위기에 처할 염려를 하지 않아도 되지만 다른 나라는 그렇지 못하다.

공적자금은 어느 개인의 부담이 아니기 때문에 낭비될 우려가 있고 따라서 투입이 최소화되어야 한다. 투입되더라도 회수가 가능한 형태로 투입되어야 한다. 미국 S&L의 부실채권을 처리한 RTC(Resolution Trust Corporation)의 경우 회수율이 80-90%에 이른 것으로 알려져 있다.[4] 우리의 경우도 부실채권정리기금은 회수율이 70%에 이른 것으로 나타난다. 그러나 예금보험기금의 회수율(7%수준)이 낮아서 공적자금투입의 회수율은 25%수준에 머물고 있다.[5]

---

4) 미국의 S & L 부실의 경우 FDIC(Federal Deposit Insurance Corporation)의공적자금이 투입되었다. 그러나 이 처리를 위해서 RTC 가 설립되었으며 RTC는 모든 부실채권을 낱낱히 조사하여 사법처리하였다. 사법처리의결과로 부실대출과 관련된 S & L의 임직원, 변호사, 회계사들은 개인재산까지 배상책임을 지게 되었고 형사적 책임까지 추궁받게 되었다.

5) 전주성교수가 수집한 통계(2000년 5월)를 인용.

우리의 구조조정의 역사를 보면 과연 우리가 이러한 구조조정의 원칙에 대한 분명한 이해를 가지고 있었는지 의구심을 갖게 한다. 이상의 원칙을 지켜서 구조조정을 한다는 것은 쉽지 않다. 그러나 이 원칙들에 대한 훼손은 단기적으로 사태를 회피하고 모면하는 듯이 보이나 장기적으로 더 큰 부실의 문제를 키우게 된다. 비록 원칙에 대한 문구적 적용이 어려운 상황에서라 하더라도 곧바로 행정의 재량주의에 호소하기 보다 최소한 차선의 시장적응적(market conforming) 정책수단을 강구하는 노력이 필요하다.

(2) 자유주의 계몽혁명

한국사회에는 시장억압적 제도가 상당히 존재하고 있다. 그 이유는 우리 사회에 자유주의적 정서가 자생적으로 싹튼 정서가 아니기 때문이다. 자유주의는 서양으로부터 수입품이다. 그것은 아직 뿌리를 내리지 못한 상태이며 충분히 이해되고 있지도 못하다. 심지어는 학자들 사이에서도 그 개념이 충분히 이해되고 있지 못한 상태이다.

우리 사회의 문화적 기반은 유가의 철학이라고 할 수 있다. 유교의 윤리에서는 자유주의 사상의 기본이라고 할 수 있는 개인주의에 기반을 두고 있다고 하기 보다 멸사봉공의 공동체적 가치를 귀중하게 생각한다. 유교의 윤리는 엘리트주의를 인정하고 있다. 성리학의 가르침을 이해하고 실천할 수 있는 사람을 선비라고 불렀으며 이들이 유교에서는 엘리트에 해당한다. 반면에 자유주의에서는 엘리트를 인정할 수 없다. 엘리트는 독재자를 의미할 뿐이며 이들은 개인의 자유, 개인의 주권을 빼앗아 가는 존재일 뿐이다.

유교의 윤리는 경쟁질서의 개념과 잘 맞지 않는다. 자유주의는 경제·사회를 운영하는 메커니즘으로 경쟁질서를 가지고 있다. 시장경제란 자유주의 사상의 경제적 패러다임이라고 할 수 있다. 그러나 유교에서는 사회를 움직이는 원리로 4단7정의 성리학의 윤리론이 있을 뿐이다. 상인은 천박한 계층으로 대접받았을 뿐이다.

우리의 제도는 상당한 부분 유교적 사고를 가진 사람들이 시장경제의 개념을 이해하지 못한 상태에서 만들어 졌다. 따라서 대부분의 제도가 시장경제가 또는 경쟁질서가 제대로 작동하기 어렵게 만들어져 있다. 시장억압적 또는 경쟁질서 억압적 모습을 하고 있다.

미국 사회에서는 건국초기부터 당연한 것으로 받아들어졌을 네거티브·리스트 제도(negative list system)가 우리에게는 아직도 당연한 것으로 받아들여지고 있는지 의문이다.

우리가 이러한 시장억압적 제도를 가지고도 경제를 성공적으로 발전시킬 수 있었던 것은 유교윤리의 근면성, 정직성, 교육열 그리고 기업가 및 관료의 엘리트적 리더쉽이 경제발전을 긍정적으로 선도할 수 있도록 좋은 방향으로 작용했기 때문에 가능했다. 영미사회에서라면 경쟁질서 메커니즘에 의해서 이루어졌을 자원배분의 의사결정이 우리의 경우 행정관료의 재량적 지도에 의해서 보완되었다. 관치금융이 대표적 사례이다.

초기 시장의 제도인프라의 불비, 관치주의적 정책운영으로 인하여 시장이 작동하는 영역이 제약되어 있었음에도 불구하고 경제가 발전할 수 있었던 것은 값싸고 양질의 노동력이 풍부하게 공급되어 있었기 때문이다. 결국 값싼 노동력 자원을 동원하는 경제발전모형의 정책패러다임으로써 관치주의는 경제발전 초기의 시장제도의 불비함을 감싸고 대체하여 자원동원모형의 경제발전을 이룩하도록 하는 역할을 수행하였다.

자원동원형 발전모형이 작동하던 시대는 지나갔다. 이제는 자유주의 경쟁질서에 의존하는 패러다임만이 작동하는 시대이다. 관치주의 패러다임이 청산되고 시장의 메커니즘이 자원배분을 담당해야 하는 시대이다. 그렇게 함으로써만 새로운 성장의 잠재력을 찾아낼 수 있다. 이것이 제도주의적 사고가 시사하는 바이다.

무엇보다 국민일반의 의식이 바뀌어야 한다. 자유주의 계몽혁명이 필요한 때이다. 이것은 개인이 각자의 주권의식을 찾는 작업에서부터 시작된다.

국민이 주권의식을 갖는 것이 중요한 이유는 개혁정책은 결코 하향식으로 이루어질 수 없기 때문이다. 개혁정책은 정부에 의해서 시작될 수는 있겠으나 결코 정부에 이해서 완성될 수는 없다는 특징을 가지고 있다. 자유주의 경쟁질서란 사회 구성원 스스로의 주권의식이 없이는 작동할 수 없다. 그런데 주권이란 스스로 쟁취함으로써만 얻어지는 것이다. 스스로 주장하고 투쟁하지 않는 권리를 누가 무상으로 가져다주는 예는 역사상 있어 본 적이 없다.

개혁정책과 관련한 정책 잇슈는 다수이다. 큰 정책방향만 해도 관치주의의 청산, 재벌개혁, 공공부문의 개혁, 정부 민간기업 운영에서 투명성 원칙의 확립, 자기책임원칙의 확립 등 수없이 열거할 수 있다. 이 보다 구체적인 정책은 포괄하는 범위와 종류가 더욱 광범위하다.

어떻게 이 모든 분야에 있어서 기득권세력의 저항을 대응하며 개혁정책을 추진할 수 있을 것인가? 시민 자신의 참여와 감시를 통해서만이 궁극적인 개혁정책의 구현에 이를 수 있다.

V. 결어: 시민단체의 정책역량 결집

새 천년을 맞아 시민단체가 감당해야 할 역할은 현존하는 시민단체의 역량으로는 벅찬 과업이다. 자유민주주의 사회·경제체제의 운용을 위해서는 시민의 주권의식이 그 기반 배경으로 확립되어 있어야 한다. 불행하게도 우리사회는 이러한 역사적 배경을 가지고 있지 못하다.

우리에게 있었던 것 그리고 우리가 어려운 상황을 맞아 필요로 하는 것은 왕도정치였고, 현명한 군주였고, 엘리트형의 선비였고, 독립투사였고, 지도자였다. 개인의 자유를 지키고 우리 스스로 상황을 처리하도록 하기 위한 자율적 제도규범, 그리고 그 규범에 의해서 움직이는 자율적 사회경제체제가 문제를 해결한 궁극적 힘이라는 사고가 우리에게는 결여되어 있다.

시민운동단체의 역할은 우리사회에 결여되어 있으나 자유민주주의 사회·경제체제를 확립하기 위해서 필요불가결한 요소인 시민의 주권의식을 북돋아 주는 것이다. 정치를 감시하고, 정부를 감시하며, 금융개혁을 감시하고, 재벌개혁을 감시함으로써 시민운동단체는 이러한 중차대한 역할을 수행하게 된다.

금년들어 엄청난 국민적 지지를 얻고 있는 '부적격자의 총선공천 저지운동'은 국민의 주권의식을 일깨우는 데 시민운동단체의 역할이 얼마나 중요한지를 단적으로 입증한 사례라고 할 수 있다. 자유민주주의의 근간인 '자유주의적 법치질서'를 확립하는 먼 여정에서 시민운동단체의 역할의 중요성을 입증한 사례이다.

이 사회에 자유주의적 법치질서를 세운다는 21세기 과업을 성취하기 위해서 시민운동단체의 정책역량 확충이 요구되는 시점이다.

참고문헌

이성섭, 「1998년 정책평가와 1999년 시민운동 정책기조의 설정」, 경실련, 1999.

Hayek, F.A., *Law, Legislation and Liberty*, Routledge & Kegan Paul, 1979.

9 수출자율규제와 쿼타배분제도 개선방향[1)]

Ⅰ. 서언

1970년대에 들어서면서 시작되고, 최근에 이르러 절정에 이른 느낌을 주는 선진국들의 신보호무역주의는 관세 이외의 규제수단을 사용하여 수입을 규제한다는 특징을 가지고 있다. 신보호무역주의라고 지칭되는 수출규제의 형태는 다양하나 그 중에서도 수출자율규제(VER: Voluntary Export Restraint)가 가장 선호되는 규제형태로 등장하고 있으며 선진국 특히 미국으로 수출되는 많은 품목에 수출자율규제가 이미 이루어져 있거나 논의되고 있다.

1) 『한국개발연구』 1984년 가을호, 120-138쪽에서 전재.

종전에는 수출자율규제의 정의가 수출국이 강압에 의하여 수출업자들로 하여금 관세나 수입제한(import quota)에 대치하여 그에 상응하는 형태의 수출물량규제를 취하도록 하는 정책이라고만 정의되었으며 이 정책에 관한 수출업자들의 역할에 관한 논의가 별반 없었다. 다만 몇몇 경제학자들에 의하여서 관세나 수입제한 보다는 수출자율규제가 수출업자에게 더 선호되는 수입규제유형이라는 사실이 언급되었다. 본고의 부차적인 목적은 수출자율규제가 발효될 때에 이 조치를 갈망하는 수입국의 생산업자들뿐만 아니라 수출업체도 이 조치가 발효되기 이전보다 더 큰 이익을 볼 수 있다는 최근의 학계의 연구결과를 소개함으로써 수출자율규제를 좀 더 정확히 파악하는데 도움이 되고자 하는 데에 있다.

그러나 국내수출업체들이 해외시장에서 국내업체간의 과당경쟁을 함으로써 발생하는 손실을 방지하기 위하여 만드는 자발적 자율규제를 제외한다면 대부분의 수출자율규제는 다른 유형의 수입규제에 대한 대안(alternative)으로서 주어지는 것이기 때문에 수출업자에게는 선택의 여지가 별로 없는 실정이다. 즉 수출업자의 선호여부에 상관없이 수출자유규제는 현실적인 제약으로서 작용하고 있다. 문제는 모든 형태의 수출물량규제가 그것이 자발적 자율규제이든지 혹은 수입규제의 변형으로 등장한 수출자율규제이든지 간에 반드시 한정된 수출쿼타물량을 수출업체간에 배부하는 문제를 수반한다는 사실에 있다.[2)]

2) 본고에서 수출자율규제는 수입국이 관세 내지 수입제한에 대신하여 수출업자에게 수출물량을 효과적으로 관리할 목적에서 자발적으로 시행하는 수출업자담합의 성격을 띠는 수출물량규제를 지칭하고 있다. 통상적으로 수출물량규제라고 할 때에는 수출자율규제와 자발적 자율규제를 통틀어 수출물량이 수출업자에 의하여서 규제되는 모든 유형의 정책을 의미하였다. 그러나 본문 중에는 때때로 수출자율규제와 수출물량규제가 혼용되어 서로 같은 의미를 지니는 용어로 사용되기도 한다.

수출자율규제는 수출에 참여하고 있는 모든 업체들이 수출물량의 공급을 자제함으로써 성립된다. 그러나 대부분의 수출자율규제는 본문에서 상론하는 바와 같이 당해 제품의 가격상승을 유발하기 마련이다. 따라서 이미 수출에 참여하고 있는 업체들은 수출자율규제 이후에 공급물량을 증가시키고자 하는 유혹을 더욱 더 받게 마련이다. 따라서 수출쿼타 배분과정에서 흔히 신규참여자의 개입이 배제되기 마련이며 한정된 수출쿼타는 이미 수출에 참여하고 있던 수출업체들의 기득권을 존중하는 형식으로 배분된다.

장기적으로 이런 형태의 수출쿼타는 배분방식은 주어진 자원의 효율적인 이용이라는 점에 있어서나 또는 바람직한 수출상품구조를 확립한다는 점에 있어서 여러 가지 문제점을 내포하고 있다. 본고의 가장 큰 목적은 수출물량규제가 선택의 여지가 없는 제약으로 주어졌을 때에 여하한 형태의 수출쿼타배분방식을 취하는 것이 가장 국민복지를 극대화시킬 수 있는가하는 문제를 연구하는 데 있다.

제Ⅱ절에서는 수출자율규제의 특징 특히 수출물량규제가 이루어지는 경우에 나타나는 경제적 효과와 여하히 수입국의 생산업자와 수출업자가 동시에 수출자율규제에 관심을 가질 수 있는가 하는 문제가 미시경제적 접근방법을 사용하여 묘사되었다. 제 Ⅲ절에서는 현행 수출쿼타배분제도의 골격에 대한 파악이 이루어지고 있으며 제 Ⅳ절에서는 현행 쿼타배분제도의 문제점이 열거되고 있다. 제 Ⅴ절에서는 현행 쿼타배분제도의 개선방안을 모색하기 위하여 간단한 일반균형분석모형이 소개되고 이 모형을 통하여 수출물량규제가 제약조건으로 주어졌을 때에 최적의 선결방안은 무엇인가하는 문제가 분석된다. 제Ⅵ절에서는 제Ⅳ절에서 제기된 문제들의 분석과 제 Ⅴ절에서 모색된 해결방안을 결합하여 현행 쿼타배분제도의 개선방안을 모색하고 있다. 마지막으로 제 6절에서는 요약과 결론이 취급된다.

Ⅱ. 수출자율규제의 특징

수출자율규제에는 몇 가지 중요한 특징이 있다. 이러한 특징들은 여타의 수입규제조치와 수출자율규제를 구분하는 수출자율규제의 특이한 면을 보여주고 있으며 최근의 활발한 연구를 통하여 이 분야에 관한 새로운 사실들이 밝혀지고 있다.

[그림 1] 수출물량규제

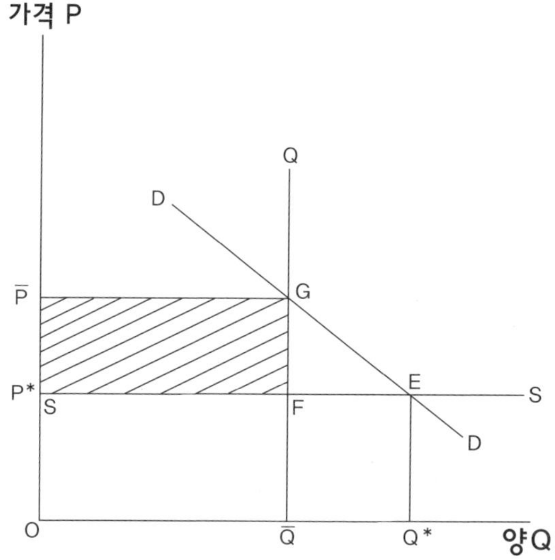

(1) 수출물량규제의 효과

수출자율규제의 특징들은 수출자율규제가 주는 효과에 의하여서 잘 나타난다. [그림 1]은 수출물량규제가 이루어진 시장의 수입수요곡선과 수출공급곡선이 단순화된 형태로 표시되어 있으며 이 단순화된 그림을 통하여 수출물량규제가 주는 효과를 명료하게 나타내주고 있다.

[그림1]에서 직선 DD는 수입수요곡선을, 직선 SS는 수출공급곡선을 각각 표시하고 있다. 분석의 편의를 위하여 두 곡선을 모두 선형으로 가정하였으며 수출공급곡선은 수출공급탄력성이 매우 크다고 가정하였다. 무역상에 아무런 장애가 없을 경우 이 재화시장의 균형은 점 E에서 결정되며 이 재화의 시장가격은 P* 수준에서 결정된다.

수출물량규제는 그것이 유효한 경우에 수출물량이 균형거래량보다 낮은 수준에서 결정되는 것을 의미하며 [그림1]에서는 $\overline{Q}$ 수준에서 결정되는 것으로 상정하였다. 수출공급물량이 $\overline{Q}$에서 제한되면 수출공급곡선은 SFQ로 바뀌게 되며 균형점은 점G로 이동하게 된다. 또한 가격은 P*에서 $\overline{P}$로 상승하게 된다. 수출물량규제로 말미암아 나타나는 결과중에서 가장 두드러진 것은 물량규제를 받은 재화시장에 있어서의 가격의 상승이다. 이와 같은 가격상승으로 말미암아 생산업자들은 수출물량규제를 받기 이전과 동일한 생산단가를 유지하면서도 더욱 많은 판매수입을 얻게되며 결과적으로는 [그림1]에서 사선 친 부분만큼의 지대를 얻게된다. 수출물량규제로 말미암아 나타나는 또 다른 현상은 소비자들이 같은 제품을 비싼 가격에 구입하게 되어 결과적으로는 소비자 잉여의 손실(dead-weight loss)이 발생하게 된다는 것이다.

가. 가격상승효과

수입국의 생산업자들에 의하여 수출자율규제가 갈구되는 대부분의 경우에 있어서 수출물량규제로 인하여 가격이 상승하면 높은 생산단가로 말미암아 시장에서 도태될 상황에 처해있던 수입국의 생산업자들이 다시 생산에 임할 수 있게 되는 계기가 마련된다. 수입국의 생산업자들이 수출업자들에게 수출자율규제를 하도록 강요하는 이유가 여기에 있다.

나. 지대의 발생

반면에 수출업자들은 수출자율규제로 인해 수출물량을 규제받는 대신에 지대소득을 얻을 수 있게 된다. 수출자율규제가 발효되는 전후를 비교할 때에 어느 경우가 수출업자에게 득이 더 클가 하는 문제는 시장의 상황과 수출물량규제의 크기에 따라 결정될 문제이나 분명한 사실은 수출업자들에게도 수출자율규제에 대한 유인이 작용한다는 점이다. 보다 구체적으로 수입국의 생산업자들과 수출업자가 담합하여 수출물량규제를 도모할 수 있는 상황에 대하여는 추후에 상론하기로 한다.

수출물량규제가 이루어지는 산업에 있어서는 수출업자가 복수인 것이 일반적이다. 따라서 수출물량규제가 이루어지는 경우 수출쿼타를 여하히 참가기업들에게 배분하느냐 하는 문제가 발생하기 마련이다. 그러나, 수출물량규제가 실시되기 이전부터 수출에 참여하고 있던 기업들조차도 그들이 원하는 만큼의 물량공급을 할 수 없는 상황이기 때문에 신규 기업들의 참여는 그만큼 제한적이다. 수출 쿼타 배분문제를 더욱 어렵게 만드는 것은 수출물량 규제가 이루어진 이후에 형성된 가격 $\bar{P}$가 그 이전의 가격 P*보다 높은 수준이기 때문에 동제품에 대한 수출업자들의 수출의욕이 수출자율규제 이후에 더욱 강하여 진다는 사실이다. 수출물량규제가 실시되는 경우 필연적으로 발생하는 수출업자간 수출쿼타 분배문제에 대한 분석은 III, IV절에서 취급된다.

다. 소비자의 희생

수출자율규제가 실시되는 경우 수입국의 생산업자들은 인상된 가격에서 생산을 증가시킬 수 있으며 수출업자들은 지대소득을 얻을 수 있다는 사실은 이미 언급되었다. 그러나 소비자들은 인상된 가격을 지불해야 하며 인상된 가격부분(그림 1에서의 사선분) 만큼의 소비자 잉여를 생산업자에게 빼앗겨야 하고, 더 나아가서 일부의 소비자 잉여(△GFE부분)는 사회적 손실(dead-weight loss)로서 증발하게 된다. 즉 수출자율규제라는 게임에서 소비자만이 유일하게 순손실을 경험하고 있다.

(2) 수출자율규제에의 유인

최근 「해리스」(R. Harris, 1984) 교수의 연구 결과에 의하면 수출자율규제가 이루어질 경우 수입국의 생산업자는 가격선도자(price leader)가 되는 경향이 있다고 한다. 그는 이 사실은 2인게임모형을 사용하여 증명하였다. 즉 수출업자의 공급이 물량적인 제약을 받게 될 경우 수입국의 생산업자는 이와 같은 수출업자들의 제약을 이용하여 주어진 상황에서 독점적 가격을 설정할 수 있다는 내용이 된다.

또한 「오노」(Y. Ono, 1984) 교수는 수출업자가 수출자율규제 이전에 수입국시장에서 가격선도자였다고 상정하고 수출업자가 같은 물량을 수출하더라도 그 자신이 수입국시장에서 가격선도자가 되어 수출하는 것보다 수출자율규제에 의하여 물량쿼타를 배정받아 수출하는 것이 언제나 높은 가격을 받을 수 있다는 사실을 증명하였다.[3] 이것은 수출자율규제하에서 합의된 수출물량이 수출업자가 수입국시장에서 가격선도자가 되어 최적으로 결정하였던 수출물량에서부터 별반 크게 감소하지 않는 한 수출업자가 수출자율규제로 말미암아 더 큰 이익을 얻게 됨을 의미한다.

대부분의 경우에 있어서 수출자율규제는 수출자율규제가 설정되는 시점에 있어서의 수출 물량으로부터 더 이상 수출물량을 월등히 증가시키지 않겠다는 수출업자들의 선언이라는 점을 감안한다면 수출자율규제시에 합의되는 수출물량이 수출업자가 수입국시장에서 가격선도자가 되어 최적으로 결정하였던 물량과 크게 차이가 나지 않을 것이라는 점을 알 수 있으며, 따라서 수출자율규제가 이루어지는 경우 수입국의 생산업자뿐만 아니라 수출업자도 더 큰 득을 얻는다는 사실을 알 수 있다.[4]

같은 물량을 수출하더라도 수출자율규제하 에서 수출하는 것이 그 자신이 수입국시장에서 가격선도자가 되어 수출하는 것보다 더 높은 가격을 받을 수 있는 이유는 다음과 같다. 즉 수출자율규제가 이루어지는 경우 수입국시장에서는 수입국의 생산업자가 가격선도자가 되는 경향이 있다. 그러나 이름만 가격선도자이지 수입국의 생산업자는 사실상 독점공급자 와 같은 행세를 하

3) 필자는 이 부분 내용을 이해함에 있어서 [오노] 교수가 보내준 그의 분석에 대한 수식증명에 힘입었다.

4) 수출업자가 수출자율규제이전에 수입국시장에서 가격선도자였다고 상정한 것은 수출자율규제가 이루어지는 대부분의 경우에 있어서 수출업자의 비용곡선이 수입국의 생산업자의 그것보다 월등하게 낮은 수준에서 결정되어 있기 때문에 수출업자가 쉽게 가격선도자의 위치를 점유할 수 있어서 그렇게 상정한 것이다. [오노] 교수는 수출업자가 수출자율규제 이전에 가격추종자였다고 하더라도 수출자율규제는 수입국의 생산자뿐만 아니라 수출업자에게 더 큰 이익을 준다는 사실을 같은 방법으로 증명하였다.

게된다. 즉 수입국의 생산업자는 수출자율규제에 의하여 합의된 쿼타양을 국내의 수요곡선에서 제외한 연후에 독점공급자로서 독점가격을 형성하게 된다. 이때에 수입국의 생산자가 명실상부한 독점공급자행세를 할 수 있는 것은 [그림 1]의 공급곡선 SFQ와 같이 수출업자의 공급곡선이 수출쿼타물량에서 수직으로 상향하기 때문이다. 말하자면 수출쿼타 물량을 초과하면 수출업자의 한계비용곡선(공급곡선)은 무한대의 비용을 표시하는 듯한 모습을 하게 된다. 따라서 수입국생산업자는 수출쿼타물량을 제외한 여타의 수요곡선을 이용하여 수출업자를 의식할 필요없이 독점가격을 결정할 수 있다.

반면에 수출자율규제가 이루어지지 않고 수출업자가 가격선도자가 되는 경우에 있어서는 수출업자는 수입국의 생산업자의 우상향공급곡선을 의식하여야 한다. 따라서 독점자로서 가격을 결정하는 것이 아니라 가격이 상승함에 따라서 증가하는 수입국의 생산업자의 공급물량을 차감한 연후에 가격을 결정하여야 한다. 결국 같은 수출물량이라 하더라도 수출자율규제가 이루어져서 수입국의 생산업자들이 독점공급자 행세를 하며 결정한 가격이 수출자율규제 없이 수출업자가 가격선도자가 되어 결정한 가격보다 언제나 높다.

이상의 사실은 수출자율규제가 이루어지는 경우 그것은 해외로부터 수입에 의하여 시장에서 도태될 위기에 처한 수입국의 생산업자들뿐만 아니라 수출업자에게도 매력적인 제안이 될 수 있다는 것을 말하여 준다. 이와 같이 양국의 생산업자들이 수출자율규제에 의하여서 혜택을 누릴 수 있는 반면에 이 모든 혜택은 수입국의 소비자들에게 높은 가격과 일부 소비자잉여의 멸실(dead-weight loss)이라는 형태의 희생으로 나타난다는 사실에 주목할 필요가 있다.

Ⅲ. 현행 쿼타배분제도의 개요

현행 수출쿼타배분제도에서는 수출물량규제가 이루어지는 각 조합별로 수출업체간에 수출쿼타가 배분되고 있다. 각 수출조합이 채택하고 있는 수출쿼타의 배분기준은 대체로 전체적인 윤곽이 유사하나 다만 적용되는 세부지침에 있어서만 각 조합의 특수성에 따라서 약간의 차이가 있다.

세부지침에 있어서 다소의 차이가 있으나 대부분의 수출조합이 채택하고 있는 수출쿼타 배분제도는 [그림 2]에 의하여 요약될 수 있다. 즉 모든 수출쿼타는 기본쿼타와 개방쿼타로 양분된다.

(1) 기본쿼타와 개방쿼타

[그림 2] 기본 및 개방쿼타의 배분

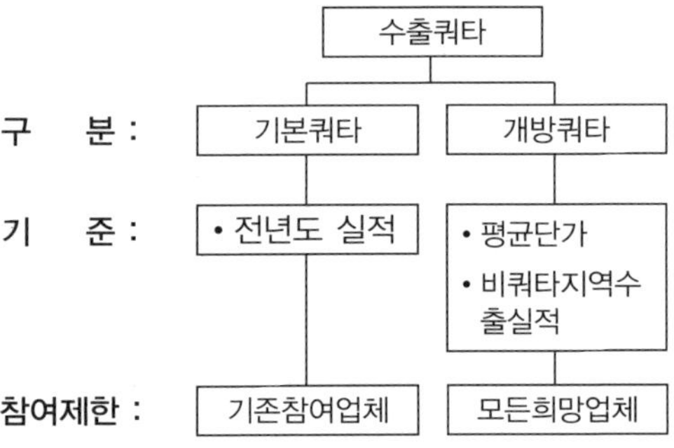

양국 업체간 또는 정부간 또는 수출업체간의 협의에 의하여 결정된 특정품목의 수출쿼타는 우선 이 품목의 해당국 수출에 참여하고 있던 업체들 사이에 전년도 수출실적에 비례하여 배분된다. 이와 같이 배정되는 쿼타부분을 기본쿼타라고 지칭한다.

예컨대 특정수출업체가 대영국 신발류의 수출자율규제가 이루어지던 해에 영국에 대하여 100족 상당의 특정류의 대한 신발을 수출하였다면 그 업체는 다음 해에 100족의 기본쿼타를 배정받으며 이 업체가 영국에 대하여 계속하여 100족의 수출실적을 달성하는 한 이 업체에 주어진 신발류에 대한 대영국수출의 기본쿼타는 계속하여 100족으로 남아 있게 된다.

기본쿼타의 특징은 어느 업체가 애당초부터 기본쿼타를 보유하고 있지 않으면 원칙적으로 그 이후에도 자연히 기본쿼타 배정에서 제외된다는 것이다. 즉 기본쿼타는 수출자율규제가 이루어지던 시점에서 수출에 참여하던 업체들의 기득권을 보호하여 주는 제도라고 할 수 있다.[5)]

반면에 개방쿼타는 희망하는 모든 유자격수출업체가 참여할 수 있도록 개방되어 있다. 개방쿼타는 기본쿼타가 배정된 잔여부분, 양국간 수출쿼타의 증가분, 그리고 기본쿼타를 이행하지 못한 업체들로부터의 벌칙으로 인한 쿼타의 환수분 등으로 구성된다. 개방쿼타를 이를 배정을 받기를 희망하는 수출업체들 사이에 배분하는 데에는 대체로 두 개의 기준이 사용된다. 하나는 평균단가에 의한 구분이고 다른 하나는 비쿼타지역에 행한 수출실적에 따른 구분이다.[6)]

평균단가에 의한 구분이란 개별 수출업체의 수출쿼타 신청분을 그들이 첨부한 수출신용장(L/C)에서 계산해낸 평균단가를 가지고 순위를 정하고 그 순위에 따라서 높은 순위에 더 많은 물량을 배정하는 방식으로 쿼타물량을

5) 예외적으로 개방쿼타의 일부가 실적으로 인정되어 기본쿼타 배정에 참고되는 수도 있다. 그러나 실적이 만들어진 연유에 상관없이 기본쿼타는 그렇게 만들어진 실적을 차기에 승계시킨다는 특징이 있다.

6) 여기에 소개되는 쿼타배정기준은 주로 섬유직물·섬유제품 조합이 채택한 방식을 중심으로 설명되었다.

배정하는 것을 말한다. 여기에서 사용하는 평균단가는 수출신용장에서 계산해낸 총수출예상액을 수출예상물량으로 나누어서 산출한다.

또한 평균단가는 쿼타배정희망업체들의 전년도 수출실적을 평가하는 데도 사용된다. 즉 각 수출업체들의 전년도 수출실적에서 평균단가를 계산한 다음 이들 수출업체들을 그들의 평균단가별로 상 · 하위권으로 구분하고 개방쿼타물량배정에 있어서 차등을 둔다.

비쿼타지역수출에 의한 구분이란 일정 부분의 개방쿼타를 배분함에 있어서 전년도 비쿼타 지역 수출실적에 따라서 쿼타배정희망수출업체들을 구분하여 배정비율을 정하는 방식이다. 예컨대 오랫동안 수출자율규제를 실시한 경험을 가지고 있는 섬유직물 및 섬유 제품조합의 1984년도 개방쿼타배정령에 따르면 개방쿼타의 35%는 쿼타신청업체들의 수출신용장을 고단가순으로 구분하여 쿼타배정의 우선순위를 정하고 있고 개방쿼타의 또 다른 35%는 쿼타 신청업체들의 전년도 수출실적에서 평균단가를 산정하여 상위권에 위치한 업체에게 보다 유리한 배정기준을 정하고 있으며 나머지 30%의 개방쿼타는 쿼타신청업체별로 비쿼타 지역에 행한 수출실적 또는 쿼타지역에 행한 비쿼타 품목의 수출실적을 기준으로 하여 배분하고 있다.

[표 1] 수출조합별 쿼타분배제도

	수출대상국	쿼타배정방식		양수도
		기본쿼타	개방쿼타	
섬유	미국, 캐나다, EC, 스웨덴	• 전년도 수출실적 기준 • 평균단가순 상위 50%~102%, 하위 50%~98%	• 개방률의 35%-고단가 L/C 기준 • 개방률의 35%-전년도 실적 평균단가기준 • 개방률의 30%-전년도 비쿼타 지역 수출실적 기준	• 조합원 상사에 한하여 기본 쿼타의 30% 이내 • 개방쿼타는 양도할 수 없음[1]
견직물	일본	전년도 쿼타 수익실적의 100%	• 개방률의 80%-평균단가 이상에 수출실적기준 • 개방률의 20%-평균단가 이하에 수출실적기준	전년도 수출참여상사 및 생산설비 보유기업으로써 수출참여상사간 허용
면사	일본	전년도 쿼타 수익실적의 100%	수출평균단가이상에 신청량 비율	상동
운동용혁화	미국	• 전년도 수출실적 기준 • 평균단가 이상~102%, 평균단가 이상~98%	• 개방률의 40%-평균단가 이상-80%, 평균단가 이하 -20% • 개방률의 50%-비쿼타지역 수출실적업체에 수출물량 기준 • 개방률의 10%-고가품 수출량기준	상동
신발류	영국	전년도 쿼타 수익실적의 100%	• 평균단가이상 업체에 기본 쿼타 보유비율 • 잔여량은 고단가 L/C기준	• 기본쿼타에 한하여 가능 • 모든 수출상사 가능
신발류	아일랜드	• 일반화 : 전년도 수출 실적 기준 • 혁화 : 전년도 수출실적의 100%	• L/C, D/A, D/P 순 • 혁화는 신청순위, 일반화는 시황에 따라 결정하고 동일 항목시 고가격순	상동
금속제양식품	미국, 영국, 베네룩스, 서독, 호주	• 전년도 수출실적 기준 • 배정비율은 금액, 물량 기준수출실적 각각 50% 반영	• 비규제지역 및 제품 수출실적의 100% • 잔여량은 기본쿼타 보유비율	쿼타 보유업체간 가능
흑백 TV	영국	• 전년도 쿼타 수출실적 비율 • 배정비율은 수출물량점유비 및 수출가격점유비를 각각 50% 반영	• 기본쿼타 보유상사에 한함 • 고가격품목 및 비규제품목 수출업체 우대	상동

주) : 1) 각품목 공통.
자료) : 각품목 수출조합.

여타조합의 개방쿼타 배분방법도 세부지침에는 조합의 특수성에 따라서 다소간에 차이가 있으니 대체적인 쿼타 배분의 골격은 평균단가나 비쿼타지역에 행한 수출실적에 두고 있다는 점에서는 동일하다.

여기에서 참고해둘 사실은 쿼타배분이 문제 되는 것은 그 품목이 인기가 높아서 업체에게 배분해 주어야 할 총수출쿼타 물량보다 업체들이 신청하는 희망쿼타물량이 더 클 때이다. 그러나 그 품목의 인기가 낮아서 업체들이 신청하는 희망쿼타물량이 그 품목의 총수출쿼타물량보다 적은 비인기품목의 경우에는 비록 그 품목이 수출물량규제품목으로 구분되어 있다 하더라도 그 물량규제는 사실상 유효하지 않으며 쿼타 배정을 신청하는 업체는 전년도 실적에 상관없이 대체로 수출쿼타를 배정받을 수 있다.[7)]

(2) 쿼타의 양수도

이와 같은 방법으로 배정된 수출쿼타는 원칙적으로 쿼타를 배정받은 업체만이 이를 사용할 수 있다. 다만 대체로 기본쿼타의 경우에는 매우 제한적으로 업체간에 쿼타의 양수도가 허용되고 있다. 〈표 1〉은 각 수출조합별로 수출쿼타의 배정방법과 쿼타의 양수도제한에 관한 사항들을 비교하고 있다.

---

7) 비인기품목은 사실상 수출물량규제가 별 의미를 갖지 못한다. [그림 1]이 인기품목의 시장수급균형을 표시하고 있다면 비인기품목의 시장수급균형은 아래 그림에서와 같이 물량규제가 수급균형의 형성에 아무런 영향을 미치지 않을 만큼 충분한 수준에서 설정되어 있는 경우를 말한다.

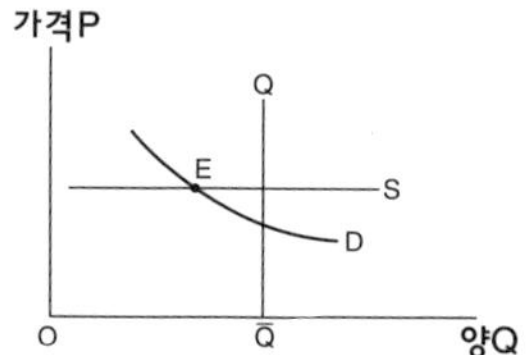

Ⅳ. 현행 쿼타 배분제도의 문제점

전 절에서는 수출자율규제가 이루어지는 품목의 수출쿼타가 과거 수출실적을 기준으로하여 배분되는 부분과 수출단가 및 비 쿼타 지역수출실적으로 배분되는 부분으로 구성되고 있다는 사실을 밝혔다.

본 절에서는 현행 수출쿼타배분제도가 유발하는 경제적 문제점을 고찰한다. 현행 쿼타 배분제도가 유발하는 경제적 문제에는 우선 과거 수출실적에 따른 쿼타 배분제도로 인해 발생하는 생산부문의 비효율, 쿼타물량을 획득하기 위하여 수출업체가 지대추구(rent-seeking) 행위를 하는 과정에서 발생하는 자원의 낭비, 그리고 쿼타배정절차요건이 수출업체에게 주는 제약으로 말미암아 나타나는 불리한 거래조건의 세 가지 문제가 포함되어 있다.

(1) 생산부문의 비효율

현행 쿼타 배분제도를 운영하는 과정에서 발생하는 비효율은 대체로 기본쿼타에 의하여서 일정량의 수출쿼타를 보장받는 업체들이 경쟁에서 오는 압력을 느끼지 못함에 따라 생산부문에서 비용을 절감하려는 노력을 게을리하는데서 오는 비효율이라고 볼 수 있다.[8] 더 나아가서 쿼타 배분기준이 수출업체의 생산효율과 관계없는 형태로 규정되어 있기 때문에 수출업체가 비용절감의 노력보다는 수출실적의 증대 또는 수출단가의 조작에 더 관심을 갖게 된다는 사실이 생산부문의 비효율을 더욱 확대시키는 이유이다.

이와 같은 생산부문의 비효율은 수출자율규제가 장기간 시행되어온 섬유

8) 여기에서 언급되는 생산부문의 비효율은 「라이벤슈타인(H. Leibenstein, 1966)」의 엑스 비효율과 동일한 개념이다.

직물(textile), 섬유제품(clothing)업계에서 특히 심하게 나타나있다.

〈표 2〉는 섬유직물·제품업계에서 사용되는 각종 기계설비의 노후도를 표시하고 있다. 동표에서 사용되는 노후도는 다음과 같은 산식에 의해 계산되었다.

〈표 2〉에 의하면 방적기, 직기, 봉제기 등 모든 시설에 있어서 노후도가 매우 높다는 사실을 알 수 있다. 〈표 2〉에 나타나 있는 기계설비들의 노후도의 단순평균, 즉 감가상각연한이 지난 기계설비의 수가 총기계설비에서 차지하는 비중들의 단순평균은 51.9%에 이르고 있다. 평균적으로 절반 이상이 감가상각연한이 지난 기계설비임을 보여주고 있다.

노후도 = 노후설비대수/총보유설비대수

노후설비 : 법인세법상 감가상각연한이 지난 시설수

[표2] 섬유직물 및 제품업계의 노후시설 현황

	단위	보유설비	노후설비	노후도	감가상각연한 (범인세법)
선방직기	1,000추	3,325	1,279 (435)	38.5 (13.1)	10
소모방직기	1,000추	925	552 (78)	59.7 (8.4)	10
방모방직기	1,000추	131	50 (18)	38.2 (13.7)	10
선직기	대	75,679	38,932 (9461)	51.4 (12.5)	10
모직기	대	6,264	3,781 (819)	59.4 (13.1)	10
견직기	대	98,249	45,568 (8573)	46.4 (8.7)	10
기타직기	대	9,869	4,373 (1123)	44.3 (11.4)	10
염색가공기	대	7,386	4,206 (597)	56.9 (8.1)	7
환형편기	대	23,934	15,561 (1739)	65.0 (7.3)	10

	단위	보유설비	노후설비	노후도	감가상각연한 (법인세법)
횡편기	대	27,052	23,939 (627)	88.5 (2.3)	10
기타편기	대	12,454	7,650 (1217)	61.4 (9.8)	10
가연기	추	202,380	93,690	46.3	11
봉제기	대	171,880	52,770	30.7	7
화직시설	M/T(일산)	1,524	609 (183)	40.0 (12.0)	8 (12년 경과)
평균	•	•	•	51.9	•

[표3] 직기 노후도 현황

설치년도	1960년 이전	1961 ~65	1966 ~70	1971 ~74	1975	1976	1977	1978	1979	1980	1981	1982	1983	총계
시설대수	15,927	9,966	30,049	47,129	15,702	18,603	9,015	14,018	9,321	4,958	5,267	6,202	3,921	190,078
점유율	8.4	5.2	15.8	24.8	8.3	9.8	4.7	7.4	4.9	2.6	2.8	3.3	2.1	100.0
누계	8.4	13.6	29.4	54.2	62.5	72.3	77.0	84.4	89.3	91.9	94.7	98.0	100.0	

〈표 3〉은 직기의 경우에 있어서 설치연도별로 직기를 구분하여 각 설치연도별 직기의 설비대수와 이들의 비중을 구하였다. 동표의 마지막 행의 누계난에서 보여주는 바와 같이 직기의 경우에 있어서도 총직기설비 중에서 설치된 이래 10년 이상 사용되고 있는 설비가 차지하는 비중이 절반을 초과(54.2%)하고 있음을 볼 수 있다.

섬유직물, 제품업계는 경기변동과 유행의 변화에 따라서 변동하는 수요에 대응하기 위하여 얼마간의 초과설비를 보유하는 경향이 있다.[9] 그러나

9) 이진희, 「대구지역 직물업계의 현황」, 『섬유직물』, 한국섬유직물수출연조합, 1984년 7월호 p.18.

수출업체들은 수요의 불안정성을 고려하여 이 부분의 수요에 대한 생산을 위하여서는 막대한 투자를 소요하는 신규시설을 구입하려 하지 않으며 그 대신에 노후한 설비를 폐기하지 않고 보유하게 된다.

즉 이 산업 전반에 상당한 정도의 비효율적인 시설이 존재하고 있으며, 따라서 개별수출업체들은 일부의 효율적인 설비와 함께 상당한 양의 비효율적인 설비를 보유하고 있는 셈이 된다.

문제는 이러한 상황에서 쿼타의 배분방법이 업계내의 효율적인 시설만을 가동시킬 수 있도록 고안되어 있지 않다는 데에 있다. 즉 현행 쿼타배분제도에서는 상대적으로 더 효율적인 기계설비가 쿼타배정을 받지 못할 때 상대적으로 덜 효율적인 기계설비가 쿼타배정을 받아 생산가동에 임할 가능성이 있다.

한 가지 흥미로운 사실은 만약 기본쿼타가 자유롭게 양수도될 수 있다면 비록 기본쿼타의 배정이 과거 수출실적에 의하여 결정된다고 하더라도 생산의 비효율은 제거될 수 있다는 점이다. 왜냐하면 쿼타배정을 받은 업체는 자신이 효율적으로 생산할 수 있는 만큼만 생산하고 나머지 부분의 쿼타는 이를 가장 효율적으로 생산할 수 있는 다른 생산업체에게 프리미엄을 받고 매출할 것이기 때문이다. 어떻게 하여서 가장 효율적인 생산업체에게 쿼타는 매출할 수 있는가 하면 가장 효율적인 생산업체가 가장 높은 프리미엄을 지불할 수 있기 때문이다.

그러나 현행 쿼타배분제도에서는 쿼타의 양수도가 자유롭지 못하다. 기본 쿼타의 양수도는 제한적으로 허용되고 있으나 개방쿼타는 그것의 배정방법 자체가 양수도를 불가능하게 하고 있다.

예컨대 개방쿼타에서는 수출신용장의 대체가 허용되고 있지 않다. 즉 쿼타를 배정받기 위하여 제출한 수출신용장을 반드시 실제의 수출에 사용하여야 한다.

(2) 지대추구(rent-seeking)행위

수출물량에 대한 규제가 실시되면 지대가 발생한다는 사실은 이미 [그림 1]에 의하면 설명되었다. 따라서 수출업체의 주요 관심사는 당연히 수출쿼타를 확보하는 일에 있게 된다. 더 많은 수출쿼타는 그만큼의 지대소득을 가져다 줄 것이기 때문이다.

[그림 3] 가격협상

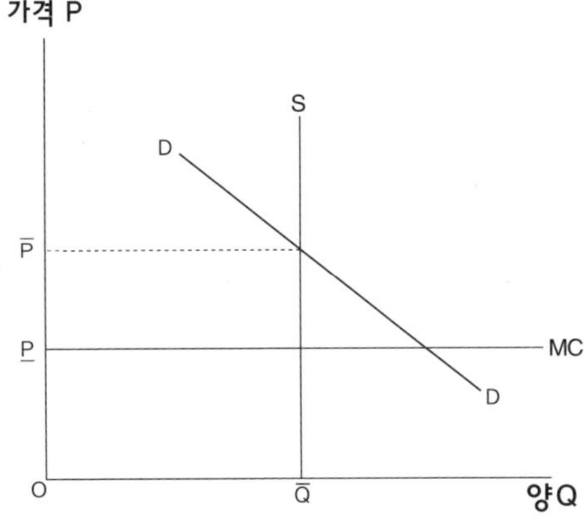

그러나 현행 쿼타배분제도에서 수출쿼타의 배분은 수출실적, 수출신용장의 수출단가, 비쿼타지역의 수출실적 등을 기준으로 하여 이루어지고 있다. 이와 같은 상황에서 수출업체들은 다음과 같은 조건이 충족될 때까지 수출쿼타를 확보하기 위한 경쟁을 계속하게 된다.

지대추구행위의 기준율

추가적인 쿼타를 얻기 위하여 소요되는 비용

= 추가적인 쿼타로 인하여 발생하는 이익

즉 추가적인 쿼타로 인하여 발생하는 이익이 추가적인 쿼타를 얻기 위하여 소요되는 비용을 초과하는 한 수출업체는 추가적인 쿼타를 얻기 위한 효과적인 방법을 연구하고 그것을 얻기 위한 행위에 자원을 소모한다.

이것은 기업행동의 당연한 결과이나 만약 추가적인 쿼타를 얻기 위한 수출업체의 노력이 제한된 수출쿼타를 가지고 최대의 수익을 얻어내야 한다는 사회적 목표를 달성하기 위하여 개별 수출업체가 취해야 하는 행위와 괴리를 가진다면 이것은 그만큼 사회적으로 자원이 낭비되는 것을 의미한다. 현행 쿼타배분제도에서는 수출쿼타배분을 위하여 사용되는 기준의 어느 것도 자원배분의 효율성(allocative efficiency)에 기반을 두고 있지 않다.[10)]

(3) 가격협상에서의 불이익

여러 차례 언급된 바와 같이 수출물량이 규제되는 경우 그 상품시장은 판매자의 시장(seller’s market)으로 변하며 가격은 상승하여 소비자의 수요곡선상에서 결정되는 것이 원칙이다. 즉 [그림 3]에서 가격은 $\overline{P}$에서 결정되게 되어 있다.

---

10) 사실상 과거의 수출실적에 따라서 쿼타를 배분한다는 사실은 그 자체가 자원배분의 효율성(allocative efficiency)을 무시하고 있다는 의미가 된다. 또한 고수출단가가 반드시 높은 수익성을 가진 상품을 수출하는 결과를 초래하는 것은 아니며 비쿼타지역수출이 반드시 유망한 신수출시장의 개척을 의미하는 것도 아니다. 더 나아가서 현행 쿼타배분제도에서는 이와 같은 여러 기준들의 상대적인 중요성이 임시변통 되는 식으로 평가되고 있다. 또한 중요한 사실은 현행 쿼타배분제도에서는 수출업체들이 인위적으로 수출실적이나 수출단가 또는 비쿼타지역 수출실적을 조작할 가능성을 배제할 수 없다.

그러나 수출물량규제란 수출업체로 하여금 당시의 시장가격에서 이들이 공급하고자 하는 분량보다 적은 물량을 공급하도록 규제하는 것을 의미하기 때문에 일반적으로 이들 산업에 속한 수출업체들은 초과설비를 보유하고 있는 경향이 있다. 즉 수출업체들의 잠재적 생산 능력은 규제된 수출물량보다 훨씬 크다. 따라서 만약 수입업자들이 이들의 주도에 의하여 수출업자와 직접 상담을 교섭하기에 따라서는 수출가격은 $\overline{P}$가 아니라 $\overline{P}$와 $\underline{P}$의 사이에서 결정될 가능성이 있다.

사실상 이와 같은 현상이 일부 품목의 개방쿼타를 배정하는 시기에 발생하고 있는 것으로 알려져 있다. 왜냐하면 개방쿼타를 신청하기 위해서는 수출신용장을 제출할 필요가 있는데 수입업자들은 신용장 발급을 미끼로 하여 수출업체간에 경쟁을 유도하고 가격인하를 도모하는 경향이 있다.[11)]

V. 수출자율규제의 모형

쿼타배분제도의 개선방안을 논의하기 이전에 간단한 일반균형모형을 소개하고 그 모형을 통하여 전절에서 언급된 두 가지 형태의 비능률, 즉 생산에 있어서 비효율과 지대추구행위로 인해 발생하는 자원의 낭비를 조사하고 수출쿼타배분제도의 개선방향에 대한 시사점, 그리고 제도개선으로 인하여 발생할 경제현상을 묘사해 본다.

11) 예컨대 미국의 폴리에스터 직물 수입업자들은 국내업체들이 과다한 재고를 보유하고 있다는 사실을 알고 가격의 인하를 기대하여 구매를 지연시키고, 수출업자들은 서로 경쟁함으로써 가격인하 현상이 발생하는 사례가 있다(KOTRA, 『해외시장』, 1984.7.24, pp.21~22).

(1) 자유무역의 일반균형

여기서 소개되는 일반균형모형은 매우 단순한 것이나 국민경제효과를 분석하기에는 충분한 것이다. 우선 세가지 재화가 존재한다고 하자. 하나는 국내에서 생산되지 않는 수입재m으로서 이 모형에서는 이것이 이 국가의 유일한 소비재이다. 나머지 두 개의 재화는 수출재 x_1, x_2로서 이 국가는 이 두 종류의 수출재를 생산하여 해외에 판매하고 그렇게 해서 얻은 외화를 가지고 소비재를 수입한다. 환율은 1이라고 가정하고 식(1)에 의해 표현되는 바와 같이 국제수지는 언제나 균형을 이룬다.

$$m = P_1x_1 + P_2x_2 \qquad \cdots\cdots(1)$$

P_1 : 소비재 단위로 표시한 x_1재의 가격
P_2 : 소비재 단위로 표시한 x_2재의 가격

식(1)에서 소비재m이 여타재화 x_1, x_2의 가치척도에 있어서 기준(numeraire)으로 사용되고 있다.

이 경제의 생산가능곡선은 식(2)와 같이 표현된다.

$$f(x_1, x_2) = c \qquad \cdots\cdots(2)$$

식(2)에서 c는 총생산수준을 표시하는 상수이다. 이 경제에 부존된 생산요소는 일정하다고 가정되며 재화 x_1, x_2를 생산하는 데에 사용된다. 각 재화의 생산에는 한계생산력체감의 법칙이 작용하며 생산가능곡선은 원점에 대하여 오목(concave)하다. 생산가능곡선은 2차 연속미분이 가능(twice continuously differentiable)하다고 가정한다. 재화(m, x_1, x_2)의 가격이

국제시장에서 각각(1, P_1^0, P_2^0)로 결정되었다고 가정하자. 이 때 이 국가의 당면한 경제문제는 주어진 생산조건의 제약 속에서 소비를 극대화시키는 것이다.

경제문제 I

목적함수 m

제약조건 $f(x_1, x_2) = c$

가격계수 1, P_1^0, P_2^0

경제문제 I 의 해를 구하면 식(3)과 같다

$$\frac{P^0_1}{P^0_2} = \frac{f_1(x^0_1, x^0_2)}{f_2(x^0_1, x^0_2)} = MRT(x^0_1, x^0_2) \qquad \cdots\cdots\cdots(3)$$

식(3)에서 f_i는 식(2)에 있는 f함수의 x_i에 대한 편미분이며 MRT는 생산가능곡선의 한계전환율을 말한다. 식(3)이 의미하는 것은 국제시장의 재화가격시세가 (1, P_1^0, P_2^0)로 결정되었을 때 이 국가는 두 종류 수출재를 생산함에 있어서 생산의 한계전환율이 두 재화의 상대가격비율과 같아지도록 생산(x_1^0, x_2^0)을 하는 것이 소비를 극대화하는 방법이라는 것이다.

[그림 4] 수출자유규제의 모형

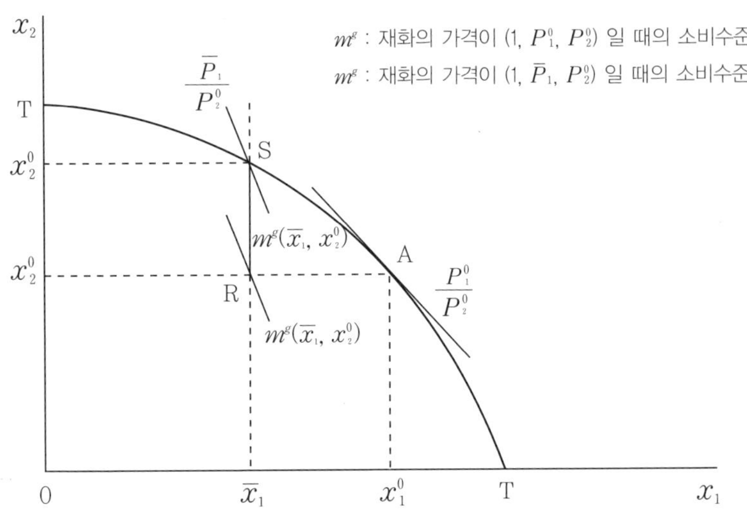

[그림 4]가 〈경제문제 I〉의 해를 그림으로 보여주고 있다. 점 A에서 주어진 상대가격과 두 수출재생산의 한계전환율이 일치하고 있다. 이때의 소비수준 m^o는 주어진 해외시장가격조건에서 가장 극대화된 소비수준을 가리킨다.

(2) 수출물량규제의 모형

이때에 수출재 x_1에 관계식 (4)와 같이 수출물량규제가 실시되었다고 가정하자.

즉,

$$x_1 \leq \overline{x_1} < x^0_1 \qquad \cdots\cdots\cdots\cdots (4)$$

x_1재의 수출물량이 $\overline{x_1}$를 초과하지 못하도록 규제되었기 때문에 x_1재의 가격이 P^0_1에서 $\overline{P}_1$로 상승하였다. 따라서 부등호 (5)가 성립하게 되며 재화의

가격체계는 $(1, \overline{P}_1, P_2^0)$로 변하게 된다.

$$\frac{\overline{P}_1}{P_2^0} = \frac{P_1^0}{P_2^0} \qquad \cdots\cdots\cdots\cdots(5)$$

따라서 이 국가의 경제문제는 〈경제문제 I〉에서부터 다음과 같은 〈경제문제 II〉로 바뀌게 된다.

경제문제 II

목적함수 m

제약조건 $f(x_1, x_2) \le c$

$x_1 \le \overline{x_1}$

$x_1, x_2 \ge 0$

가격계수 $(1, \overline{P}_1, P_2^0)$

경제문제 II 의 「라그랑즈」함수는 다음과 같고 「쿤 터커」 1차조건으로부터 해를 구하면 식(6)~(9)와 같다.

「라그랑즈」함수

$$L(x_1, x_2, \lambda, \alpha) = \overline{P}_1 x_1 + P_2^0 x_2 + \lambda[c - f(x_1, x_2)] + \alpha(\overline{x_1} - x_1)$$

「라그랑즈」함수에서 λ는 생산수준의 변화로 인해 초래되는 소비수준의 변화, 즉 생산수준의 잠재가격(shadow price)이며, α는 x_1재의 쿼타물량이 증가될 때 얻어지는 소비재의 증가분, 즉 x_1 재쿼타의 잠재가격이다.

「쿤 · 터커」1차조건

$$\overline{P}_1 = \lambda f_1 + \alpha \qquad \cdots\cdots(6)$$

$$\lambda = \frac{P_2^0}{f_2} \qquad \cdots\cdots(7)$$

$$\left.\begin{array}{l} c - f(x_1, x_2) \geq 0 \\ \lambda \geq 0 \\ [c - f(x_1, x_2)]\lambda \geq 0 \end{array}\right\} \qquad \cdots\cdots(8)$$

$$\left.\begin{array}{l} \overline{x_1} - x_1 \geq 0 \\ \alpha \geq 0 \\ (\overline{x_1} - x_1)\alpha = 0 \end{array}\right\} \qquad \cdots\cdots(9)$$

이상의 「쿤 · 터커」1차조건 중에서 식(6)과 식(7)을 결합하면 다음의 식(10)을 얻을 수 있다.

$$\frac{\overline{P}_1}{P_2^0} = \frac{f_1}{f_2} + \frac{\alpha}{P_2^0} = MRT(\overline{x}_1, x_2^s) + \frac{\alpha}{P_2^0} \qquad \cdots\cdots(10)$$

식(10)이 의미하는 바를 설명하기 전에 식(3)이 의미하는 바를 다시 생각해 볼 필요가 있다. 식(3)이 의미하는 것은 두 재화의 상대가격이 시장에서 정해지면(예컨대 x_1재 3개가 x_2재 1개와 교환, 즉 $\frac{P_1}{P_2}$가 1/3) 두 재화의 생산은 생산의 한계전환율이 이들 재화의 상대가격비율과 같은 수준이 되도록 조정 [그림 4]의 점 A에서 만약 한계전환율이 1/3이면 그것은 x_1재 한 단위를 생산하기 위하여 희생해야 하는 x_2재의 단위, 즉 x_2로 표시한 x_1의 생산비용이 1/3임을 가리킴)되어야 한다는 것이다. 만약 시장에서 x_1재 한 단위를 얻기 위하여 주어야 할 x_2재의 단위수(P_1/P_2)보다, 생산과정에서 x_1재를 생산하기 위하여 희생해야 할 x_2재의 단위수(f_1/f_2), 즉 x_2로 표시한 x_1의 생산 비용이 더 작다고 한다면 x_1재의 생산을 더 늘림으로써 생산효율을 더 높일 수가 있다.

그러나 관계식(5)에서 볼 수 있는 바와 같이 수출물량규제로 말미암아 x_1 재의 가격이 에서 P_1^0로 $\bar{P}_1$상승하였다. x_1재의 가격이 상승하였으므로 식(3)에 따라서 x_1의 생산량증가가 뒤따라야 할 것이나 관계식 (4)에서 볼 수 있는 바와 같이 수출물량규제로 인하여 x_1의 생산은 가격이 P_1^0일 때보다도 오히려 낮은 수준에서 머므르고 있다. 따라서 두 재화의 상대가격과 생산의 한계전환율 사이에는 괴리가 생기게 되며 식(10)은 이 사정을 표현하고 있다.

관계식(5)는 식(10)의 좌변이 식(3)의 좌변보다 증가하였음을 의미한다. 그러나 관계식(4)는 수출물량규제로 인해서 두 재화생산의 한계전환율이 식(3)의 경우에서 식(10)의 경우로 감소하고 있음을 말하여 준다. 즉 [그림 4]의 점 S에서 생산가능곡선의 기울기의 절대치 $MRT(\bar{x}_1, x_2^s)$ 는 점 A에서의 기울기의 절대치 $MRT(x_1^0, x_2^0)$ 보다 작다. 다시 말하자면 x_1재의 상대가격은 상승했는데 희생되는 x_2재의 단위로 표시한 x_1재를 생산하는 데 소요되는 비용은 오히려 감소하였다. 따라서 식(10)으로부터 α/P_2^0는 정(positive)의 값을 갖게 됨을 알 수 있다. α/P_2^0는 바로 x_2재로 표시한 x_1재 쿼타의 지대이다.

이상에서 발견된 사실을 정리하면 다음과 같다.

정리1 수출물량규제가 발생하면 그 재화의 상대가격은 상승하는 반면에 그 재화의 생산을 위하여 희생하여야 할 다른 재화로 표시한 기회비용은 감소한다. 즉 수출물량규제가 실시된 재화의 가격에는 정의 지대가 포함된다.

[증명] : 이미 증명이 완료되었다.

정리2 수출물량규제가 실시된 재화의 쿼타에 정의 지대가 발생하면 동재화의 생산을 규제한도량에 도달할 때까지 증가시키는 것이 사회복지를 극대화시킨다.

[증명] : 관계식(9)에서 $(\bar{x}_1 - x_1)\alpha = 0$이다. 만약 $\alpha > 0$이면 $\bar{x}_1 = x_1$이다.

더 나아가서 관계식(8)로부터 다음과 같은 사실을 알 수가 있다.

정리3 수출재의 생산으로 인한 소비증가의 효과가 영이 아닌 한, 즉 수출재의 가격이 영이 아니고 수출재의 생산비용이 무한대가 아닌 한 생산은 생산가능곡선의 변방선 위에서 이루어져야 사회복지가 극대화된다.

[증명] : 수출재 생산으로 인한 소비증가의 효과가 영이 아니므로 식(7)이나 식(8)에서 $\lambda \neq 0$임을 알 수 있다. 따라서 $\lambda \neq 0$이면, 관계식(8)에서부터 $c = f(x_1, x_2)$이다. 즉 두 재화의 생산이 생산가능곡선의 변방에서 이루어져야 한다.

결국 간단한 일반균형모형을 이용한 분석으로부터 알 수 있는 사실은 수출물량규제가 이루어진 경우에 생산은 점 A에서부터 점 S로 이동하여야 한다는 것이다.

그러면 점 S에서의 생산이 의미하는 바를 살펴보기 위하여 식(10)을 다음과 같이 변형 시켜본다.

$$\frac{\bar{P}_1 - \alpha}{P_2^0} = MRT(\bar{x}_1, x_2^s) \qquad \cdots\cdots\cdots(10)'$$

식(10)′이 의미하는 것은 국민경제가 점 S에서 생산을 하기 위하여서는 두 수출재를 생산하는 생산업자들이 두 재화 x_1, x_2의 가격이 시장에서 $\bar{P}_1 - \alpha$, P_2^0인양 생각하고 이윤극대화를 목적으로 생산에 임하면 된다는 것이다.

그러나 이미 언급된 바와 같이 시장에서의 두 수출재의 가격은 $\bar{P}_1$, P_2^0이지 $\bar{P}_1 - \alpha$, P_2^0가 아니다. 즉 x_1재의 시장가격이 점 S에서의 시장가격보다 x_1재 쿼타의 지대만큼 높다. 즉 이 국민경제가 점 S에서 생산을 하기 위하여서는 수출물량규제가 이루어진 재화의 시장가격에서 그 재화 쿼타의 지대만큼을 정부가 환수하고 나머지의 가격 $\bar{P}_1 - \alpha$만 생산업자에게 돌려줄 필요가 있다.

여하한 방법에 의하여서 정부는 수출물량규제가 이루어진 재화의 시장가격 중에서 쿼타의 지대만큼을 환수할 수 있는가 하는 문제는 다음 절에서 논의된다.

Ⅵ. 수출쿼타배분제도의 개선방안

전절에서 소개된 모형에서는 수출물량 규제가 이루어지는 경우에 이 사회의 자원배분을 적절히 하려면 여하히 대응해야 하는가 하는 문제를 고찰하였다. 그러나 이미 개관한 바와 같이 현행 쿼타배분제도에서는 생산에 있어서 비효율이 개입할 여지가 있으며 또한 지대추구행위에 의한 자원의 낭비가 초래될 위험이 있다. 이와같은 생산에 있어서의 비효율과 지대추구행위에 따른 자원의 낭비는 생산가능곡선의 내부에서 생산활동이 이루어짐을 의미한다.

(1) 쿼타 양수도의 자유화

[그림 4]에서는 이와 같은 두 가지 형태의 비능률이 직선 SR부분에서 생산이 이루어지는 것으로 표시된다. 그 이유는 생산의 비효율이나 지대추구행위에 따른 자원의 낭비가 x_1재 생산에 소요되는 비용을 상승시켜서 생산가능곡선을 TT곡선의 안쪽으로 이동시키기 때문이다. x_1재의 생산은 쿼타 한도량 x_1까지 확대될 것이기 때문에 생산은 SR선상에서 이루어진다[12)]

이와 같은 생산과정의 비효율을 제거할 수 있는 한가지 방법은 이미 언급된 바와 같이 수출쿼타의 양수도를 자유화하는 것이다. 쿼타의 양수도가 자유화되면 수출조합의 쿼타배정이 여하한 방법에 의하여서 이루어지든 간에 상관없이 이 상품의 생산이 효율적인 방법에 의하여서 이루어질 것이라는

---

12) 이것은 크루거 여사(A. Krueger, 1974)가 지대추구행위를 함으로써 자원의 낭비가 있는 수입제한의 경우로 분류한 경우와 대칭의 관계에 있는 수출자율규제의 경우라고 볼 수 있다.

점이다. 왜냐하면 수출쿼타를 배정받은 업체는 그들의 이윤을 극대화시킬 목적으로 그들 자신이 생산하는 것이 유리하다고 판단되는 만큼만 자체생산으로 충당하고 여타의 쿼타물량은 가장 높은 프리미엄을 지불하는 생산업자에게 매출할 것이기 때문이다. 제일 높은 프리미엄을 지불할 수 있는 생산업자는 물론 가장 효율적인 생산을 할 수 있는 생산업자이다. 즉 수출 쿼타의 양수도를 자유화하면 생산의 비효율이 제거된다.

여기에서 한 가지 유념할 사실은 수출쿼타물량이 정해질 때 구체적인 상품의 수출쿼타물량이 정해지는 것이 아니라 관세분류(CCCN)에 따른 상품군의 수출물량이 정해진다는 사실이다. 즉 같은 상품군에 속한 상품이라 하더라도 수익성에 차이가 있다. 국가적인 차원에서 본다면 기왕의 수출쿼타물량이 정해진 이상, 가장 수익성이 높은 상품들만 골라서 수출하는 것이 가장 현명한 방법이다.

수출쿼타의 양수도가 자유롭게 이루어지면 생산비용을 최소화시킨다는 의미에서 뿐만 아니라 가장 수익성이 높은 상품을 선정하여 수출한다는 의미에서 수출쿼타가 가장 효율적인 수출업자에게 양도되게 된다. 왜냐하면 그렇게 할 수 있는 업자만이 가장 높은 프리미엄을 지불할 수 있기 때문이다.

그러나 쿼타 양수도를 자유화한다는 방안은 두 가지의 단점을 가지고 있다. 하나는 비록 그것이 생산의 비효율을 제거시킬 수 있다 하더라도 지대추구행위는 제거시킬 수 없다는 사실이다. 따라서 지대추구행위에 의하여 초래되는 자원의 낭비를 제거할 수 없으며 생산은 아직도 생산가능곡선의 선상이 아니라 내부에서(도4의 RS선상에서) 이루어진다.

다른 하나의 단점은 최초에 쿼타를 배정하는 방법이 현행 제도를 따르는 한 형평의 문제가 제기될 수 있다는 점이다. 쿼타를 배정받은 업체는 그만큼의 지대소득을 아무런 대가를 지불하지 않고 얻는 셈이 된다. 물론 이런 특혜를 얻기 위하여 지대추구행위를 하는데 필요한 비용을 지불하지만 일정한 쿼타물량이 기득권으로 인정되는 부분만큼은 순수한 지대소득이라고 볼 수 있다. 이러한 두 가지의 단점은 매우 중요한 것이며 따라서 쿼타양수도를 자유화시키는 것이 수출쿼타배분제도의 궁극적인 개선방안이 될 수 없음을 시사한다.

쿼타의 양수도가 생산과정에서 발생하는 비효율을 제거할 수 있었던 것은 그것이 1차로 쿼타배정을 받은 사람들로부터 쿼타를 양수받기를 희망하는 사람들에게 경매될 수 있었기 때문이다. 그러나 만약 이와 같은 수출 쿼타가 애당초 수출조합으로부터 수출쿼타를 얻기를 원하는 업자들에게로 경매될 경우에는 생산과정에서 발생하는 비효율뿐만 아니라 지대추구행위로 말미암아 발생하는 자원의 낭비도 제거할 수 있다.

(2) 수출쿼타경매제

수출쿼타경매제는 수출업체들이 수출쿼타를 배정받으려고 경쟁하는 과정을 통하여 가장 높은 수익성이 있는 상품을 선택하도록 하며 그렇게 선택된 상품을 가장 효율적으로 생산하도록 촉구하는 제도적 장치의 구실을 한다. 따라서 수출쿼타경매제에서는 생산의 비효율 뿐만 아니라 지대추구행위가 제거된다. 뿐만 아니라 수출쿼타를 배정받기 위해서 같은 상품에 대하여 수입업자로부터 높은 가격을 얻어내야 할 필요가 있다. 즉 절차상으로 수출업자에게 별다른 제약이 요구되지 않는 한 수출업자들은 선택한 상품을 가지고 높은 가격을 받음으로써 최대의 지대를 얻어내도록 제도적으로 강요당하고 있다. 즉 쿼타경매제는 [그림 3]에서 가격이 $\bar{P}_1$에서 결정되도록 하는 제도적인 장치의 구실을 한다.

이와 같이 수출쿼타경매제는 현행 쿼타배분제도에서 발생하는 문제점을 제거할 수 있을 뿐만 아니라 다음과 같은 장점을 가지고 있다 첫째, 수출쿼타경매제는 수출물량규제라는 주어진 제약에서 사회복지를 극대화시킬 수 있는 최선(second best)의 방안이다.

[그림 4]에서 수출쿼타경매제가 채택된 경우의 생산은 점 S로 표시된다. 점 S에서는 식(3)의 조건이 성립되지 않기 때문에 최선의 방안(optimum optimorum)이라고는 볼 수 없다. 그러나 수출물량규제가 우리가 받아들일 수밖에 없는 제약이라고 할 때 점 S는 주어진 제약하에서의 최선의 방안이다. 점 S는 주어진 쿼타물량을 최소의 비용으로 생산하고 여타의 자원을 여타의 재화를 생산하도록 효율적으로 전환시킴을 의미한다.

둘째, 현행 쿼타배분제에서는 쿼타배정에 참여하는 업체들이 모두 자신들이 원하는 생산물량에 못미치는 수준에서 생산할 수 밖에 없다. 그러나 쿼타경매제가 시행되게 되면 가장 효율적인 업체들만이 생존이 가능하며 이들은 규모의 경제(economies of scale)를 향유할 수 있는 생산수준을 확보할 수 있다.

세째, 지대소득이 특정 업체에게 독점되지 않고 국가에 회수될 수 있으며 따라서 전반적인 수출산업지원에 사용될 수 있다.[13)]

---

13) 지대소득이 반드시 그것이 회수된 산업에 사용될 필요가 없다. 쿼타경매제의 장점은 주어진 쿼타물량을 최소의 비용으로 생산하는 데 있다. 만약 지대소득이 반드시 그것이 회수된 산업에만 국한되어 사용된다고 한다면 사용방법에 따라서는 자원의 낭비를 다시 초래할 가능성이 있다.

수출쿼타배분제도가 변경되면 새로운 수출쿼타배분제도가 실시되는 산업에 있어서는 전반적인 산업조직이 재편성되게 된다. 따라서 일시에 모든 쿼타물량이 새로운 제도에 의하여서 배분되면 그 산업전체에 큰 혼란을 초래할 위험이 있다. 즉 갑작스럽게 전수출쿼타를 대상으로 경매제를 실시하기 보다는 점진적으로 경매제를 도입하는 것이 혼란을 최소화시킬 수 있는 방법이다. 예컨대 쿼타경매제를 우선 개방쿼타에 한하여 실시하고 개방쿼타의 물량을 수년간의 시한을 두어 점차 늘려 나가서 결국 모든 기본쿼타를 개방시키는 것이 하나의 방법이다.[14)]

Ⅶ. 요약 및 결론

본고에서는 수출자율규제가 보호무역주의의 한 수단으로써 매우 중요한 위치를 점유하고 있다는 사실과 이와 같은 수출자율규제가 수입국의 생산업자들에 의하여 추구될 뿐만 아니라 수출업자들로 하여금 이를 선호하게 하는 양면성을 가지고 있다는 사실을 밝혔다.

그러나 모든 형태의 수출물량규제는 수출쿼타배정이라는 문제를 야기시키게 마련이나 현행쿼타배분제도는 이 문제를 효율적으로 처리하지 못하고 있기 때문에 생산의 비효율, 지대추구행위와 같은 자원의 낭비를 초래하고 있다. 또한 현행 쿼타배분제도에서는 수출쿼타신청요건의 일부가 수입업자들에게 악용될 우려가 있으며 따라서 가격협상에서 수출업자들을 불리한 위

14) 수출쿼타 경매제의 효과를 높이기 위해서는 다음과 같은 점이 고려되어야 한다. 우선 쿼타경매의 기본단위를 적당히 낮은 물량수준까지 낮추어서 고가의 소량주문이 이루어지는 제품에 대한 수출이 가능하게 하여야 한다. 또한 쿼타경매의 성과를 늘이기 위해서는 시장의 특수성을 고려하여 경매스케쥴을 조정하고 또한 연중 수차에 걸쳐서 경매를 실시할 필요가 있다.

치로 몰아넣을 우려가 있다.

본고에서는 간단한 일반균형모형을 개발하여 수출물량규제에 대처하는 최선의 방안(second best solution)은 주어진 쿼타물량을 최소의 비용으로 생산하고 여타의 자원은 여타재화의 생산을 위하여 전환시키는데 있다는 사실을 밝혔다.

이와 같은 수출물량규제에 대처할 수 있는 최선의 방안은 수출쿼타경매제에 의하여서 제도화가 가능하다는 사실과 수출쿼타경매제는 현행 수출쿼타배분제가 초래하는 문제점을 모두 제거할 수 있다는 사실을 밝혔다. 또한 쿼타경매제가 실시되면 수출상품구성이 보다 고수익성을 가진 상품을 중심으로 개편되게 된다. 그러나 이와같은 수출쿼타경매제는 수출물량이 규제되는 산업전반에 걸쳐서 산업조직을 변화시킬 것이기 때문에 갑작스러운 시행에 따른 혼란을 극소화시키기 위하여 개방쿼타에서부터 점진적으로 시행하는 것이 하나의 방안이라는 점이 시사되었다.

마지막으로 쿼타경매제는 수출물량규제의 경우에서와 동일한 논리로 수입쿼타배분의 경우에도 적용될 수 있다는 사실에 유념할 필요가 있다. 왜냐하면 수입쿼타배분은 지대추구행위를 유발할 가능성이 매우 높기 때문이다.

참고문헌

이진희, 「대구지역 직물업계의 현황」, 『섬유직물』, 한국섬유직물수출조합, 1984년 7월호, pp.14~20.

신봉호, 「A modified Model of Posner's Rent-Seeking Theory—The Social Cost of Monopoly」, 한국경제학회, 『1983년도 정기학술대회논문집』, 1984. 2, pp.181~221.

한국무역협회, 「선진국의 대한수입규제현황」, 『일간무역회보』, 1984년 8월 25일.

한국섬유제품수출조합, 『84개국섬유쿼타관리지침』, 1984. 2.

__________, 『각국섬유쿼타실행현황』, 1984. 5. 한국섬유직물수출조합, 『섬유직물』, 1984. 4월 ~8월 각호.

Corden, W.M.(1971), *The Theory of Protection*, Chs. 9 and 10, Oxford Univ. Press.

Harris, R.(1984), "Why Voluntary Export Restraints are 'voluntary'", Queen's Univ. Canada, Discussion Paper #559.

Hamilton, Carl(1984), "voluntary Export Restraints: ASEAN Systems For Allocation of Export Licences", Institute For International Economic Studies, Seminar Paper No. 275, Univ. of Stockholm.

__________(1981), "A New Approach to Estimation of the Effects on Non-Tariff Barriers to Trade; An Application to the Swedish Textile and Clothing Industry", *Weltwirtschaftliches Archiv*, Band 117, Heft2.

Krueger, A.O.(1984), "The Political Economy of the Rent-Seeking Society", *AER*, June 1984, pp.291~303.

Leibenstein, Harrey(1966), "Allocative Efficiency vs. 'X-Efficiency'", *AER*, June 1966, pp.392~416.

Morkre, E. Morris(1979), "Rent-Seeking and HongKong's Textile Quota System", *The Developing Economies*, March 1979, pp.110~118.

Ono, Yoshiyasu(1984), "Profitability of Export-Restraint", *Journal of International Economics*, Vol.16, No.314, May 1984, pp.335~343.

관계교환질서의 자율책임성원리와 한국사회의 자유법치

초판1쇄인쇄 | 2013년 8월 27일

지 은 이 | 이성섭

펴 낸 이 | 한헌수

펴 낸 곳 | 숭실대학교 출판국
서울특별시 동작구 상도로 369

등록 제14-2호(1982.1.25)
TEL 02-820-0771~2
FAX 02-817-5297
http://press.ssu.ac.kr

찍 은 곳 | 파피레드
TEL 02-555-2458

값 15,000원

ISBN 978-89-7450-315-4